上海文化发展系列蓝皮书
THE BLUE BOOK SERIES ON
SHANGHAI CULTURAL DEVELOPMENT

上海文化产业发展报告
（2018）

ANNUAL REPORT ON CULTURAL INDUSTRY DEVELOPMENT OF SHANGHAI
(2018)

促进新消费，激发新动能

主编／荣跃明

执行主编／花建

上海人民出版社

上海书店出版社

上海文化发展系列蓝皮书
编辑部

（按姓氏笔画排列）

摘　要

　　习近平总书记在十九大报告中指出：中国特色社会主义进入到新的时代。我国社会主要矛盾已经转化成为人民日益增长的美好生活需求和发展不平衡不充分之间的矛盾。在文化产业领域也存在着文化消费与文化生产之间不平衡、不同门类的产业竞争力不平衡、文化投入和文化产出效益不平衡、文化贸易结构不平衡等一系列突出问题，这也是中国文化产业提升效益和规模的重大机遇。中国文化产业应该在推动新消费方面做出更大的贡献。其重点是坚持创新驱动，释放文化产业的新动能；推动文化科技融合，开发文化消费新业态；适应各类社会群体的不同需求，生产文化消费新产品。

　　本书"总报告"以"新消费、新动能"为主题，对上海和全国文化产业的发展做了深入的研究，指出 2016 年全国文化产业增加值达到 30 254 亿元，占GDP 比重达到 4.07%，是近 10 年来的最高值。但是，在中国文化产业领域也存在着文化消费与文化生产之间不平衡、不同门类的产业竞争力不平衡、文化投入和文化产出的效益不平衡、文化产业对外贸易结构不平衡等一系列问题。这就要求中国文化产业在投资、结构、规模、效率等方面有一个新的跨越。中国政府大力推动的新消费包括三大特点：第一，中国人民的消费重点，正从追求数量的满足向注重质量的提升、从追求有形物质产品的消费向注重更多的服务消费、从追求温饱型生活向追求幸福和谐生活转变；第二，中国的消费市场，正在形成以传统消费转型升级、新兴消费引领发展为主要内容的新消费，数字内容、智能设备、信息服务等新兴消费正在渗透到工业装备、科技创新、基础设施和公共服务等领域，给文化产业提供了具有巨大发展潜力的新空间；第三，中国的消费能量，包括文化消费需求，正在越来越强劲地影响世界消费市场。这些新消费的实现需要上海和全国的文化产业做出巨大贡献，也将吸引更多的投资和资源。根据联合国贸发会议最新颁布的《世界投资报告（2017）》，数字经济已经成为全球经济发展的新动能。上海在建设有全球影响力的科创中心背景下，在推动金融、经济、贸易和航运中心与国际文化大都市的进程中，正在大力发展文化产业的新技术、新模式，在数字出版、数字游戏、视频服务、互联网广播、新型视听等新兴业态建设方面走在全国前列，在网络化、多样化、数字化的文化产业领域，释放出强大的新动能。

本书栏目之一"激发新动能：推动文化科技融合"，对上海的文化科技融合创新能力进行了深入的分析，指出文化产业科技创新能力是由创新行为主体、内部核心要素以及外部生态环境要素协同创新所形成的推动文化产业技术创新、业态创新、内容创新、产品创新与模式创新的能力，具有整体性、开放新、协同性、动态性等特征。上海（0.81）与北京（1.20）、深圳（0.92）相比，文化产业科技创新能力综合指数居于后进；上海在 VR/AR 和人工智能等新技术与文化产业的结合方面，也受到了北京、广东等省市的强烈挑战。有鉴于此，在"互联网+"与上海建设具有全球影响力的科技创新中心的大好契机下，上海应加大文化产业研发投入力度，完善文化产业科技创新政策，紧跟前沿科技动向，积极发展文化科技装备等新兴产业基地，鼓励与培植产业创新力，培育龙头科技型文化企业。

本栏目之二"培育新要素：释放文化产业活力"，对上海文化产业积极培育的新要素进行多角度的探索，指出上海文化产业要在质量、效益和规模上有新的跨越，要大力培育新要素，优化产业生态。比如：上海国际艺术节积极推动扶持青年艺术家计划，吸引了海内外的优秀青年艺术家集聚上海，成为上海文化产业源源不断的新资源；众包、众筹等日渐成熟的分享经济模式，为文化企业的开放式创新提供了线上载体，上海正在利用这种"大众驱动创新"的形式，充分发掘大众的智慧与创意，引导更多的用户参与文化产业链的价值创造；作为国际文化大都市的文化产业生态，上海不仅需要政产学研的组合，也需要非政府社会组织的贡献。一批文化产业的社会智库、行业协会、服务平台等，正在文化产业生态中显示各自的独特功能。

本栏目之三"鼓励新消费：提高投资开发效率"，结合当前国内社会消费结构进入升级阶段的新形势,研究了上海正在培育和鼓励的一系列文化产业新消费项目。比如,从 2005 年开始创办的中国国际动漫游戏博览会(CCG EXPO)顺应动漫游戏产业向广泛互联互通方向发展的国际趋势,从针对少年儿童的"小儿科"稳步迈向辐射广泛消费领域的"大产业,"坚持市场化、国际化、专业化、品牌化的发展战略,树立了全力打造"亚洲第一、全球一流"的发展目标;上海以对外开放和文化合作的开阔胸怀,推动上海迪士尼乐园和上海国际旅游度假区的建设,"迪士尼红利"正在逐步显示,将带动整个长三角城市群产业结构升级和发展方式转变,推动了旅游业、文化产业等上百个产业,也会带动一批新型服务经济兴起。

本栏目之四"培育新业态:推动产业的升级",分析了上海近期风起云涌的文化产业新业态。如上海的会展产业更提出打造高端会展峰会,凸显国际会展之都实力;培育优秀会展企业,夯实国际会展之都基础;打造新型会展业态等一系列举措。在目前世界会展城市实力排行榜上,根据展馆面积、展会项目和组展商营业额三大维度,上海综合排名位居全球会展城市第三,仅次于巴黎和法兰克福。而在"互联网+"时代,数字出版、网络电台、视频直播等正在成为上海文化产业的新亮点。上海的"互联网+音乐产业"不再追求单一依靠实体市场的运行方式,而是充分利用互联网信息技术的成本低、互动性强、传播率高的优势,在网络信息平台开展音乐内容的传播与营销,推动上海音乐产业在"互联网+"时代迈向新的转型。

Abstract

In the report of the 19th CPC National Congress, General Secretary Xi Jinping said that Socialism with Chinese characteristics has entered a new era. The principal contradiction facing Chinese society has evolved into one " between unbalanced and inadequate development and the people's ever-growing needs for a better life". Such outstanding problems also exist in the field of cultural industry, including the imbalance between cultural consumption and cultural production, between industries of different categories, between cultural inputs and outputs, and between cultural trade structures. However, these problems are also regarded as great opportunities for improving the benefits and scale of China's cultural industry, which is expected to make a greater contribution to promote new consumption. The emphasis lies in insisting on innovation driven, and releasing new motivation on cultural industry; promoting the integration of culture and science and technology, and creating a new form of cultural consumption; catering to various needs of different social groups, and developing new cultural consumption products.

Titled as "New Consumption, New Motivation", the General Report conducts a deep study on the development of cultural industry in Shanghai and nationwide. It points out that the value added of national cultural industry in 2016 has reached up to RMB 3 025.4 billion yuan, accounting for 4.07% of GDP, which has been the peak in the last 10 years. However, a series of problems also exist in the field of cultural industry, such as the imbalance between cultural consumption and cultural production, between industries of different categories, between cultural inputs and outputs, and between cultural trade structures. It is demanded for a new leap forward in the aspects of investment, structure, scale, efficiency in cultural industry. The new consumption that the Chinese government has vigorously promoted includes three major features:

The first one lies in the focus of Chinese people´s consumption, which are transforming from the pursuit of quantity satisfaction to quality improvement, from the pursuit of tangible products consumption to more service consumption, and from the pursuit of food and clothing to an overall better-off life.

The second one lies in China's consumer market. New consumption is being formed which is characterized by the transformation and upgrading of traditional consumption, and the leading function of emerging consumption. Digital contents, intelligent devices, and information services are infiltrating into the fields of industrial equipment, science and technology innovation, infrastructures and public services, providing new space with great development potential for cultural industry.

The third one lies in China's consumption energy, including cultural consumption demands which have increasingly stronger impact on global consumer market. The realization of new consumption depends on the outstanding contribution of Shanghai's and national cultural industry, and will attract more investment and resources. According to the latest publication of the World Investment Report (2017) by the United Nations Conference on Trade and Development, digital economy has become the new motivation for global economic development. Under the background of constructing a science and technology innovation center with global influence, Shanghai is rapidly developing new technology and new mode of cultural industry in the process of establishing the financial, economic, trade and shipping centers and building the International Cultural Metropolis. The construction of digital publishing, digital games, video services, internet broadcasting, new audio-visual and other emerging formats in Shanghai are in the forefront of the whole nation and have released great motivation in the networked, diversified and digitized cultural industry field.

With the topic of "Stimulating New Motivation: Promoting the Integration of Culture and Science and Technology", Section I makes an in-depth analysis on the ability of innovation and integration of culture and science and technology in Shanghai. It points out that scientific and technological innovation ability of cultural industry has three core elements, including the main body of creative behavior, internal core elements, and external ecological environment elements. The collaborative innovation of the three elements promotes technology innovation, format innovation, content innovation, production innovation and mode innovation in cultural industry with the characteristics of entirety, openness, coordination and dynamics. Shanghai(0.81), compared with Beijing(1.20) and Shenzhen(0.92), ranks lower in the comprehensive index of scientific and technological innovation ability of cultural industry. Shanghai has also been strongly challenged by provinces and cities such as Beijing and Guangdong in the aspect of the combination between new technologies such as VR/AR and artificial intelligence and cultural industry. In light of this, under the great opportunity of the "Internet +" era and the background of constructing a science and technology innovation center with global influence, Shanghai should increase the R & D investment of cultural industry, perfecting the policy of scientific and technological innovation in cultural industry. Shanghai also needs to follow up the trend of frontier science and technology, and actively develop new industrial bases, such as cultural, scientific and technological equipment. Moreover, Shanghai have to make great efforts to develop industrial innovation power, and cultivate leading scientific and technological culture enterprises.

Section II is titled as "Cultivating New Elements: Releasing the Vitality of Cultural Industry", providing a multi-angle exploration for new elements cultivated by Shanghai's cultural industry. It states that Shanghai´s cultural industry needs a new leap in quality, efficiency and scale, developing new elements and optimizing the industrial ecology. For example, Shanghai International Art Festival actively promotes the project to support young artists, attracting the outstanding ones from home and abroad to gather in Shanghai, which has become new endless resources for Shanghai's cultural industry. Increasingly-developed sharing economic model, such as crowd-sourcing and crowd-funding, supplies an online carrier to the open innovation of cultural enterprises. Shanghai is utilizing this form of "public driven innovation" to fully inspire the wisdom and creativity of the public and guide more users to participate in the value creation of cultural industry chain. As an international cultural metropolis, Shanghai cultural industry ecology not only needs government-industry-university-research cooperation, but also needs the contribution from non-governmental organizations. A group of social think tanks, industry associations and service platforms in cultural industry field, are presenting their own unique functions in the cultural industry ecology.

Section III is titled as "Encouraging New Consumption: Improving the efficiency of investment and development". Combined with the new situation that current domestic social consumption structure is experiencing the upgrading stage, it studies a series of new cultural industry consumption projects in Shanghai which are being nurtured and encouraged. For example, China International Cartoon& Game EXPO(CCG EXPO), which started in 2005, conforms to the international trend in which the cartoon and game industry is developing to the direction of extensive interconnection and inter communication. Its focus has been steadily shifted from children to a "Big Industry" which involves a wider range of consumption. The EXPO insists the strategy of marketization, internationalization, specialization and branding and sets up the development goal of "the best in Asia and the first-class in the world". Shanghai promotes the construction of Shanghai Disneyland and Shanghai International Tourist Resort with the open mind of cultural cooperation. Benefitted from the "Disney Bonus", the up grading of industrial structure and the transformation of development mode will be accelerated, hundreds of industries will be improved, and a number of new service economies will rise.

Themed as " Cultivating New Format: Promoting Industrial Upgrading ", Section IV analyzes the new format of cultural industry in Shanghai. For example, Shanghai MICE industry aims to hold high-end conferences and manifest the strength as a metropolitan of convention and conference. Meanwhile, it cultivates advanced MICE enterprises, and solidifies the foundation of such a metropolitan. It also proposes and implements a series of new MICE formats. On the current list of the MICE strength of world cities, according to the quantity of exhibition area, exhibition projects and exhibitors' turnover, Shanghai ranked the third, second only to Paris and Frankfurt. In the "Internet+" Era, digital publishing, internet radio and video live broadcast are becoming the new highlights of Shanghai's cultural industry. The "Internet + Music Industry" in Shanghai no longer pursues the operation merely relying on physical markets, but takes full advantage of the internet information technology with the characteristics of low cost, strong interaction and high spread efficiency. It carries out the dissemination and marketing of music content on the internet information platform, and promotes new transformation of Shanghai Music Industry in this new era.

目　录

总　报　告

栏目一　激发新动能：推动文化科技融合

栏目二　培育新要素：释放文化产业活力

栏目三　鼓励新消费：提高投资开发效率

栏目四　培育新业态：推动产业的升级

CONTENTS

General Report

Section I Stimulating New Motivation: Promoting the Integration of Culture and Science and Technology

Section II Cultivating New Elements: Releasing the Vitality of Cultural Industry

Section III Encouraging New Consumption: Improving the Efficiency of Investment and Development

Section IV Cultivating New Format: Promoting Industrial Upgrading

总 报 告

1

促进新消费，激发新动能

——2018年上海文化产业总报告

花　建*

内容提要　习近平总书记在十九大报告中指出：中国特色社会主义进入到新的时代。我国社会主要矛盾已经转化成为人民日益增长的美好生活需求和发展不平衡不充分之间的矛盾。在文化产业领域也存在着文化消费与文化生产之间不平衡、不同门类的产业竞争力不平衡、文化投入和文化产出效益不平衡、文化贸易结构不平衡等一系列突出问题，这也是上海文化产业提升效益和规模的重大机遇。上海文化产业应该在促进新消费、激发新动能方面做出更大的贡献。其重点是推动文化科技融合，开发文化消费新业态；推动文化产业的跨界融合，满足不同社会群体的需求；开发文化消费新产品，塑造多样化的文化空间。

*　花建，上海社会科学院文化产业研究中心主任、研究员，长期从事文化产业、创意经济、城市文化战略研究与决策服务工作。

关 键 词　把握主要矛盾　提升产业效益　促进新消费　激发新动能

一、把握主要矛盾：确立新的文化消费观

2017年，中国共产党召开了举世瞩目的十九大，全面规划了建设新时代中国特色社会主义的伟大蓝图和实施路径。习近平总书记在十九大报告中指出：中国特色社会主义进入到新的时代。我国社会主要矛盾已经转化成为人民日益增长的美好生活需求和发展不平衡不充分之间的矛盾。正确认识和把握这一个新的重大论断，对于推动上海文化产业的发展，特别是促进新消费和激发新动能，具有深远的意义。

中国经过改革开放30多年的稳定持续发展，成为全球第二大经济体、全球第一大商品贸易大国、全球第二大对外投资国，也是全球第一大文化产品出口国。正如习近平总书记在十九大报告中指出的，"我国社会生产力水平总体上显著提高，社会生产能力在很多方面进入世界前列。"然而，今天我国社会发展所存在的主要问题，第一是发展不平衡。作为一个人口众多、国土辽阔的大国，在全国的东中西部、南方和北方的各省市自治区、各个行业和各个部门之间、人和人之间的发展不平衡现象比较突出，在文化产业领域也存在着文化消费与文化生产之间不平衡、不同门类的产业竞争力不平衡、不同体制的文化企业之间文化投入和文化产出效率不平衡等一系列突出问题。第二是发展不充分，这体现在中国发展的质量和效益还不是很高，在全球价值链中的地位正在不断上升，但是总体上还在中等水平，也体现在中国作为全球制造大国亟待向中国创造、中国智造全面升级，在文化产业领域也存在着相应的表现：在集中体现先进生产力，科技密集型、资金密集型、创意密集型的领域，产业的发展相对滞后，产业竞争力呈现为较低水平；在近年来国家对公共文化服务和设施建设的投资大量增加，电影、电视剧、图书等文化产品的数量增长很快的同时，人民期待更多体现社会发展正能量，具有优良内容和精湛形式的精品力作。这就是习近平总书记所说的："更加突出的问题是发展不平衡不充分，这已经成

为满足人民日益增长的美好生活需要的主要制约因素。"这正是我们把握上海文化产业发展的宏观背景和总体趋势的指导方针,而其中的突破口就是促进新消费,激发新动能,针对人民文化消费的新需求,全面提升上海文化产业投资、开发和生产的效益。

从中国消费升级的社会基础来看,这是中国历经30多年的改革开放,综合国力跨入历史性阶段的必然要求,也是中国共产党和中国政府对新时期中国社会主要矛盾的深刻洞察和战略把握。新时代中国特色社会主义建设的主要内容之一,就是满足人民群众不断提升的文化消费需求。20世纪末叶,我国的GDP总量约1万亿美元,2016年已达到74.4万亿人民币,接近12万亿美元;1999年,我国人均GDP为865美元,2016年超过8 000美元;1999年,我国城乡居民储蓄余额约6万亿元,而2016年已经增长到近60万亿元。正如《国务院关于积极发挥新消费引领作用加快培育形成新供给新动力的指导意见》指出:我国已进入消费需求持续增长、消费拉动经济作用明显增强的重要阶段。这里所说的新消费包括三大特点:第一,中国人民的消费重点,正从追求数量和规模的满足向注重质量和品质的提升、从追求有形物质产品的消费向注重更多的服务消费转化、从追求温饱型生活向追求幸福和谐生活提升,这些新消费的实现需要文化产业做出巨大贡献;第二,中国的消费市场,正在形成以传统消费转型升级、新兴消费引领发展为主要内容的新消费,数字内容、智能设备、信息服务等新兴消费正在渗透到工业装备、先进制造、基础设施和公共服务等领域,这给文化产业提供了具有巨大发展潜力的新空间;第三,中国的消费能量,正在越来越强劲地影响世界消费市场,2016年中国国内消费对中国经济增长的贡献率上升到64.6%,成为经济增长的主要力量,与此同时,中国人全年出国达到1.3亿人次,不仅每年出境购买大量国外消费品,2016年还进口了1.6万亿美元的产品。在文化消费领域的"全球、世界卖"已经成为新常态。有关专家预测,到2030年,中国消费者对全球消费支出的贡献将超过其他任何国家[①]。"有可能是悉尼的动物园,时下热播的韩剧,伦敦的高级超市,千万身价的足球运动员,在线支付APP,机器人,

---

① 敦临:《中国消费者是如何影响世界经济的》,《经济日报》2017年6月28日。

或者电动汽车"，汇丰银行不久前发布的一份关于中国消费的报告中重点指出：
"他们的共同点是，最终，它们都走向了中国。"中国消费者对影视市场也做出巨
大贡献。汇丰银行的报告指出：中国对全球电影票房上的贡献从 2007 年的 2%
上升至 2015 年的 10%，美国电影在中国的票房收入相比上年增长了约 49%。[①]

　　从中国消费升级的直接动力来看，中国的中等收入阶层迅速扩大，成为我
国全面建设小康社会的重要成果，也成为追求更大规模和更高质量文化消费
的直接驱动力。中国政府的决策层研究了世界上一些国家长期处于中等收入
陷阱的深刻教训，高度重视扩大我国中等收入群体，以形成更加合理和具有发
展后劲的经济和社会结构。习近平总书记 2016 年 5 月 16 日在主持中央财经
领导小组第十三次会议时指出："扩大中等收入群体，关系全面建成小康社会
目标的实现，是转方式调结构的必然要求，是维护社会和谐稳定、国家长治久
安的必然要求。扩大中等收入群体，必须坚持有质量有效益的发展，保持宏观
经济稳定，为人民群众生活改善打下更为雄厚的基础。"根据瑞士信贷机构的
研究，把中产阶级的成年人定义为：按照 2015 年年中价格水平衡量，拥有财富
值在 5 万到 50 万美元之间的人士。世界上主要发达国家的中产阶级占人口
的比重大体上在 37%以上，日本和欧洲发达国家中产阶级占人口的比重达到
40%以上，而中国和印度等金砖国家中产阶级所占人口比重则小得多，中国占
12.3%、印度占 3.0%[②]。许多国际研究机构通过大量比较研究指出：随着中
国现代化模式日益显示出巨大的活力，中国中等收入阶层增长的规模和速度
达到世界第一位。根据瑞士信贷机构的研究，2015 年全球有 6.64 亿成年人属
于中产阶级，占全球成年人的 14%。其中中国的中产阶级人数为全球最多，超
过 1.7 亿人。特别是中国中产阶级的规模增长速度大大超过老牌发达国家，
成为推动新消费需求的巨大动力。从 2000 年到 2015 年，中国中产阶级规模
的平均增幅超过 60%，同期美国为 22%，欧洲为 18%。在这十年间，上述这部
分中国居民的财富增幅达到 620%，而老牌发达国家中产阶级的财富增幅为

---

① 《从【太阳的后裔】到天价球员：改变世界的中国消费者》，转引自新浪财经，2016 年 5 月 20 日。
② 转引自【英】克莱尔·麦克·安德鲁编著：《全球艺术品市场报告 TEFAF 2016 年》，第 197 页。

100%左右。大量实践证明:人均 GDP 的增长提高了居民消费支出的结构,广大居民又通过"用钱投票"的方式,直接影响着投资者和企业的生产选择。资本逐利的本性,使得满足居民新消费需求的产业包括文化产业可以获得大量资金,从而快速发展起来。从美国的发展经验看,食品、衣着等传统必需品行业竞争加剧,盈利率在弱化,而智能制造、金融保险、数字内容、新型视听等新兴产业涌入的资金越来越多,为它们注入了源源不断的动力。中国中等收入阶层的快速壮大,也成为推动新兴产业发展的重要因素。

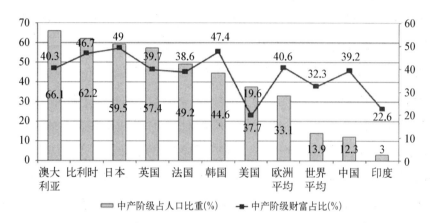

图 1　有关国家中产阶级占人口比重和占财富比重的情况(2015 年)①

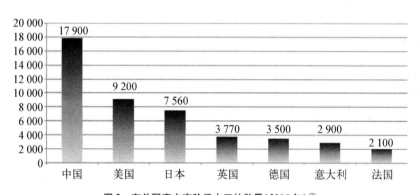

图 2　有关国家中产阶级人口的数量(2016 年)②

---

① 本文作者根据【英】克莱尔·麦克·安德鲁编著:《全球艺术品市场报告 TEFAF 2016 年》,第195—198 页和联合国贸发会议的有关数据整理修订和绘制。

② 本文作者根据【英】克莱尔·麦克·安德鲁编著:《全球艺术品市场报告 TEFAF 2016 年》,第195—198 页和联合国贸发会议的有关数据整理和汇展。

从中国消费升级的关联要素看,中国波澜壮阔的城市化浪潮成为前所未有的动力。近10年来,中国、印度等国家的城市化正在以前所未有的规模和深度催生新消费的发展。根据麦肯锡全球研究院的报告《城市化的世界——城市与消费阶层的崛起》,把每年人均收入达到3 600美元的城市人口定义为消费阶层。以中国和印度为代表,越来越多的中等收入阶层参与进入消费大军的行列,形成了对于消费升级的巨大需求。他们不但是规模庞大的劳动者群体,而且成为数量惊人的消费者群体。该报告预测:2025年全球将有10亿人口新进入到"消费阶层"的行列,激发了30多亿美元的市场需求,而他们主要集中在中国、印度、巴西等新兴经济体中。而以上海为核心的长三角城市群是中国经济最为发达、国际化程度最高的世界级特大型城市群,也是推动新消费增长最为明显的城市引擎。2017年上半年,长江三角洲26个城市实现地区生产总值高达7.67万亿人民币,按各市加权平均计算同比增长7.6%。长三角城市群以仅占全国11.0%的人口和2.2%的土地,创造了全国20.1%的GDP。从城市经济规模来看,2017年上半年GDP总量前五位的城市分别为上海(13 908.57亿元)、苏州(8 290.12亿元)、杭州(5 688.66亿元)、南京(5 488.73亿元)和无锡(4 933.23亿元)[①]。有鉴于此,上海和长三角城市群

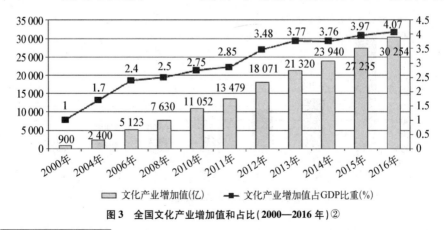

图3　全国文化产业增加值和占比(2000—2016年)[②]

---

① 国家统计局舟山调查队《2017年上半年长三角地区经济发展分析》,舟山市发改局官方网站,2017年8月18日。

② 本文作者根据国家统计局有关数据整理和设计绘制。

应该在推动文化新消费、激发文化新动力、满足人民群众日益增长的文化需求方面，走在全国的前列，创造更多的文化产品和文化财富。

从中国推动消费升级的路径选择来看，中国应该在积极促进文化新消费、推动文化新动能方面，采取更有前瞻性的战略布局和更加强有力的举措。大量事实说明：居民日益增长的文化消费需求并不能自然而然地转化成为强大的文化生产力，必须要通过宏观的规划引导、正确的产业政策、有效的市场培育等举措，才能把促进文化消费与发展文化产业有机地结合起来。国务院文件所倡导的新消费门类，包括服务消费、信息消费、时尚消费、品质消费等都与文化产业形成了极为密切的关系[①]，中国文化产业必须为实现这一战略性目标做出重要贡献。近10年来，中国文化产业稳步增长，2016年全国文化产业增加值达到30 254亿元，占GDP比重达到4.07%，是近10年来的最高值。与此同时，必须看到中国文化产业在取得稳步增长的同时，也存在有效供给不足的缺憾。根据发达国家的参照性数据，当人均GDP达到8 000美元及以上水平的时候，居民文化消费支出可以占到居民消费总支出的20%左右。而根据国家统计局的相关数据，中国2016年的国民生产总值达到74.4万亿，人均GDP超过8 000美元。参照发达国家的情况，这一阶段中国人的文化消费总量应当是现在的4倍。而实际情况是：近年来，我国居民文化消费支出大体上占总支出的10%左右。根据苏宁金融研究院的统计研究，随着我国GDP总量稳步增长，居民收入增长幅度逐渐超过GDP增长幅度，从2005年到2015年的十年间，居民教育文化娱乐支出占总支出的比重从10.7%逐步增长到了13.5%[②]。这既说明文化产业推动文化供给很有成效，也说明文化供给侧存在很大的缺口。必须围绕新消费市场的趋势进行投资、创新和生产，才能最大限度地提高投资和创新有效性、优化产业结构、提升文化产业竞争力，实现更有质量和效益的增长。

---

① 《国务院关于积极发挥新消费引领作用加快培育形成新供给新动力的指导意见》国发〔2015〕66号。

② 转引自：何广锋：《未来的投资机会在哪里？看人均GDP与消费支出变迁》，华尔街见闻，2016年11月9日。

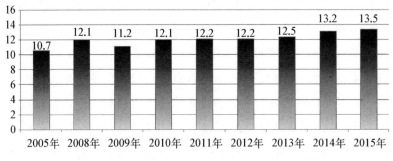

图4　我国居民教育文化娱乐支出占总支出的比重%①

二、推动文化科技融合,激发文化产业新动能

要发挥文化产业对我国新消费的促进作用,就必须大力推动文化创新,激发产业的新动能。大量事实说明:一个国家巨大的文化消费潜力,不会自然而然地转化成为文化生产力,它有待于富有创新活力的文化企业,率先开发出具有前瞻性和领先性的文化产品和文化服务,才能激发文化消费市场的新蓝海。正如乔布斯所说的至理名言:"消费者并不知道自己需要什么,直到我们拿出自己的产品,他们就发现,这是我要的东西!"②真正意义上的创造需求,必定是"无中生有"。一种是系统尚不成熟时,像爱迪生一样超前发明这个系统;另外一种是系统已经成熟了,像乔布斯一样,将产品镶嵌在成熟的产业系统中。

作为21世纪的全球大国,中国的文化创新力主要表现为汇聚全球文化创新资源,包括创业投资、领先技术、创意人才、联通网络等,持续地创造出文化新样式、新业态、新服务,并且辐射海内外,引领世界潮流的综合能力。中国要通过提升文化创新力,提高文化产业的总体质量。占领全球文化价值链的高端,扩大对各国人民的影响力,其主要路径是推动文化与科技的有效融合,培

---

① 本文作者根据:何广锋:《未来的投资机会在哪里? 看人均GDP与消费支出变迁》的资料重新绘制。华尔街见闻,2016年11月9日。
② [美]卡迈思·加洛:《非同凡"想"——乔布斯的创新启示》中译本,陈毅骊译,中信出版社2011年1月版。

育文化科技型的市场主体，开发因地制宜的文化创新模式，激发各类社会主体的文化创新创造活力；中国要适应全球化深入推进的时代背景，结合数字化、信息化的潮流，推动文化与科技的深度融合，推动中国的文化软实力体系在全球文化产业的价值链、文化品牌的服务链、文化资源的供应链中占据高端地位。上海承担这一历史性任务，将迈向世界文化之都与国家文化中心相重合，具有世界影响力的文创产业中心。世界文化城市更加强调世界级的文创作用和辐射力，国家文化中心更加强调国家战略的担当和民族文化的振兴，这是时代潮流和国家战略赋予上海文化产业的重要使命。

根据联合国贸发会议最新颁布的《2017 世界投资报告》[1]，数字经济已经成为全球经济发展的新动能，成为主要国家努力争夺的产业制高点。在数字经济的推动下，智慧型、科技型、先导型的文化消费产品和服务大量涌现，它们满足了传统文化产能相对过剩的情况下，人们对于多样化、小众化、互动型、智能化、便利化之文化消费的热切渴望，扩展了文化消费的深度和广度，因而成为发展最快的一片新蓝海。联合国的文献指出：数字经济是一个充满活力的

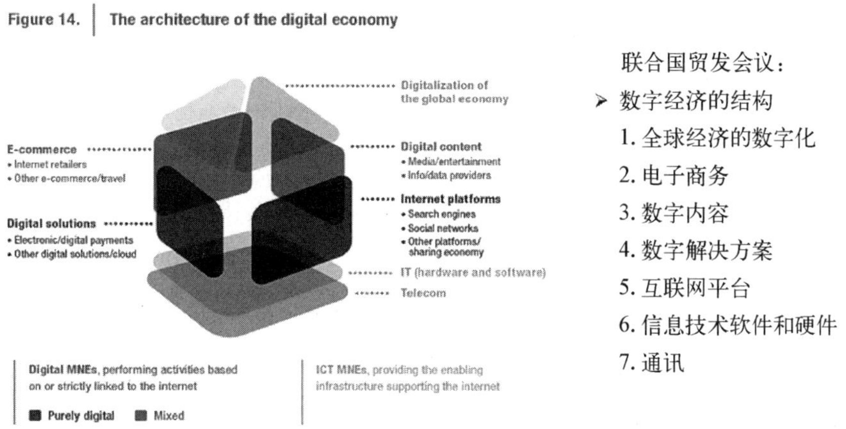

图 5　数字经济的结构[2]

---

① UNCTAD：World Investment Report 2017—Investment and Digital Economy。
② 本文作者根据 UNCTAD：World Investment Report 2017—Investment and Digital Economy 的内容修改和绘制。

结构。它犹如7块芯片组成的场域,包括全球经济的数字化、电子商务、数字内容、数字解决方案、互联网平台、信息技术软件和硬件,通讯等七个方面,它们相互支持而且相互依托,七大领域的纯粹度和复合程度也有所区别。

更引人注目的是:数字经济对有关产业的影响力各有区别。由于产业特点、各国法律、政策环境、市场成熟度等的区别,目前在全球范围内受到数字化影响最大的10个产业,依次为媒体和娱乐、零售、高技术、医疗体系和服务、旅游、运输和物流、通讯、专业服务、金融服务、汽车和配件、消费性包装品等。在这10个产业中,至少有五个是与文化产业有直接和间接的关系,换句话说,数字经济对文化产业的影响之广度和深度,在各个产业中是第一位的。这给了上海依托数字经济发展文化产业的一个历史性机遇。

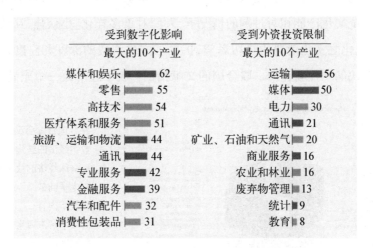

图6　受到数字化和外资投资限制最大的10个产业①

根据联合国教科文组织干事长作序,2015年12月颁布的EY研究报告《文化时代——第一张全球文化创意产业热图》,全球的文化创意产业收入达到2.25万亿美元,文化创意产业的从业人员已经达到2 950万人②。在全球文

---

①　本文作者根据 UNCTAD: World Investment Report 2017—Investment and Digital Economy 的内容修改和绘制。

②　EY: Cultural Times—First Global Map of Cultural and Creative Industry. Dec 2015

化创意产业各个门类中，增长最快的就是数字文化内容产业，而增长最快的区域是亚洲和太平洋地区。比如：2013 年全球数字文化产品和服务的销售达到660 亿美元，在线和移动游戏产业的销售达到 338 亿美元，2016 年，全球数字音乐收入增长了 17.7%，达到 78 亿美元，流媒体激增了 60.4%，为 8 年来的最高涨幅①。

自 2016 年以来，上海根据"十三五"规划，按照党中央总体部署，在文化产业建设方面，围绕树立和贯彻创新、协调、绿色、开放、共享的发展理念，不断扩大产业规模，努力提升市场配置资源能力，传统产业转型发展，新兴产业热点频现，融合跨界持续深化，重大文化项目取得突破，文化"走出去"步伐不断加快，保障机制日益完善，为推动文化领域供给侧结构性改革，加快建设国际文化大都市，助力全市创新驱动发展、经济转型升级，完成"十三五"规划发展目标和任务打下扎实基础。根据国家统计局发布的数据，2016 年全国文化及相关产业增加值突破 3 万亿元，占 GDP 总量的比重达到 4.07%，而我国网络文艺行业在 2016 年达到了 5 159.9 亿元的巨大规模和广泛影响。与互联网相关的文艺行业提供的增加值在我国文化产业增加值的比重达到了 17%，而它所依托的数字文化产业更是占据了我国文化产业 70% 的市场份额，②上海把握数字经济的重大机遇，积极推动数字出版、数字游戏、网络直播、互联网广播、新型视听等新兴业态，在网络化、多样化、数字化的文化新业态方面，激发起巨大的新动能。

1. 上海发挥数字出版业的优势，数字出版业态和产品不断丰富。多年来，上海就是中国数字出版的中心和重镇，在数字内容、网络文学、门户网站、版权交易等方面走在全国各省市的前列。2016 年上海数字出版产业全年产值预计超过 750 亿元，同比增长 14%，其中网络文学在全国市场占有率超过 70%。根据《2016 年数字阅读白皮书》的数据显示，2016 年中国有声阅读市场增长48.3%，达到 29.1 亿。根据中国新闻出版研究院的调查，我国成年人的听书

① 国际唱片业协会《IFPI2017 全球音乐报告》，www.ifpi.org，2017 年 4 月 28 日。
② 孙建山：《期待网络文艺的转型升级》，《中国文化报》2017 年 8 月 28 日。

率达到 17%,人均听书消费 6.81 元。国内出现 200 多个带有听书功能的移动平台,其中,位于上海浦东新区的喜马拉雅 FM、蜻蜓 FM 等有声读物平台知名龙头,采用了 UGC、EGC、PGC 等多种数字内容的开发、采集、派送方式,吸引了广泛的听众,不断向当代华语听众市场的各个领域渗透,俨然成为中国网络化广播的龙头企业,占有率达到全国市场的 50%以上。

2. 上海大力推动游戏产业高地建设。2016 年,中国游戏市场实际销售收入 1 655.7 亿元,同比增长 17.7%;游戏用户规模达到 5.66 亿人,同比增长 5.9%。上海以建设具有全球影响力的科创中心的优势和高度开放的国际化环境,吸引了大批人才和投资,使得上海成为数字游戏产业的人才高地。根据《2016 年中国游戏产业报告》数据,2016 年,约 3 800 款批准出版的国产游戏中,北京出版游戏数量约占 25.0%,上海出版游戏数量约占 31.0%,广东出版游戏数量约占 5.0%,其他地区约占 39.0%。上海高居全国游戏出版量第一,并且近年内始终保持着高速的增长趋势。上海已成为我国数字游戏产业发展最具活力的城市之一,而上海的数字游戏上市企业正是这一大趋势的领先潮头。截止至目前,上海有 366 家数字游戏企业,数量仅次于北京和广东,数字游戏上市企业数量位居全国第二,在北京之后。我们通过查询 Wind 数据库和全国中小企业股份转让系统发现,目前上海本土数字游戏上市企业有 29 家,其中 5 家 A 股上市,2 家境外上市,新三板挂牌 22 家。与此同时,外省市的骨干互联网企业纷纷在上海布局,投资游戏开发运营公司、设立游戏工作室或者分支机构,如腾讯、中青宝、掌趣、畅游、蜗牛等。三是众多境外游戏企业入驻上海,在 Newzoo 公布的 2016 年全球 TOP10 上市游戏公司中,索尼、动视暴雪、EA、万代南宫梦、微软等 5 家企业均在上海设立子公司或者工作室①,其中微软 Xbox 成为上海自贸区首批外商投资游戏机企业之一。本地、外省市、境外的三类游戏企业云集上海,既展开激烈竞争,促进优胜劣汰,又通过各种方式进行产业链的垂直或者横向合作,推动了上海数字游戏企业的不断壮大。

---

① 参看花建、田野:《数字游戏产业上市企业的发展驱动力——以上海为重点的研究》,载《文化科技创新论坛论文集 2017》,深圳大学文化产业研究院。

3. 上海积极培育网络直播等新型视听形态。随着移动互联网和各类业态深度融合,数字化的文化新形态不断涌现,继短视频之后,网络直播成为新的投资热点,所谓"网红经济"。直播用户规模达到 3.25 亿,占国内网民总体的 45.8%。秀场、演艺、户外、电竞、教育、明星、体育等各类主播形态兴起,IP、粉丝、流量等吸引了大量的社会投资,其中,2015 年成立于上海的熊猫直播,聚集了国内众多一线视频主播资源,开辟了一系列的游戏直播频道,致力于将熊猫 TV 打造成国内优秀主播最多、娱乐内容最丰富、社会影响力最大的视频直播平台。与此相关联,上海市政府鼓励投资建设电子竞技赛事场馆,发展电竞产业集聚区,做强上海的本土赛事品牌,积极吸引和争取国际顶级赛事落户上海。在数字经济的背景下,上海作为国际文化大都市的活力进一步迸发,促进了电子竞技比赛、交易、直播、培训发展。上海宝山区的中成智谷等文创产业已经集聚了诸多电竞产业的实体和机构,成为电竞产业的基地之一。这些举措直接推动了与之相关联的网络直播等新型视听形态的发展。

4. 上海促进 VR/AR 虚拟现实和增强现实等新技术融入文化产业领域。由于 VR/AR 的产业链比较长,相比较北京和深圳,上海的 VR/AR 企业在内容和研发环节,特别是在交互、生态和应用方面具有优势。目前,上海直接从事虚拟现实企业有近 200 家,其中注册资金 1 000 万元以上的约占 1/5,在整个产业链的主要环节上均有企业集聚,比如内容制作领域有文广集团、咪咕视讯、微鲸、唯晶科技、喂啊网络、英佩游戏、米影科技、医微讯、PPS 等,应用解决方案提供领域有曼恒数字、塔普、亮风台、赢秀科技等,软件研发领域有优美缔软件、青瞳视觉等;在设备及零部件制造领域有乐相科技(大朋 VR)、智视科技、小蚁、和辉光电、中航华东光电等。上海有多家新锐企业,如上海游久游戏、上海恺英网络、米粒影视文化、上海幻维数码、上海曼恒数字、上海河马动画、上海亮风台等,在结合 VR/AR 技术的新型影视、游戏、娱乐等领域显示了较强的竞争力,并且获得了社会资金的注入。2016 年以来,塔普、亮风台、DeepAR、橙夏科技、视辰科技、迈吉客科技等 10 家企业成功获得投资,其中塔普获得 2 亿元 A 轮融资,亮风台获得近亿元 B 轮融资。由于 VR/AR 企业集聚

度高,开发了诸多文化创意产品,一批创新性强的虚拟现实产品逐步推向文化
消费市场。比如由一批"海归"精英创办的亮风台,建立了集基础技术平台、云
平台、AR眼镜、内容平台于一体的AR服务一站式解决方案,为娱乐、媒体、旅
游、汽车、教育、工业等领域提供行业解决方案。目前它已经和中国国家博物
馆、支付宝、美图、OPPO、汽车之家、中联重科、科勒等百余家企业和机构开展
合作。

三、突出重点领域,提升产业能级

2017年12月,上海市颁布了《关于加快文化创意产业创新发展的若干意
见》(简称《文创产业50条》)①。这一指导意见的出台,体现了上海全面贯彻
党的十九大精神,深入贯彻落实习近平总书记系列重要讲话精神和治国理政
新理念新思想新战略,落实"创新、协调、绿色、开放、共享"五大发展理念,大力
推动文化产业的决心和力度。它强调:要以满足人民群众日益增长的精神文
化需求为出发点和落脚点,以供给侧结构性改革为主线,壮大市场主体,提升
产业能级,鼓励创新创造,促进融合发展,培育新型业态,营造服务环境,在产业
结构优化升级、城市核心功能增强中体现文化创意产业新作为,进一步提升城市
的经济创新力、产业竞争力和文化软实力,为上海基本建成国际文化大都市、建
设社会主义现代化国际大都市、迈向卓越的全球城市提供强大的产业条件。

该文件首次明确提出上海迈向两个100年的文创产业发展目标:未来五
年,上海市文化创意产业增加值占全市生产总值比重达到15%左右,基本建成
现代文化创意产业重镇;到2030年,本市文化创意产业增加值占全市生产总
值比重达到18%左右,基本建成具有国际影响力的文化创意产业中心;到2035
年,全面建成具有世界影响力的文化创意产业中心。为了实现这一个历史性
的目标,上海明确提出了发展文化产业领域的八大重点领域。

---

① 中共上海市委、上海市人民政府:《关于加快本市文化创意产业创新发展的若干意见》,东方
　网,2017年12月14日。

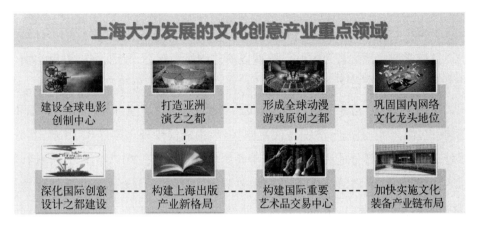

图7　上海大力发展的文化创意产业重点领域

要提升上海文化产业的能级,就必须从供给侧和需求侧两端入手,从经纬度的两个方面大力拓展,正如西门子公司的一位专家所说:"纵向创新是以技术为主导,横向创新是以客户需求为主导,必须始于横向,结合纵向,才能迈向颠覆性的创新"。① 上海大力发展具有传统优势的文化产业,聚焦于电影等领域,全面落实《关于促进上海电影发展的若干政策》,用好上海的电影扶持专项资金,对从事电影创作、摄制、发行、放映的企业择优给予扶持。重点培育一批技术领先的影视后期制作企业,支持企业参与国家高新技术企业资格认定。结合实际,推动试行影视制作成本补贴政策。上海依托国际金融中心的优势,支持开展影视完片保险和制作保险等新型业务。上海在电影产业的空间布局上,大力加强产业基础设施建设,建设环上大国际影视产业园,积极启动松江科技影都的建设,逐步形成电影产业空间布局的"1+3+X"发展格局,为大型综合性高科技影视基地建设提供政策支持;与此同时,上海积极挖掘电影衍生产品市场潜力,健全影视作品授权交易模式,大力发展影视品牌授权交易和形象营销,鼓励更多的企业参与影视作品后续运营,完善影视作品的知识产权开发和保护机制。

要发挥上海文化产业的活力,就要顺应人民对于文化消费升级的需求,从

---

① 曹理达:《融合与颠覆》,美国《财富》杂志中文版,2013年8月,第46页。

供给侧入手提供更多的优质文化产品。上海多年来就是全国演艺市场的中心，在演艺市场的规模、能级、影响力等方面名列全国各城市前列。上海确立了"打造亚洲演艺之都"的目标，强调以演艺创作为核心，激励创作、鼓励演出、繁荣市场，推动全市文艺创作从"高原"走向"高峰"，向世界呈现中国元素、贡献中国正能量，打造亚洲演艺之都。近年来，上海演艺产业不断推出新业态和新模式，如 2017 上海·静安现代戏剧谷，集中展演中外名剧佳作 18 部，共分六大系列，绝大部分是沪上首演，甚至是国内首演；依托 2017 年作为中国话剧诞生 110 周年、香港回归 20 周年等重要节点，围绕静安深厚的历史文化底蕴，紧贴时代发展的脉络，不断提升现代戏剧谷的品牌影响力；它以"锦"为主题，寓意繁花似锦，又有"静"字的谐音，显示了"国际静安，圆梦福地"的文化凝聚力和影响力。而 2017 年的第 19 届上海国际艺术节，成为上海迈向亚洲演艺之都的又一次精彩亮相，它展演了 45 台中外精彩剧目，举办 10 项展（博）览，31 项邀约演展活动，并邀请 450 多家国内外机构参加演出交易会，举行 10 多场论坛活动；设置无锡、宁波、合肥 3 个分会场，举办喜剧节、魔术节、朱家角水乡音乐节、上海（嘉定）互动戏剧节等 7 个节中节，还举办贵州文化周、以色列文化周等。特别引人注目的是：在 2015 年第十七届中国上海国际艺术节论坛期间，来自 18 个国家的 22 个艺术节代表，共同发布了"一带一路"艺术节合作倡议，提出以"多样、合作、促进、示范"为宗旨，成立"一带一路"艺术节合作发展网络，让"一带一路"沿线及全球的优秀艺术节携起手来，贯彻联合国倡导的文化多样性的主张，通过广泛的交流与合作而创造更丰富的艺术成果。在中国首倡"一带一路"的大背景下，它两年多来吸引了越来越多的参与者。从充满经济发展活力的亚洲太平洋地区，到南亚次大陆崛起的城镇，再到中欧和西欧富有盛名的艺术节庆，先后有 32 个国家的 124 个艺术节和机构加入该联盟，到 2017 年第 19 届中国上海国际艺术节期间，"丝绸之路国际艺术节联盟"正式成立！这是中国首倡的"一带一路"建设在推进人文合作方面的一个重大收获，是历史上第一个由 100 多个丝绸之路相关国家和地区的艺术节共同成立的国际艺术节联盟，也为上海汇聚全球的演艺及文化产业优质资源，打造亚洲演艺之都，创造了良好的条件。

要发挥文化产业对新消费的促进作用，就必须在硬件装备和软件内容两方面同时并举，瞄准科技前沿，加强战略性谋篇布局，把基础研究、应用研究、开发研究结合起来。文化装备产业就是为满足文化产业、文化事业、公共文化需要而提供各种科学技术装备的产业总称，即为文化生产和文化消费而研发、生产、提供技术装备的产业之总称，即"生产文化设备的制造业及服务业"。它是推动新消费，促进文化投资和产业创新有效性的关键环节，具有快速更新、频繁迭代特点。文化科技装备产业受到科技进步的驱动，形成了快速更新、频繁迭代的特点。科技进步的主流，决定了文化科技装备产业的发展主线，而真正核心的技术和装备是无法从国际市场上买到的。比如长期以来，数字电影放映的关键芯片由美国德州仪器所垄断，数字电影放映的关键设备由 NEC 等三大巨头所掌控。根据 CBInsight 的统计数据，2016 年，全球主要的可穿戴设备企业进行了 149 宗交易，获得 18.55 亿美元投资[1]。根据 2016 年洛杉矶 E3 电子娱乐展[2]、NAB-GIX 全球跨媒体创新峰会等重要会展所呈现的情况，在国际文化装备领域，人工智能和人机交互（Human machine Interface）正在成为技术开发和投资热点。它们推动了人自由地与虚拟世界对象进行交互，先进的文化科技设备包括头盔显示器、数据手表、数据眼镜、数据衣服、数据显示空间、三维位址传感器、三维声音产生器等正在快速更新。上海要建设具有国际影响力的文化创意产业中心，不可能依靠在国际市场上购买先进文化装备的核心技术，来提升自己的文化软实力，而必须把自主研发、开发应用、集成创新、追赶创新等方式结合起来，在文化装备领域形成从追赶到引领，从研发到应用的优势。上海明确提出：要加快实施文化装备产业链布局，结合上海建设有全球影响力的科创中心，将实施文化装备产业链布局作为本市先进制造业和新兴战略性产业的组成部分，促进科技在文创领域的应用与推广，有效提升文创领域技术装备国际化水平。近年来，上海在文化装备领域加快产业功能布局，推动上海国际高科技文化装备产业基地 TCDIC 的建设，提升上海自贸

---

① 2016 Tech-IPO-Pipeline Report. www.cbinghts.com，2017 年 2 月 16 日。
② E3 展是全球规模最大、影响力最广的电脑和视频游戏及相关产品的互动娱乐贸易展会之一。

区文化装备应用示范平台服务能级和辐射范围,积极推动各相关区级工业园区的转型升级,逐步形成"一基地、一平台、多园区"的"1+1+X"文化装备产业空间布局,凸显了主要的集成创新和产业应用重点。

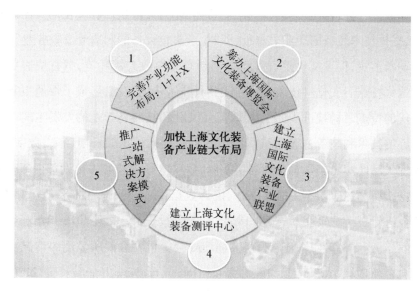

图8　上海加快文化装备产业链的大布局

要发挥文化产业对新消费的促进作用,就要敏锐把握文化产业的新增长点,充分发挥上海在文化产业中高端领域的独特优质资源,包括文脉、人才、市场、品牌、节庆等,在音乐等领域提升产业能级。当前,整个国际音乐产业正在经历由实体音乐到数字音乐、从 PC 端音乐消费到移动终端音乐消费、从音乐下载消费到流媒体消费的转型。它包括了从音乐人艺术家词曲作者到唱片公司、音乐演出、经纪公司、音乐网站与流媒体、音乐图书出版、乐器、音乐教育与培训等诸多个环节。2016 年中国音乐产业的总产值突破了 3 253 亿元。其中,音乐教育和培训占 666 亿元,数字音乐占 498 亿元,专业音响占 419 亿元,音乐演出占 150 亿元。随着数字化技术的不断发展,现代音乐的新业态新模式层出不穷。上海是中国近代音乐产业的摇篮和重镇。20 世纪初叶,中国第一个唱片公司"百代"就诞生在上海。上海在历史上集聚了聂耳、贺绿汀、丁善德等一大批优秀的音乐家,是当年的《义勇军进行曲》即后来的中华人民共和国国歌诞生之地。上海的许多音乐演出场所，具有悠久的历史，不仅仅是优良的演出场所，而且也是传承海派文化记忆的品质空间，包括上海东方艺术中心、上海交响乐团音乐厅、贺绿汀音乐厅、上海文化广场、上海大剧院等。它们依托上海交响乐团、上海音乐学院等著名院团，积蓄了雄厚的创作和演出力量，成为集聚优良剧目、吸引众多人气的文化亮点。2017年，上海音乐产业在集聚资源、打造优势方面迈出了新的步伐。在经典音乐领域，2017年初，拥有134年历史的英国皇家音乐学院与拥有90年历史的上海音乐学院，在沪宣布联合办学，正式成立上音—英皇联合学院，这是中英两国高层文化交流取得的标志性成果。而徐汇区也以著名的历史文化建筑——黑石公寓，作为上音—英皇联合学院的初始办学点。在当代音乐领域，2017年5月上海音乐学院与美国伯克利音乐学院签约，共同创办上音—伯克利现代音乐院，打造具有中国风范的当代音乐创作"孵化地"。中国音乐家协会主席叶小钢担任现代音乐院名誉院长。2017年普利策音乐奖获得者常石磊的音乐工作室等一批顶级音乐机构也将在这里落户。伯克利音乐学院创立于1945年，被誉为"世界最成功的当代音乐创制航母"，拥有114位格莱美奖、275位拉丁格莱美奖、5位奥斯卡奖、19位艾美奖、5位托尼奖等获奖者校友，亚洲流行歌手王力宏、朴载相，

图9　中国音乐产业年度市场规模(2012—2016年)①

①　本文作者根据中国音像与数字出版协会音乐产业促进工作委员会：《2017中国音乐产业发展报告》的资料整理绘制。参看《【2017中国音乐产业发展报告】发布》，《中国艺术报》2017年11月10日。

著名作曲家鲍比达等一大批音乐人都毕业于该校。上海通过国际化的大手笔,集聚国内外高端音乐资源,将会振兴上海音乐产业的活力,显示国际音乐之都的强大吸引力。

四、构建现代文化市场体系,拓展品质消费

上海要率先发挥文化产业对新消费的促进作用,必须针对中国居民追求品质消费的趋势,构建现代文化市场体系,鼓励人民群众的品牌消费、品质消费、时尚消费、服务消费等需求。随着城乡居民收入水平不断提高,广大消费者对消费质量提出了更高要求,时尚新潮、便利实用、舒适美观、品质情调的品牌消费市场不断增长。根据发达国家的经济增长轨迹,一个国家的人均 GDP 每跨上一个台阶,就会对文化娱乐消费的升级,发挥明显的推动作用。随着中国人均 GDP 的不断增长,人们向往的品质消费和时尚消费,需要传统产业的改造提升和产品升级换代。这就需要上海文化产业与时俱进,以创新和创意的敏锐感觉和开拓精神,适应人口结构的变化而开发新的品质消费产品,闯出一片文化消费的新蓝海。

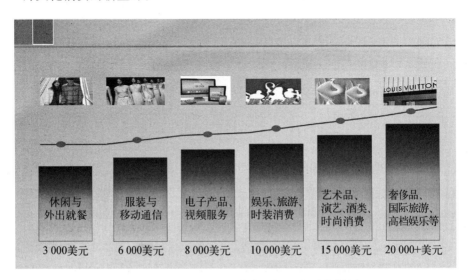

图 10 人均 GDP 增长与大规模出现的文化娱乐消费热点

上海要突出文化产业对品质消费的促进作用，必须在中国进入老龄社会和新世代全面崛起的背景下把握新的机遇，构建现代文化市场体系。据统计，2015 年中国 60 岁及以上人口达到 2.22 亿，占总人口的 16.15%。预计到 2020年，老年人口达到 2.48 亿，老龄化水平达到 17.17%，其中 80 岁以上老年人口将达到 3 067 万人；到 2025 年 60 岁以上人口将达到 3 亿，成为超老年型的国家①。与此同时，随着中国社会人口结构的变动，80 后、90 后、00 后等新世代浪潮同时出现，不同收入水平和文化背景的人群提出了越来越多样化的消费需求。有鉴于此，上海积极建设国际时尚之都，开展"增品种、提品质、创品牌"专项行动，引领当代的时尚生活方式。近年来，上海依托作为全球创意城市——设计之都的优势，加强时尚服装业原创设计、工艺改进、品牌定位和商业模式创新等，积极建设时尚之都促进中心、环东华时尚创意产业集聚区等，推进贵金属首饰、宝玉石、陶瓷、红木家具等工艺美术业向精品化、品牌化的方向发展，与此同时，上海结合人民对于美好生活的需求，发展东方文化特色的护肤、彩妆产品和环保可降解的护理、洗涤产品，打造"东方美谷"美丽健康产业集群，也结合数字经济的潮流，培育由可穿戴设备、电竞、数字视听、社交媒体、新型会展等构成的时尚数码产业集群。

上海文化产业要发挥对品质消费的促进作用，应该在 85 后、90 后、00 后等新世代群体大批进入消费市场的背景下发掘新的蓝海。这一批新世代群体，是在中国改革开放取得前所未有的成就、中国融入全球经济体系、互联网广泛普及等背景下成长起来的，因而在消费需求方面具有兴趣多样、接受多元、泛娱乐化、依赖互联网、熟悉二次元/多次元等鲜明特点。中国文化产业要在动漫、游戏、视听、音乐、数字出版等领域，发掘一大批新锐的文化消费新业态，更需要发挥政府、企业、院校、文化艺术机构等的协同创新功能，在政策引导、融资渠道、技术开发、市场培育、消费引导等方面形成合力，抢占先机。比如近年来，被称为生于"小时代"、兴于"大蓝海"的中国动漫游戏产业，已经成

---

① 《2017 年中国人口老龄化现状分析、老龄化带来的问题及应对措施》，中国产业信息网，2016年 9 月 21 日。

为中国二次元/多次元消费者群体的主要供给侧。中国国际动漫游戏博览会(CCG EXPO)以"十年磨一剑"的坚韧推进，为自己确立了"澎湃正能量的国际动漫游戏巨港"的定位，先后建立了五大服务平台，推动观众人次、参展商、展会收入等指标逐年攀升。2017 年第十三届 CCG EXPO 参展人次高达 20.75 万人，其中专业观众 2.45 万人，28 岁以下的青少年超过 80%。此次参展的展商遍布产业链上中下游，包括动漫创意、衍生产品、品牌授权、漫画出版、动漫演艺、基地园区、网络游戏、主机游戏、新媒体等，现场意向总交易额高达 14.4 亿元。

上海文化产业要在时尚消费、品质消费、品牌消费的潮流中树立新优势，必须形成代表国际大都市的特色产业，打造具有国际竞争力的优势板块。从历史的角度看，上海正在成为一个跨越工业化和后工业时代的"跨时代文化中心城市"。工业化推动下的大城市更加追求城市的规模和物质财富，而后工业时代的全球城市更加追求城市的国际竞争力和全球影响力，上海跨越了这两个时代，将在拥有中国最大城市的规模和物质财富之基础上，突出文化领航，造就一个兼备物质财富、实物投资和全球影响、知识投资的全球文化之都。上海保持全国领先的会展服务业就是一个典型样板。正如一位大型展览企业的高管所言："不是每一家企业都愿意尝试创新，不是每一个创新尝试都能获得成功。……在风雨诡诈的市场，可能下一个尝试者正在我们一次不起眼的尝试中悄然生长。"①在上海社会科学院、中科院上海分院支持下，上海市商委编制和发布的《2016 年上海产业国际竞争力报告》，提出了贸易竞争力、产业竞争力、科技竞争力、核心产品竞争力等四大评估体系，对上海全口径的产业进行了全面的竞争力评估。在其中的 12 个样本产业中，上海有 10 个产业国际竞争力指数达到 100 以上，并且在全国排名前 10 位。其中，会展服务业表现特别突出，进入样本产业的第一梯队，在全国的产业国际竞争力中位居前三甲。

---

① 上海笔克展览展示有限公司：《注重长远，节节发展》，《上海会展业发展报告 2016 年》，上海科学技术文献出版社 2017 年 3 月版，第 132 页。

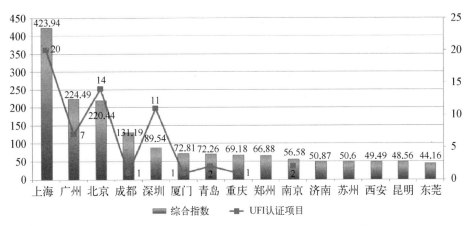

图 11　2016 年中国城市展览业发展综合指数排名前 15 名①

近 10 年来,中国已经成为世界上第二大规模的展览业市场,随着 2010 年
上海世博会等重大国际会展的举办,随着位于上海虹桥的国家会展中心全面
投入营运,上海会展产业发展势头强劲。国际展览业协会(UFI)2016 年度主
席谢尔盖·阿莱克谢耶夫指出:全球 15 个国家占据了全球室内展览面积的
80%,前三强分别是美国、中国和德国,2011 年至 2015 年,中国可使用的展览
面积增加了 29%,增幅达到全球的前列,预计未来两年还将再增加 10%。② 在
中国会展产业的蓬勃发展中,一批国家级和国际级的展览中心城市脱颖而出。
根据国家商务部服务贸易司颁布的《2016 中国会展行业发展报告》,在全国城
市展览业发展综合指数排行榜上,上海以 423.94 的指数遥遥领先,名列全国
第一,在代表展览业核心竞争力的一系列重要指标如办展数量、展览面积、场
馆数量、UFI 认证项目等方面,上海都名列全国第一位,比如上海拥有获得国
际展览联盟 UFI 认证项目 20 个,大大超过广州、北京、成都、深圳、厦门等城
市,显示了上海展览产业在国际上获得了高度的评价。在上海规模庞大的工
业类、商贸类展会之外,时尚类展会、特展类展览、消费类展会等,也成为异军
突起的文化消费热点,形成培育新型消费品种的新蓝海。如 China Joy 已经成

① 本文作者根据蔡清毅:《2016 年中国会展产业发展报告》,罗昌智、董泽平主编:《两岸创意经
济研究报告》(社会科学文献出版社,2017 年 10 月版)的数据设计与绘制。
② 《中国展会数量占全球四分之一展商实力排名世界第二》,中国经济网,2016 年 1 月 14 日。

为全国电子游戏领域最重要的品牌会展,成为国内外游戏厂商势在必得的竞争力高地;再如在上海举办的亚洲宠物展 Pet Fair Asia,在 2016 年汇聚了 800 多家展商,71 000 平方米展出面积,10 多万观众,成为中国最大规模的宠物展览,展出了大批科技型、智能化、互联网化的宠物用品,吸引了日本、韩国、巴西等海外展团及近百个全球新品牌入驻,和韩国、日本、泰国等国的大批观众组团,标志着中国宠物消费市场进入到一个高速发展的阶段;至于近年来上海风生水起的特展(Special Exhibition),更是衍生出大师特展、时尚特展、主题特展等分支门类,成为中国展览消费市场的一个新热点。

上海要推动文化产业促进新消费,激发新动能,必须进一步树立对外开放的新优势,统筹国内和国外两个市场,大力发展对外文化贸易。上海多年来就是中国对外文化贸易的主要基地。根据 2017 年国家对外文化贸易基地(上海)的统计,截至 2015 年,上海核心文化产品和服务进出口总额达到 91 亿美元,其中核心文化产品和服务的进口额为 45.7 亿美元,核心文化产品和服务的出口额为 45.3 亿美元,广义的上海文化相关产品和服务出口规模更大,而且在进出口比例方面大体上保持平衡,显示了上海在核心文化产

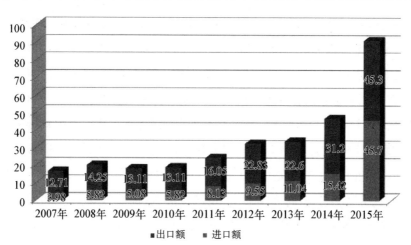

图 12　上海核心文化产品和服务进出口情况①

----

① 本文作者根据国家对外文化贸易基地(上海):《2017 年上海自贸区文化艺术蓝皮书》的数据设计和绘制。

品和服务的进出口方面活跃的态势。在国家推动中华文化走向世界的大背景下,上海的对外文化贸易涉及到数字出版、印刷、文化装备、艺术品、影视、会展、网络科技等多个领域,以商业化运营模式积极走向国际市场,对外文化贸易渠道不断拓展。

上海积极培育外向型的文化企业,成为上海发展对外文化贸易的主力军团。从 2016 年开始,上海自贸区管委会就和中国国家博物馆签约战略合作,共同打造"文创中国"——文化精品设计、开发、销售平台,实现"互联网+博物馆"的新模式,有力地推动了具有中国文化基因的精品走向国际市场。在国家商务部颁布的 2017—2018 年度国家文化出口重点企业中,上海有 25 家入选,再次名列全国各省市的前三甲。上海的东方明珠文化发展有限公司开发的游戏《奇境守卫》向我国香港地区和东南亚国家发行,上线仅半个月,下载量就突破 1 000 项;上海炫动汇展文化传播有限公司组团国内动漫游戏骨干企业,进入"一带一路"相关国家和地区展览,在泰国等地获得了良好的业绩;上海五翼文化传播有限公司将以上海 SMG 等生产的 400 小时优秀视频内容,推广到马来西亚的"点心"平台,获得了良好的经济效益。该平台的母公司是马来西亚主流媒体、最大的英文报纸《星报》。上海外向型文化企业的这些业绩,显示了上海贯彻国家自贸区战略,服务"一带一路"大局,打造对外文化贸易新优势的成果。

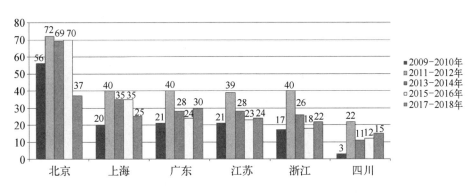

图 13　我国部分省市拥有的国家文化出口重点企业数量
(2009—2018 年度)单位: 户①

① 本文作者根据国家商务部公布的有关信息整理和绘制。

五、加快金融服务体系创新，优化产业生态

邓小平同志1991年春节在视察上海时，就高瞻远瞩地指出："金融很重要，是现代经济的核心。金融搞好了，一着棋活，全盘皆活。"随着中国文化产业与金融业合作进程的不断深化，文化金融作为一种新的产业形态正在不断成熟。它并非简单意义上的文化产业与金融业的合作，而是指在推动文化资源资本化、文化产权资本化的发展过程中，形成以文化金融理论作为引导，以金融推动多种资源流通和配置，以金融驱动文化价值链重组的产业新形态。而它本身是城市高端、专业服务业的重要组成部分，是培育强大文化产业的生态要素之一。

上海颁布的《关于加快文化创意产业创新发展的若干意见》，把加快金融服务体系创新作为重要内容。近年来，上海在推动文化金融体系建设方面，着力发挥产业基金撬动放大效应；加快建设财政资金引导、社会资本参与的文化产业创新创业投资母基金和新媒体发展投资母基金；鼓励有条件的各类资本创设文创类产业投资基金，调动社会资金参与文化产业发展的积极性；进一步构建文创投融资体系，完善文化创意产业"补、贷、投、保"联动机制；支持文化融资担保机构模式创新，推动文化小贷公司建立快速服务机制和便捷融资渠道等。

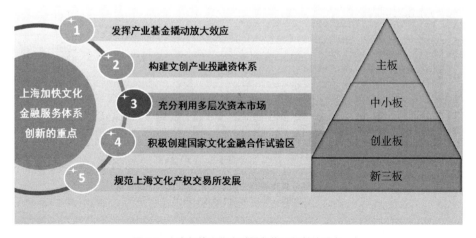

图14　上海加快文化金融服务体系创新的重点

上海推动文化金融体系创新，是在中国文化金融迅速发展的背景下展开的。以股权类文化金融为例，它包括场内市场和场外市场的股权投融资。各类有关的文化交易所、证券公司、产业投资基金和各类投资主体是这一个文化金融领域的活跃主体。2015年，全国文化产业资金流入达到3 241.8亿元①，从资金流入渠道来看，股权融资、债券、众筹、新三板上市公司融资等的规模在2016年以后都逐步增长。从全国范围看，各省市的股权类文化金融又表现出强烈的集约型和规模型特点，在2016年全国文化产业上市公司融资额中，北京、广东、上海的文化产业上市公司融资额分别达到737.67亿、397.71亿、388.71亿元，在全国各个省市中遥遥领先，这与上述省市文化产业上市公司的数量和结构密切相关。2016年上海文化产业主板上市公司有35家，其中国内主板上市公司有23家，在国外和香港上市的有11家，另外上海在新三板上市的传媒公司有77家之多，总量近百家。② 锦辉艺术、盛世天橙、天戏互娱、盛世锦天等大批上海文化企业在新三板挂牌上市，有效地扩大了文化产业的融资能力。

近年来，上海文化产业新业态的金融服务十分活跃，上市公司数量增长很快。根据武汉大学信息管理学院教授朱静雯领衔编制的《2016年新三板传媒上市公司绩效数据报告》，

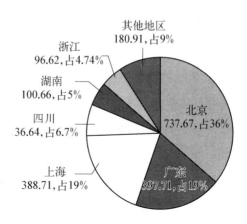

图15 2016年上半年全国文化产业上市公司融资额地区分布③

① 金巍、杨涛、董昀：《我国文化金融发展：研究与实践》，载杨涛、金巍主编：《中国文化金融发展报告》，社会科学文献出版社2017年5月版。

② 数据来源：万德数据库和国家统计局，中国文化产业投融资数据平台，中商情报网等。另外，由中共上海市委宣传部文改办、上海市文化事业管理处和上海社会科学研究院文学研究所共同撰写的《2016年上海文化产业发展报告》明确指出：2016年上海电影股份在上交所主板上市交易，成为国内首个地方国有电影企业上市公司。另外，锦辉艺术、盛世天橙、天戏互娱、盛世锦天等近百家上海文化企业在新三板挂牌上市。

③ 刘德良：《2016年股权类文化金融发展状况》，载杨涛、金巍主编：《中国文化金融发展报告》，社会科学文献出版社2017年5月版。

北上广浙拥有的新三板传媒上市公司数量占全国的70%左右，其中，北京为166家，上海为77家，广东为59家，浙江为32家，而内地及东北不少省市的新三板传媒上市公司数量都只有1—8家。考虑到北京的新三板文化类上市公司中有许多具备中央企业和部委机构的背景，上海拥有的新三板文化类上市公司数量在各个省市中就更为突出，上海文化产业新锐企业的成长性和文化金融的活跃程度可见一斑。

上海在促进文化金融体系创新方面，既要看到自身的长处，也要看到有待开发的巨大空间。根据中国学者金巍的研究，中国文化金融体系建设明显滞后于文化产业的整体发展。从全国金融机构的信贷看，2015年9月以来增速有所放缓，2017年9月末，金融机构人民币各类贷款余额117.8万亿元，其中文化类约2 500亿，约占规模总量的0.4%；从全国债券市场看，2016年债券市场规模达到10.7万亿元，其中企业债5 925.7亿元，其中文化产业约为500亿，占的比重就更小了。从全国股票市场看，截至2017年11月，沪深总市值合计为57.5万亿人民币，文化产业类约占5%[①]。从文化产业对金融服务的需求和社会资本对文化投资的要求来看，这两方面都存在着巨大的空间。

有鉴于此，上海促进文化金融体系创新方面，要聚焦包括电影、演艺、动漫游戏等重点产业和新兴集群，集中有限资源，大力发展轻资产型、知识型的文化金融服务体系；要适应文化产业企业的需求，采用"筹投贷"等方式，服务重点企业和骨干企业，兼顾中小微企业，为它们提供商业银行、证券、债券、保险、投行等业务在内的全面金融服务；要充分发挥上海作为国际金融中心的优势，推动上海文化金融体系创新，在集聚主体、产业规模、效益指标、品牌集聚、文化金融产品创新、文化金融服务效率等方面走在全国的前列；要适应文化产业的特色，大力发展轻资产型、知识型、智慧型的新型金融服务体系，不但要发挥银行信贷等间接融资渠道，而且要发挥投资基金、证券市场、债券市场等直接融资渠道，针对文化产业中小微企业面临的难点，给予充分的金融支持；要借

---

① 金巍：《新金融政策环境下，文化金融发展的路径》（在2017年11月27日昆明文化创意产业发展专家研讨会上的演讲）。

鉴中国银行浙江分行推出"影视通宝"的经验,它的重点是为影视类中小微文化企业提供以短期流动资金贷款为主的授信业务,涵盖全影视产业链的影视道具、影视院校、后期制作、服装租赁等环节,并且发挥了中国银行多样化经营的优势。上海要积极向中小微文化企业提供商业银行、证券、债券、保险、投行等业务在内的全面金融服务,重点扶持发展潜力较大的授信客户,培育更多的文化产业上市公司和新锐企业,为上海文化产业的发展提供更加强大的资本动力。

栏目一　激发新动能：推动
　　　　文化科技融合

2

"互联网+"时代的城市文化
产业科技创新能力提升

——以上海为重点的研究*

解学芳　韩晓芳

内容摘要　科技创新能力的形成既是推动新兴产业发展的引擎,也是提升我
　　　　　国文化产业国际竞争力的关键。文化产业科技创新能力是由创新
　　　　　行为主体、内部核心要素以及外部生态环境而形成的综合能力,具
　　　　　有整体性、开放性、协同性、动态性等特征。从文化产业科技创新
　　　　　能力综合指数的角度看,目前上海的指数0.81弱于北京的1.20
　　　　　和深圳的0.92。有鉴于此,在国家推动"互联网+"战略和上海建

　　*　解学芳,博士,同济大学人文学院副教授,媒体产业研究所副所长,博士生导师,主要从事文化
　　产业管理研究;韩晓芳,同济大学人文学院研究生。基金项目:国家自然科学基金面上项目
　　(71 473 176);上海市浦江人才计划资助(17PJC100)。

设具有全球影响力的科技创新中心的大好契机下,上海应加大文化产业研发投入力度,完善文化产业科技创新政策,紧跟前沿科技动向、鼓励与培植产业创新力,培育龙头科技型文化企业,全面提升文化产业科技创新的能力。

关 键 词 互联网+ 文化产业 科技创新能力 生态

据国家统计局数据显示,2016 年我国文化产业增加值达到 30 785 亿元,比 2015 年增长 13%,GDP 占比提高到 4.14%,文化产业对国民经济的贡献日益凸显。[①] 文化产业作为以文化资源为依托,以科技创新为主导,致力于延伸文化产品传播方式、表现形式、消费理念的新产业业态,在"互联网+"与"大众创业、万众创新"的时代,亟需加快构建起文化产业科技创新能力,实现助推文化产业整体发展水平提升的目的。2015 年,伴随《关于落实创新驱动发展战略,加快科技改革发展的意见》以及国家"十三五规划"的出台,"实施创新驱动发展战略,构建以科技创新为核心的全面创新体系,促使文化产业体系建设从'进行时'迈向'完成时'"成为新的制度风向标。文化产业的科技创新已不再单纯关注数量上粗放式的发展,开始强调质量上的内涵式发展,必须进行全方位的统筹和构建。

一、文化产业科技创新能力的学理基础

(一)文化产业科技创新能力的内涵与构成要素

科技创新能力主要涉及科技、创新、能力这三个关键词,是近年学界、业界结合创新实践整合发展出来的新兴词汇。科技不同于技术,是科学与技术的集合,科学是方法论,技术是具体方法。科学主要是指在意识形态引导下反应

---

① 数据来源:《我国文化产业增加值占 GDP 比重首次超过 4%》,新华网,2017 年 9 月 30 日。

现象本质和规律的知识体系;技术主要是指运用到社会实践中具体的操作方式和技能。[1] 创新是生产要素进行组合产生的新思维、新观念、新事物等,是一种新的生产函数。[2] 能力则主要表明科技创新系统性的属性,表明科技创新涉及多个变量及非线性作用关系。实际上,国内外学者在科技创新能力研究方面已开始有意识地将科技创新能力作为一个系统进行分析,认为科技创新包括三大体系,即以科学研究为先导的知识创新、以标准化为轴心的技术创新和以信息化为载体的现代科技引领的管理创新,并且在创新要素方面,有 3T(人才、科技、文化包容性)理论,和 5F 指标(人才、技术、产业、制度及社会等架构)等。[3] 鉴于此,本文认为,文化产业科技创新能力是一个非线性的复杂系统,是创新行为主体、内部核心要素以及外部生态环境要素创新协同所形成的推动文化产业技术创新、业态创新、内容创新、产品创新与模式创新的能力。

文化产业作为新兴产业业态,自身就是"创造性的破坏",有着区别于其他经济形态的独有属性,因此文化产业科技创新能力比一般行业的科技创新能力更为复杂。从协同创新视角来看,文化产业科技创新能力包含两个子系统、三个行为主体、五个创新要素,形成了动态性与交互性并存的状态(见图1)。首先,按照系统要素划分,文化产业科技创新能力是将技术创新、文化创新、人才创新、集群创新、制度创新五要素有机融合产生新产品、新形态的能力,并且五种要素因其影响程度不同,可划分为内部核心要素与外部生态要素。其次,依照系统行为主体划分,科技创新能力形成了三大维度:微观层面,文化企业科技创新能力,主要是指文化企业对技术创新的研发投入、对科技人才的管理投入、对产品创新的营销投入、科技创新成果转化能力等,属于科技创新能力的内部核心体系;中观层面,文化产业园区科技创新能力,主要是指文化产业

① 方丰、唐龙:《科技创新的内涵、新动态及对经济发展方式转变的支撑机制》,《生态经济》,2014年第6期。
② 约瑟夫·熊彼特:《经济发展理论》,商务印书馆1990年版,第73—74页。
③ 张仲梁、邢景丽:《城市科技创新能力的核心内涵和测度问题研究》,《科学学与科学技术管理》,2013年第9期。

园区在一定空间内对文化、技术、制度等资源进行集聚,致力于实现文化产业园区各文化企业价值链"纵横联合"的创新能力;宏观层面,国家及各级政府科技创新能力,确切来说是指各级政府高效响应科技创新,关注与落实科技创新制度安排的能力,特别是给予文化企业或文化产业园区在金融、财税等方面的制度支撑能力。由此可见,文化产业科技创新能力是推动文化产业从要素到主体到系统,从内部到外部,形成的一个多元主体协同创新发展的联动结构。

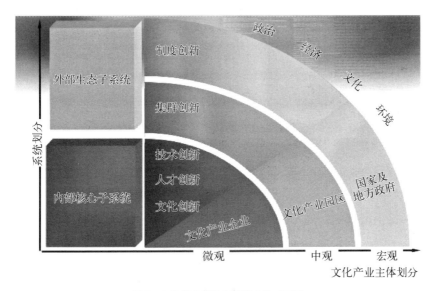

图1　文化产业科技创新能力构成要素

(二)文化产业科技创新能力的特点

文化产业科技创新能力的多元构成是一个非线性系统,具有整体性、开放性、协同性、动态性等特点。

第一,整体性。文化产业科技创新能力的构建是一个具有整体性、综合性、网络性的复杂工程。其各要素之间的有机集合、各主体之间的互动合作是在系统性、整体性条件下发生的。特别是科技创新这根主线将文化创新、制度创新、人才创新、集聚创新等交叉融合,为无序的要素在错综复杂的网路关系中形成统一性提供条件和前提。以爱奇艺的发展为例,在"互联网+"畅行文化产业各个领域的生态环境下,爱奇艺网络视频业务稳健发展,①很大程度上得益于网络视频产业链的各个环节科技创新能力诸要素整体性的发挥(见图2)。

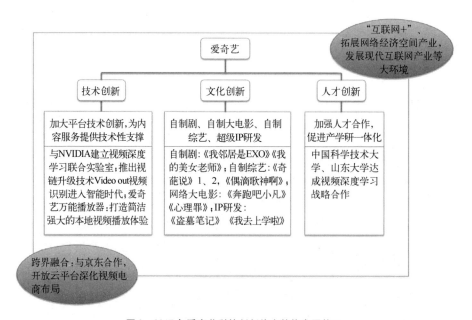

图2　2015年爱奇艺科技创新能力整体发展状况

第二,开放性。文化产业科技创新能力的各要素、主体在运行过程中,与外界进行着资源、信息的流动与交换,时刻处于开放的大系统中。一方面,文化产业科技创新能力的提升能够助推开放的物理空间与网络空间要素与要素之间的流动,确保科技创新能力紧跟文化产业发展趋势和潮流,促使文化企业、文化产业园区、政府等主体利用技术创新、制度创新、包容性生态吸引文化企业集聚与吸纳文化科技人才等,促进自身及整个文化产业创新能力的形成。以技术要素为例,任何一个产业的技术不是单一技术一蹴而就的,是通过开放性吸收和融合新的技术,在各种技术不断实践累积的过程中建立起来的。例

---

①　数据来源:《2015 年爱奇艺营收 52. 9 亿运营亏损 23. 8 亿》,http：//www. 6czp. com/keji/shuju/69806. html.

如,动漫产业发展历程就离不开新技术的推动(见图3)。另一方面,开放性可以促使科技创新与产品创新在其它体系中进行扩散,增强大众对新技术、新理念、新观点的接受度。可见,开放性不但不会使文化产业科技创新能力的整体性能减弱,反而会使其在协同条件下更趋向于完善。

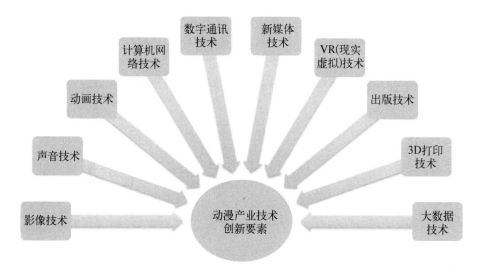

图3　动漫产业发展历程中相关技术创新的开放与交互

第三,非线性。非线性是协同性存在的基础,是文化产业科技创新能力形成的基本机制。在非线性作用下,科技创新能力的形成将会促进各构成要素、各主体的有机协同。哈肯在《协同学导论》中曾解释道,自组织方程只有是非线性的,它的解才有两种存在可能:一个模式存在或者彼此共同存在。① 换言之,科技创新能力不能由单一的要素或单一的主体来完成,必须借助各要素之间的共同作用,若科技创新能力只受到技术创新要素的影响,那文化产品的多样化发展就会受限,它们必须彼此存在;要素的非线性要求文化产业科技创新能力诸要素与多元主体间的协同性,除了整体性被破坏、产生无序混沌外,各要素与诸主体自身作用也会受到限制,因此,促进文化产业科技创新能力构成要素内部的协同以及与多元主体的

① 哈肯:《协同学导论》,西北大学出版社1981年版,第10页。

协同尤为重要。

第四，动态性。文化产业在不同发展阶段其科技创新能力的侧重点存在差异，这种动态性是指根据不同发展阶段特点调整科技创新发展重点，使其符合文化产业发展阶段需求的权变性。在文化工业阶段，文化企业需要借助技术创新推动产业的升级转型，国家需要围绕技术创新对宏观政策进行调控，为技术发展扫除障碍；到文化产业阶段，技术创新模式发展相对成熟，科技创新能力重点应该转移到文化创新，将其与技术创新相融合，促使产业内容与内涵变得更加丰富；到文化产业跨界发展阶段，伴随着文化产业内容的杂交、行业的融合与边界的模糊，文化产品和服务形式更加丰富多元，文化产业集聚加速，此时整个产业重点不再是单一要素的发展，而需转向整个文化产业全产业链的打通与打造。因此，文化产业科技创新能力的动态性是能够随时根据文化生产需求与市场变化做出调整，符合文化产业的发展趋势与动态，从而为提高整个文化产业竞争力奠定动力源。

二、"互联网+"时代上海文化产业科技创新能力现状

（一）总体状况

在"互联网+"时代，伴随上海文化产业政策支持力度的增大、体制改革配套措施的优化以及文化企业科技创新意识的增强、文化人才的集聚，文化产业科技创新能力总体呈现稳步提升态势。

一方面，上海的新闻出版、广播电视、文化娱乐等传统文化产业加快了转型与升级步伐，从文化内容、文化传播与文化影响等方面探索改革路径，积极利用互联网思维创新发展范式，推动文化与科技的融合，初步建构起自身的文化产业科技创新能力。事实证明，科技创新能力低的产业终将会被基于新技术出现的产业所代替。例如，2014年初解放日报报业集团旗下的《新闻晚报》停刊、上海文广集团主管主办的《天天新报》停刊……传统媒体被新媒体所取代，逼迫与主导着传统媒体企业向科技创新能力强的"互联网

化"转型,上海报业集团(新华传媒)2014年推出"澎湃新闻"移动客户端就是向移动互联网转型的典范。此外,传统文化产业向数字化、网络化的科技创新航向转变明显。例如上海文广集团(SMG)旗下的第一财经与阿里巴巴的战略合作;东方明珠与百视通跨界合并成立上海东方明珠新媒体股份有限公司(原百视通新媒体股份有限公司),成为中国A股市场首家千亿市值的文化传媒航母,并通过与华谊兄弟的版权战略合作,实现新兴的IPTV、数字电视与传统的媒体、影视企业之间多渠道的资源整合,致力于打造互联网全媒体与全内容生态系统。

另一方面,网络游戏、网络视听、网络出版、文化创意和设计等新兴的文化产业行业发展速度加快,互联网类文化企业的主营收入持续增长,科技型文化产业园区集聚与协同创新效应凸显,新兴文化产业的科技创新能力逐渐增强。自2015年"互联网+"上升至国家战略,以互联网为基础和创新要素的创新成果不断涌现,对上海文化产业科技创新产生了战略性和全局性的影响。科技创新渗透到上海文化产业的各个领域,形成了一个包括综合类、视听类、文本类、功能类等多个表现业态的全新的文化产业发展链条(见图4),其出现与崛起的速度伴随着科技创新能力的提高不断加快,并建构起整个上海新兴文化产业行业的科技创新能力。伴随着科技创新周期的缩短,新兴文化产业崛起的速度加快,原来的"新"文化产业形态走向成熟的同时,也变成了"旧"的、传统的文化产业业态,出现了"新""旧"业态的不断更替、协同演化发展。从具体行业来看,上海的网络游戏产业形成了差异化竞争格局,在产业链最前端的盛大游戏、淘米、九城、巨人等网络游戏巨头把主要精力聚焦在科技含量高的前端原创开发环节,发挥着网络游戏产业创新标杆的作用;其科技含量低的环节大多采用外包模式发包产业链中端或下端给其他中小型网络游戏公司,可见,合理配置科技创新资源与文化人才资源,有助于重点发展上海网络游戏企业自主创新与科技研发的能力。

在互联网时代,文化成为科技提升的内容支撑,"互联网+文化产业"成为上海文化产业科技创新能力提升的重要载体。互联网突破了空间与时间的限制,具有一个宽广的跨度和一种程式化的高度,为文化产业科技创新能力的建

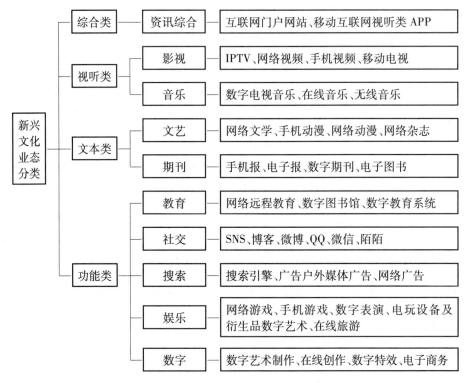

图4　科技创新主导的上海新型文化产业业态分类①

构提供了新的路径。② 互联网与文化产业的融合并不是简单的相加，而是将现有的资源配置与互联网资源进行多方面有机融合——"互联网+电影产品"延长电影产业链条，例如百视通（东方明珠）与印尼最大的网络服务商印尼电信以合资方式进行内容制作、整合分发、数字影院系统等整个互联网价值链的合作；"移动互联网+游戏设计"拓展手游产业市场，这在上海传统出版、媒体行业正在广泛践行……可见，"互联网+文化+创意"成为上海打造与提升文化产业科技创新能力的重要路径。

---

① 此图是在何小丰《新兴文化业态发展思路》(http：//www. bayesconsulting. com/bgc. aspx？id＝1&type＝2&cna＝bysgd&aid＝388)中提到的分类表格基础上进行了补充，重新绘制。

② 陈少峰：《"互联网+文化产业"的价值链思考》，《北京联合大学学报》（人文社会科学版），2015年第4期。

（二）发展不足与挑战

虽然上海文化产业科技创新能力体系已初步形成,但文化产业的众多行业仍处于价值链的中低端,文化产业科技创新能力的提升还面临诸多挑战。

首先,新兴科技型文化产业市场占有率低、研发投入与研发费用占比不高。近年,上海文化产业科技创新能力的提升有目共睹,文化产业向着科技密集、内容创意集聚等方向良性发展,但也存在网络信息、软件与创意、影视、动漫等科技含量高、创意丰富的新兴领域的龙头文化企业科技创新能力不强。传统文化产业,如新闻、出版发行、广播电视电影、演艺等传统文化业态处于简单地与互联网、科技融合的表层结构,科技创新引流能力与原创能力不足。例如,虽然2016年上海电影集团成功上市,但上海作为中国电影的发源地的优势未能显现出来,特别是上海不仅在影视类上市公司数量上缺乏优势,也缺乏真正从事高端电影制作发行的具有影响力的顶级上市公司,在影视科技人才资源方面也与北京存在巨大落差。在互联网与电影产业深度融合、互联网龙头企业纷纷进入电影行业的大趋势下,未来电影产业如何提高科技创新能力也变得尤为重要。此外,文

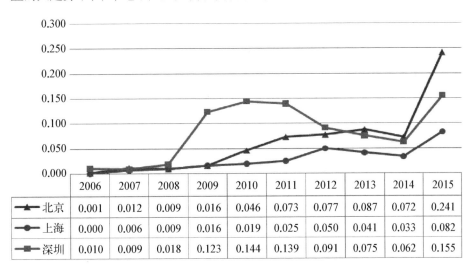

	2006	2007	2008	2009	2010	2011	2012	2013	2014	2015
北京	0.001	0.012	0.009	0.016	0.046	0.073	0.077	0.087	0.072	0.241
上海	0.000	0.006	0.009	0.016	0.019	0.025	0.050	0.041	0.033	0.082
深圳	0.010	0.009	0.018	0.123	0.144	0.139	0.091	0.075	0.062	0.155

图5　2006—2015 文化产业上市公司研发支出发展趋势

化产业上市公司的研发投入与研发费用占比不高。从过去十年文化产业上市公司研发费用占比来看,上海从2010年起研发比重远低于北京、深圳,说明上海文化产业上市企业对新技术、产品创新的重视程度还亟需提高。

其次,文化产业科技创新政策落实力度偏弱,创新动力不强,是影响科技创新能力提升的重要因素。一方面,文化产业科技创新制度与文化产业科技创新诉求存在一定的不匹配。伴随"互联网+"在文化产业诸行业的深入与科技创新应用的普及,文化产业制度创新处于相对滞后的状态。① 制度创新是科技创新的充分条件,预见性的制度构建会加快文化产业科技创新扩散,特别是随着传统文化产业行业的数字化、网络化的进程,文化产业科技创新的诉求会促使更多新管理制度的陆续出台。② 另一方面,鼓励与扶持科技创新的政策落实不到位也会影响文化企业科技创新的积极性。特别是已经实施的相关鼓励与促进文化企业创新的政策与吸引文化科技创新人才的政策实施效果未达到预期,助推文化企业科技创新能力提高的作用有限。此外,现有制度生态还存在诸多不利于文化产业科技创新的制约因素,导致上海在互联网文化领域缺乏真正的领军型文化科技龙头企业,导致上海文化产业科技创新缺乏行业标杆与领航者,而中小型文化企业科技研发投入不足,不热衷于高风险的科技创新研发,使得文化企业自身科技创新能力提升缓慢。

再次,文化产业与高新技术融合度不深,产业跨界能力不强,在全球价值链分工中所处的位置不佳。在现阶段,科技创新应用存在滞后性、不少传统文化企业与科技创新实践的结合、转化还停留在表面。据研究数据指出,文化产业综合技术指数每增长1%,与科技创新相对应的文化产业生产贡献率平均增长0.3%左右,最高仅仅能够达到0.63%,可见,科技创新尚不能满足文化产业发展的技术诉求,文化产业与高新技术融合程度还较低,科技创新能力转化能力严重不足。③ 此外,上海文化产业科技创新能力不足还主要体现在核心技术研发能力不强。

---

① 解学芳:《科技发展与文化产业管理制度建构的逻辑演进》,《科学学研究》,2010年第12期。

② Bustamant. Cultural industries in the digital age: some provisional conclusion[J]. Emedia Culture& Society,2004,(6):26.

③ 郭新茹,顾江:《科技创新与文化产业生产效率的协整分析——基于我国31个省市面板数据的实证研究》,《南京社会科学》,2014年5期。

在上海建设具有全球影响力的科技创新中心的大背景下,新一代互联网关键技术和核心技术主要控制在杭州、北京、深圳、广州等互联网巨头手里;而且在数量上也处于弱势——2016年,北京拥有31家互联网类文化产业上市公司,数量最多,集聚优势突出,远超过上海10家的规模;与此同时,自主研发的游戏、设计、动漫、电影等文化产品在全球价值链分工的位置不佳,诸多行业的研发设计环节与核心技术还处于国内强势企业与国外企业掌控的窘状,甚至受到"低端锁定"的威胁;此外,上海文化科技企业在全球范围内综合运用移动互联网、VR/AR、人工智能等高新技术整合内容资源的能力还比较有限。

三、上海文化产业科技创新能力
与北京、深圳的比较

（一）研究方法

依据四条准则科学筛选上海、北京与深圳的文化产业上市公司的数据为样本,筛选规则如下:一是2006—2015年处于上市状态,中间未出现退市或退市重新上市状态的公司;二是在公司营业范围中,年度报告信息中"所属行业"或"主营业务"符合国家统计局《文化及相关产业分类(2012)》产业范围或业务收入的;三是上市公司经营稳定,不存在特殊警告股(ST)和可能被终止上市(＊ST)状态。[①] 四是文化产业上市公司注册地为北京、上海、深圳。最终甄选数据结果见表1所示。

表1　2006—2015年文化产业上市公司样本数量

数量	2006	2007	2008	2009	2010	2011	2012	2013	2014	2015
北京	12	13	14	18	26	31	34	37	42	49
上海	15	18	19	21	25	26	26	26	26	31
深圳	7	9	10	13	18	22	22	22	24	27
总计	34	40	43	52	69	79	82	85	92	107

---

① 臧志彭,解学芳:《文化产业上市公司科技创新能力评价研究——来自国内A股191家公司的实证分析》,《证券市场导报》,2014年第8期。

在研究方法上,首先采用网络层次分析法——由 T. L. Saaty 在 1996 年提出,是一种适应非独立递阶层次结构的新实用的决策方法,由层次分析法(AHP)发展而来。[1] 网络层次分析法充分考虑了各内部要素之间的关系,认为系统中的元素呈现网络结构形态,相互作用。这与文化产业科技创新能力各元素之间的关联是契合的,因此更适合使用 ANP 法表达各要素间的关联性。由于 ANP 网络模型数据计算过程复杂,本文借助 Super Decision(SD)软件计算得到文化产业上市公司科技创新能力指标的全局权重和局部权重,从而保证数据结果的科学性、准确性。其次,借助 SPSS 软件进行描述性分析,再利用线性加权综合法对 2006—2015 年北京、上海、深圳文化产业科技创新能力综合指数进行计算,分析三大地区文化产业科技创新能力发展的差异。需要说明的是,文化产业上市公司科技创新能力体系内外部两大维度的数据来源存在差异,因此两者在计算方法不同。内部核心指标数据来自公司年度报表,数据标准统一,同时外部要素中"政府补助"指标数据也来自年度报表,计算方法与内部体系相同,为避免出现数据的等级性问题,故将其放在内部要素体系中计算。文化产业科技创新能力外部要素指标数据来自笔者整理。

(二)2006—2015 年上海、北京、深圳文化产业科技创新能力状况

通过对文化产业科技创新能力内外要素各项指标的计算(由于篇幅问题,计算过程省略),最终得到 2006—2015 年北京、上海、深圳文化产业科技创新能力整体发展状况。具体来看:

首先,三大地区的文化产业科技创新能力诸构成要素各有优劣。在技术创新要素上,北京的综合指数(0. 145)和深圳(0. 144)持平,上海则仅为 0. 077,和北京、深圳的差距较大;在人才创新要素上,北京以 0. 756 遥遥领先,上海和深圳分别以 0. 472、0. 454 居于二、三位,两者相差甚微;在制度创新要素

---

① 李郭敏,罗亚非:《基于 AHP 和 ANP 的 R&D 国际化综合评价》,《科技管理研究》,2011 年第 9 期。

上,深圳以 0.300 居于首位,紧接着为北京(0.243)、上海(0.197);在集群创新要素上,上海和北京高出深圳约 3 倍,表现出上海明显的园区集聚创新优势。总的来看,北京文化产业科技创新能力各要素发展相对均衡,技术创新要素、人才创新要素优势明显,制度创新与集群创新相对突出,共同推动了北京文化产业科技创新能力的提升。上海技术创新要素与人才创新要素过低,成为制约上海文化产业科技创新能力提升的影响因素。深圳作为改革开放的最前沿城市,文化产业科技创新能力整体发展高于上海,足以说明深圳市文化产业制度创新的活跃、文化市场的开放性以及良好的发展生态。

表 2　2006—2015 年文化产业科技创新能力综合指标

一级指标	三 级 指 标	北京	上海	深圳
技术创新要素	研发收入占营收比	0.063	0.028	0.083
	无形资产占总资产比	0.059	0.039	0.042
	人均专利数	0.023	0.010	0.019
	综合	0.145	0.077	0.144
人才创新要素	研发人员占比	0.293	0.187	0.190
	硕博人数占比	0.055	0.028	0.024
	本科学历占比	0.408	0.257	0.240
	综合	0.756	0.472	0.454
制度创新要素	政府补助占营收比	0.021	0.030	0.017
	科研补助占政府补助比	0.199	0.138	0.263
	文化政策创新强度	0.023	0.026	0.020
	综合	0.243	0.194	0.300
集群创新要素	集群创新力度	0.053	0.068	0.020
综合指数		1.197	0.811	0.918

其次,文化产业科技创新能力内外部要素发展水平存在差异。总的来看,文化产业科技创新能力由高到低依次为北京(1.197)、深圳(0.918)、上海(0.811)。北京与上海相比,其文化产业科技创新能力内部核心指标的综合指数高于上海,但是外部生态体系指标低于上海;深圳与上海相比较,深圳凭借

其在技术创新的优势,弥补了外部生态要素的劣势,综合排名仍然超过上海。可见,文化产业科技创新能力内部核心要素作为内生竞力,对文化产业发展的贡献率高于发挥辅助性作用的外部生态要素。对上海而言,在建设"全球科技创新中心"的时代机遇下,应在充分发挥外部生态要素优势的基础上,加快核心技术创新、紧跟世界科技创新前沿,汇聚文化科技人才,不断提升上海文化产业科技创新的能力,从而与深圳媲美、与北京看齐。

(三) 2015 年不同行业的文化产业上市公司科技创新能力比较

从 2015 年数据来看,不同行业的文化产业上市公司的科技创新能力存在较大差异①。其一,文化信息传输服务行业科技创新能力最高(0.131),主要得益于该行业以新兴互联网信息服务、值电信服务(文化部分)为主,高度依赖互联网、数字技术、大数据技术等,自身对科技创新水平要求高。其二,文化创意和设计服务类(0.103)、文化专用设备生产(0.101)两大行业的科技创新能力也较高,分别排在第二、第三位。其中,文化创意和设计服务行业多是从事文化软件服务(多媒体、动漫游戏软件开发、设计与制作)、广告设计、建筑设计与专业设计的企业,对科技创新资源与创新人才的诉求高;而文化专用设备生产行业的科技创新能力强得益于其自主研发为主的相关企业众多,电子产品、智能产品等科技含量高,拉高了整个文化专用设备行业的科技创新能力。其三,广播电视电影服务行业的科技创新能力最低,仅为 0.049,远低于文化信息传输服务行业科技创新能力的总指数,究其原因:一是广播电视电影服务行业是传统文化行业,以提供文化内容和文化服务为主,对技术创新的诉求反应迟缓,缺乏科技创新思维;二是以互联网为基础发展起来的网络视听行业严重冲击着传统的广播电视服务业,导致整个行业发展的缓慢甚至下滑,无力也无意识大力进行科技创新活动。可见,推动文化与科技的深度融合,提升传统文化行业的科技创新能力,推动传统文化产业行业的互联网化、数字化、智能化,是文化产业不断提高综合实力与竞争力的必然选择。

---

① 行业划分标准在前文研究样本处已经阐明,在此不作过多解释。

表3 2015年文化产业上市公司科技创新能力行业差异分析

所属行业		综合指数	研发投入比重	无形资产比重	人均专利	研发人员比重	硕博人员比重	本科人员比重	政府补助比重	科研补助比重
文化信息传输服务（N=25）排名：1	均 值	0.131	0.262	0.035	0.031	0.276	0.082	0.497	0.022	0.568
	标准差	0.083	0.564	0.056	0.074	0.196	0.052	0.169	0.031	0.380
	极大值	0.434	2.570	0.287	0.309	0.773	0.184	0.724	0.134	0.991
	极小值	0.009	0.001	0.000	0.000	0.009	0.000	0.098	0.000	0.000
文化创意和设计服务（N=19）排名：2	均 值	0.103	0.210	0.024	0.017	0.176	0.038	0.476	0.010	0.255
	标准差	0.138	0.632	0.024	0.045	0.132	0.029	0.137	0.014	0.272
	极大值	0.643	2.790	0.082	0.196	0.482	0.100	0.686	0.041	0.684
	极小值	0.029	0.000	0.000	0.000	0.044	0.000	0.199	0.001	0.000
文化专用设备的生产（N=3）排名：3	均 值	0.101	0.104	0.018	0.002	0.231	0.104	0.476	0.041	0.572
	标准差	0.038	0.126	0.014	0.003	0.076	0.138	0.033	0.047	0.286
	极大值	0.145	0.246	0.034	0.006	0.295	0.261	0.514	0.093	0.879
	极小值	0.078	0.005	0.008	0.000	0.147	0.000	0.452	0.001	0.313
文化用品的生产（N=16）排名：4	均 值	0.092	0.198	0.038	0.018	0.080	0.030	0.233	0.112	0.209
	标准差	0.114	0.422	0.026	0.037	0.047	0.039	0.192	0.389	0.279
	极大值	0.393	1.435	0.098	0.144	0.188	0.124	0.728	1.567	0.958
	极小值	0.009	0.000	0.000	0.000	0.000	0.000	0.043	0.000	0.000
文化休闲娱乐服务（N=5）排名：5	均 值	0.091	0.000	0.037	0.000	0.418	0.045	0.315	0.005	0.007
	标准差	0.054	0.000	0.052	0.000	0.375	0.057	0.095	0.006	0.016
	极大值	0.155	0.001	0.126	0.000	0.839	0.144	0.431	0.014	0.036
	极小值	0.024	0.000	0.000	0.000	0.000	0.000	0.170	0.000	0.000

续表

所属行业		综合指数	研发投入比重	无形资产比重	人均专利	研发人员比重	硕博人员比重	本科人员比重	政府补助比重	科研补助比重
工艺美术品的生产（N=4）排名：6	均值	0.083	0.031	0.011	0.048	0.307	0.005	0.136	0.004	0.243
	标准差	0.064	0.053	0.015	0.067	0.302	0.005	0.014	0.001	0.449
	极大值	0.157	0.110	0.032	0.144	0.619	0.011	0.149	0.005	0.916
	极小值	0.019	0.000	0.000	0.000	0.044	0.000	0.118	0.002	0.000
文化产品生产的辅助生产（N=8）排名：7	均值	0.063	0.023	0.117	0.009	0.083	0.006	0.120	0.007	0.376
	标准差	0.057	0.011	0.193	0.017	0.052	0.011	0.117	0.006	0.237
	极大值	0.201	0.039	0.589	0.049	0.189	0.032	0.403	0.019	0.698
	极小值	0.019	0.011	0.010	0.000	0.031	0.000	0.047	0.002	0.000
广播电视电影服务（N=7）排名：8	均值	0.049	0.000	0.015	0.052	0.123	0.065	0.382	0.011	0.122
	标准差	0.051	0.000	0.016	0.138	0.138	0.059	0.234	0.004	0.222
	极大值	0.137	0.000	0.035	0.365	0.375	0.154	0.649	0.015	0.560
	极小值	0.014	0.000	0.000	0.000	0.000	0.000	0.024	0.004	0.000
总计 N=89	均值	0.100	0.172	0.037	0.023	0.195	0.049	0.372	0.032	0.330
	标准差	0.100	0.467	0.070	0.062	0.188	0.053	0.206	0.166	0.342
	极大值	0.643	2.790	0.589	0.365	0.839	0.261	0.728	1.567	0.991
	极小值	0.009	0.000	0.000	0.000	0.000	0.000	0.024	0.000	0.000

（四）2015 年不同所有制的文化产业上市公司科技创新能力比较

从北京、上海、深圳三大地区文化产业科技创新能力排序来看,不管是民营企业还是国有企业,北京的文化产业上市公司优势明显。具体来看,民营文化产业上市公司科技创新能力最强的是北京(0.116),深圳(0.105)与上海(0.072)分别居于第二、第三位;而国有文化产业上市公司科技创新能力由高到低依次是北京(0.114)、上海(0.095)、深圳(0.052)。其中,深圳与上海的民营企业与国有企业的文化产业科技创新能力恰好相反。究其原因,一方面,深圳文化产业上市公司集中在新兴的科技创新力强的互联网信息服务领域,民营企业高度集聚;上海文化产业上市公司多聚焦在传统文化产业行业,国有企业优势明显,数量远多于深圳;另一方面,这一差异与深圳、上海的文化产业制度环境、文化市场开放度、吸引人才与留住人才的环境、文化创新创意生态等息息相关。

表 4   2015 年不同所有制的文化产业科技创新能力差异

	所有制形式	N	均值	标准差	极小值	极大值
北京	国有企业	8	0.114	0.134	0.434	0.009
	民营企业	30	0.116	0.114	0.643	0.016
	总计	38	0.116	0.116	0.643	0.009
上海	国有企业	9	0.095	0.096	0.305	0.009
	民营企业	15	0.072	0.057	0.188	0.014
	中外合资企业	1	0.040	——	0.040	0.040
	总计	25	0.079	0.072	0.305	0.009
深圳	国有企业	3	0.052	0.041	0.024	0.099
	民营企业	21	0.105	0.100	0.016	0.393
	总计	24	0.098	0.095	0.016	0.393

综上,不同行业的文化产业上市公司的科技创新能力呈现不同的发展水

平与趋势。以文化信息传输服务行业为主的互联网类文化产业科技创新能力最高,"互联网+"成为文化产业发展的重要战略,在"互联网+"时代,传统文化产业的升级和全面再造是完成自身拯救的机遇,以文化内容为特色的传统产业必须借助科技创新,嵌入互联网基因激活自身发展活力,寻求新的发展模式和路径,才能得以持续稳健增长。实际上,处于科技创新能力前沿的文化企业,除了科技创新活跃,更为重要的是具有深厚的文化支撑与强大的创新人才支撑,能够真正推动文化内容与高新科技的有机融合,不断衍生出新内容、新产品、新服务与新业态。

四、"互联网+"时代上海文化产业科技创新能力提升策略

在文化与科技融合、"互联网+"的国家战略大背景下,在文化创新成为文化产业发展源头的"文化+"深度开发时代,在推动"大众创业、万众创新"的全民创新时代,加快构建并提升文化产业科技创新能力有利于形成"文化内容为源头、文化科技融合为主线、跨界融合为方向、资源集聚为基础"的产业链,有利于实现"以文化企业创新为主、政府优化政策环境与制度创新为辅、文化产业园区集聚为共享平台"的多元主体治理体系,为现代文化产业生产体系的形成奠定基础。

(一)立足文化企业与政府两大主体,提高文化产业研发投入力度

从上文的实证研究可知,技术创新要素以 0.653 的权重处于主导地位,对文化产业科技创新能力的形成起着决定性作用。文化企业和政府应认识到技术创新对文化产业发展的重要性,注重对研发投入、科技成果转化的协同推进。实际上,新兴文化产业对技术创新能力依赖程度高于传统文化产业,这也促使新兴文化产业的发展速度和所创造的经济效益高于传统文化产业。鉴于此,上海应该根据新兴文化行业、传统文化产业对技术创新的不同诉求,积极

作出不同的制度安排。

文化企业作为文化产业科技创新能力践行的主体,在文化科技创新能力的提升中发挥着基础作用。第一,做好研发资金投入长期规划。文化企业应积极制定科研投入预算,建立研发经费稳定增长的长效机制,保证研发投入的持续性。第二,设立创新转化平台,完善创新转化机制。企业应改变"重科研轻实践"的狭隘观念,加强文化企业之间的研发合作,成为技术创新投入和创新成果转化的主体。第三,加强创新成果的知识产权保护。文化企业应增强知识产权保护意识,了解专利权、商标权、软件著作权相关法律知识,将版权保护意识与对技术创新成果的保护意识注入到创新源头、创意、运营、营销诸环节中。

政府作为文化产业科技创新能力外部生态的主要塑造者,需从制度设计上确保文化产业研发投入的稳定性。首先,确保研发投入比重,积极制定扶持文化产业创新研发的政策。一方面,设立文化产业技术创新专项资金。明确"政府研发投入占 GDP 的比重超过 2%、文化企业研发费用比重超过 10%"的目标。另一方面,在财政税收方面,给予积极从事科技创新活动的文化企业政府补助,激励文化企业逐年增加研发投入——研发费用同比增长部分的 20%可以抵挡所得税;技术更新改造投资额的 10%可抵免所得税。[①] 其次,在文化产业科技成果转化方面,政府应吸取美国、日本等国家在知识产权与科技转化方面的经验,学习美国《联邦技术转移法》、日本《大学技术转让促进法》等的具体做法,改善我国知识产权的制度环境,提高科技创新政策的可操作性和实践性,促进文化产业科技成果转化效果。

(二)优化文化产业科技管理体制,培植产业创新力

近年,上海聚焦科技创新,实施创新驱动发展战略,文化产业科技创新也表现活跃。从实证结果可知,文化产业技术创新、制度创新要素远低于北京、

---

① 解学芳,臧志彭:《国外文化产业财税扶持政策法规体系研究:最新进展、模式与启示》,《国外社会科学》,2015 年第 4 期。

深圳这两大城市。上海要实现文化产业科技创新能力的飞跃，实现全球有影响力的科技创新中心的目标，应及时跟进文化产业发展速度，紧跟世界科技创新前沿，加快文化产业科技管理体制改革，完善文化产业科技创新的制度设计与政策配套。

一是加快对互联网等新兴文化产业管理方式变革，提高政府响应速度和服务效率。近年，新兴文化产业发展业态层出不穷，更新换代速度加快，生命周期缩短，特别是以手机游戏、网络直播、VR视听为代表新兴行业对现有文化管理体制提出更高要求。如何对文化产业新兴领域提供高效率的服务与第一时间的回应，是现有文化科技管理部门需要思考的首要问题。

二是从制度层面积极推动传统文化产业科技创新，延伸产业生命周期。以新闻、出版、广播电视、文化遗产等为代表的传统文化产业，曾是文化产业的中流砥柱。但伴随网络社会的崛起，传统文化产业受到巨大的冲击、甚至面临生存危机。鉴于此，政府应加快出台鼓励传统文化产业创新、转型、发展的政策措施，顺应"互联网+"战略的要求和潮流，鼓励文化与"互联网+"的深度融合，成立专门扶持传统文化产业科技创新的文化基金，打造"新闻+新媒体"、"广播+互联网"、"出版+互联网"、"文化遗产+数字技术"等新发展模式。

三是完善文化产业科技创新方面政策法规。北京、上海、深圳文化产业科技创新能力高于其它地区的原因之一是具有完备的科技创新制度措施。特别是深圳，在文化产业科技创新制度方面的举措和做法值得上海学习。深圳近年陆续颁布了《深圳市文化创意产业振兴发展规划（2011—2015）》、《深圳市文化产业发展"十二五"规划》、《关于深入实施文化立市战略》、《关于深化科技体制改革提升科技创新能力若干措施》、《关于促进科技创新的若干措施》、《关于支持企业提升竞争力的若干措施》与《关于促进人才优先发展的若干措施》等数十部相关配套措施致力于建设国际科技、产业创新中心，为深圳文化产业科技创新能力的整体提升提供了良好的制度保障。

（三）助推文化产业紧跟最新科技动向，塑造深度跨界发展格局

技术的跨界性是其天性使然。互联网从技术的跨界性延伸至思维的跨界性,并演变成一场全方位生态式的互联网革命,直接助推着文化企业的变革与生命周期的演化,加速着文化类上市公司跨行业并购、跨界发展。被赋予了互联网基因的文化企业开始对传统文化产业价值链差异化需求一一解构,与契合互联网精神与互联网发展模式的价值链进行重新组合,从而呈现出文化产业跨领域、跨行业、跨产品协作整合、聚焦价值链各环节再造的全新生产跨界模式、盈利跨界模式与营销跨界模式。①

"互联网+"带来无所不在的创新催生着文化产业的数字化、虚拟化、体验式,它不仅将传统的文化产业链全部打通,还对"源头创意、互联网金融、内容制作、互联网宣介、精准营销、衍生品周边"等环节进行重新组合排序,建立起由互联网无缝介入的全新、无界、高效联通的文化产业链。文化产业与科技创新的深度融合使得互联网类文化企业成为真正的"大文化、泛娱乐"的集成者。传统的电影、新闻出版、休闲娱乐、动漫,与新兴的网络游戏、网络动漫、手游、网络文学、网络视频、网络音乐等开始在阿里巴巴、腾讯、百度、搜狐等互联网上市公司的主导下成功融合,并意味着更多互联网巨头通过并购、收购的方式成功跨界至文化产业领域,进行产业整合与开辟新价值空间。②

在新技术层出不穷、科技创新驱动文化产业发展的大背景下,传统文化产业与新兴文化产业应该根据自身特点,紧跟最新科技创新发展动向,加快对新技术的应用与创新扩散。对于传统文化产业,应深入挖掘内容优势,将其与数字技术、新媒体技术、VR(虚拟现实技术)、AI(人工智能)技术相结合,打造数字出版、网络视听、数字旅游、VR直播等产业,将技术变成为文化内容服务的工具,使传统文化既彰显文化内容精华,又具有新的表现范式。对于新兴文化产业来说,抓住"数字创意产业"发展战略的契机,将网络游戏、动漫、数字出版、网络直播、网络音乐、网络视频、网络文学、网络艺术等产业与VR、AR(增强现实技术)相融合,打造互动游戏、互动动漫、VR出版、VR直播等新产业

---

① 解学芳,臧志彭:《"互联网+"时代文化上市公司的生命周期与跨界演化机理》,《社会科学研究》,2017年第1期。

② 陈少峰:《互联网文化产业的价值链思考》,《北京联合大学学报》(人文社会科学版),2015年第4期。

业态。

（四）培育龙头科技型文化企业，发挥创新引领的示范效应

文化产业科技创新能力是由内部外部多种要素共同作用而成。根据"短板理论"，文化产业科技创新能力体系会面临构成要素发展的不平衡问题，其中的劣势因素往往决定整个体系的发展水平。因此，文化产业科技创新能力体系要素之间、主体之间应实现协同发展，增强文化企业在产业链上的合作、协同，增强与文化科技机构、科研院校的联动，形成政、产、学、研一体化格局。

其一，文化产业园区应带动文化、科技、金融之间的协同发展形成联动机制，打破"技术孤岛"的局面——投融资体系为园区内文化企业发展提供资金，完善资金链；文化资源集聚则为文化企业提供内容、创意、信息、人才，打通文化产业链诸环节各文化企业的合作；关键技术与科技创新平台则助力园区文化企业提升创新力与竞争力，改善文化产业价值链，三大要素共同致力于文化产业科技创新能力的提升。在联动机制中，大型文化企业发展动向是文化产业发展的风向标，具有示范和引导作用，也是引领文化产业领域共性关键技术的创新主体；中小文化企业则起着活跃文化创新氛围，增强创意活力的作用。

其二，打造政府牵头、文化企业主导、高校科研机构支持、文创园区与众创空间为载体的"政产学研"一体化格局。政府凭借制度优势，为文化产业科技创新能力提升给予夯实的制度安排，并提供基础性资源扶持；文化企业则是文化产业科技创新的主导与主角，致力于建立行业规范，引领中小微文化企业、社会力量参与到文化产业科技创新大潮中；高校科研机构则应将自身研发创新能力和人才资源优势与文化产业发展实现无缝对接，承担起文化产业关键技术和核心技术研发的重任；文化产业园区与众创空间作为文化企业、政府、行业创新的联结纽带，应以增进科技创新主体间科技创新、文化创意交流，实现文化科技资源共享为目标，提高孵化创新的能力。

其三，利用全国"双创"发展机遇与科技创新政策红利，加强文化产业源头式创新水平。各创新主体应充分利用"科技创新券"带来的政策红利。科技创新券是政府为解决中小企业经济势力薄弱、创新资源匮乏、创新动力不足问题

提出的举措,①是政府、高校、科研机构、文化企业、创业者的链接纽带。一方面,中小微文化企业利用科技创新券向研发机构购买科研服务,实现科技资源共享;另一方面,科技创新券立足鼓励企业的创新投入,可以避免研发资金的滥用,切实提供中小微文化企业的科技创新能力。目前,上海已实施的科技创新券效果明显,建议在文化产业科技创新方面进行更多探索,设立专门的文化产业科技创新券,切实为提升上海文化产业科技创新能力服务。

---

① 王晟:《科技创新券对创业创新的积极作用研究》,《新经济》,2016 年 Z1 期。

3

上海 VR 和 AR 技术在文化娱乐领域的应用和产业发展

明豪侠* 车春鹂**

内容提要 近年来，上海VR/AR技术在文化娱乐领域内获得了长足的应用和
发展，VR/AR技术和产品广泛融入到文化娱乐产业的各个环节，
呈现良好的发展态势。随着VR/AR技术的不断进步，它们在文化
娱乐领域将会有更加广泛的应用。从产业结构的角度分析，上海
VR/AR产业链已经基本形成，而且形成了相当的技术和科研优
势。未来，上海VR/AR技术将在文化娱乐产业中大有可为。为了
促进上海VR/AR技术在文化娱乐产业的应用与发展，上海应当找
准定位、把握优势、重点突破。基于上述分析，本文针对推进上海
VR/AR技术在文化娱乐产业领域的应用，提出了对应的产业定位
和相关的政策建议。

关 键 词 VR/AR技术 文化娱乐领域产业发展

VR（虚拟现实）/AR（增强现实）技术起源于20世纪60年代，是指借助计
算机系统及传感器技术生成三维环境，创造出一种革命性的人机交互方式，通
过调动用户各种感官（视觉、听觉、触觉、嗅觉等），让他们体验到更加真实的、
身临其境的感受。虽然该技术理论上可以用于文化娱乐、医疗、教育、工程管

---

* 明豪侠，现任上海市多媒体行业协会秘书长。
** 车春鹂，上海对外经贸大学副教授。

理、制造业等诸多领域,但是目前其主要应用领域仍然集中在电影、游戏、社交媒体等文化娱乐领域,许多影音娱乐巨头都推出了自家的 VR/AR 设备,以期在影视、游戏等领域抢占先机。

从国际的大趋势看,随着近几年来 VR 硬件性能的提升和成本的大幅度降低,VR 产品的性能得以大幅度提升,在全球电子消费行业风向标——2016 年美国消费电子展上,VR 产品成为展会的绝对主角,预示着虚拟行业很可能成为信息技术领域下一个潜在的爆发机会。因此,更多的 VR 设备/硬件、内容/应用公司加入到这个新兴行业,其中不乏国际巨头,如微软、苹果、谷歌、Facebook、三星、索尼等,也有国内互联网巨头阿里、腾讯、百度及暴风等众多上市公司,这些公司都已开始在 VR/AR 产业领域布局,意在为今后市场竞争占据有利位置。

从中国产业发展战略看,信息产业是我国国民经济的基础性、战略性、先导性产业,对我国经济结构调整具有重要的示范意义,是稳增长、促改革的主战场。而中国是全球领先的信息产业大国,也是信息产品的消费大国,VR/AR 产业的兴起,为我国的信息产业带来了潜在的巨大机会。虽然在基础研发、高端产品上中国与美国等少数发达国家还有差距,但是中国正在奋起直追,中国国内厂商近年来也研发了一批市场反响好、用户体验佳的创新型 VR/AR 产品,成为提升消费类电子产品有效供给能力的重要手段。中国电子技术标准化研究院发布的《VR 产业发展白皮书 5.0》指出,VR 正处于产业爆发的前夕,即将进入持续高速发展的窗口期,我国 VR 产业应该尽快布局,在国际化的竞争中争取先机。

上海在迈向具有全球影响力的科创中心进程中,敏锐地把握到 VR/AR 技术在国内外的逐渐升温,培育和集聚了恒润科技、曼恒数字、幻维数码、维塔士、乐相科技、米影科技等一大批优秀的 VR/AR 技术研发、内容制作等硬件生产企业。这些上海新锐企业研发的新产品、内容和技术大量应用于主题公园和博物馆内容建设、科技知识普及、观影、VR 线下体验、动漫游戏等文化娱乐领域的各个环节,基本形成了较为完善的 VR/AR 产业链。

一、上海 VR/AR 产业发展现状

上海是中国最早开展 VR/AR 产业研究和应用的大都市之一，多年来积累了大量的企业和人才资源，特别是近年来随着软硬件技术的快速进步和资本市场的关注，上海的 VR/AR 企业发展更加迅猛。

根据上海市多媒体行业协会与 VRZINC.COM（上海本地知名 VR 媒体）的调研，上海市目前直接从事 VR/AR 业务的企业约 180 家左右，本文专题调研访谈和涉及到的企业约 121 家左右。这些企业在企业规模、研发实力、市场占有率等方面都成为上海市 VR/AR 产业的中坚力量。

（一）VR/AR 产业链基本形成

VR/AR 技术应用范围广阔，涉及到横跨硬件和软件的多个领域，因此其产业链很长，包括 VR 工具与设备、内容制作、分发平台、行业应用和相关服务等诸多文化娱乐环节。

近年来，上海从事 VR/AR 的企业分布在该产业链的各个环节，具体而言，可以将本文涉及到的上海市 121 家 VR/AR 企业分为以下几大类，可以看出，比较完善的产业链已经形成：

1. 产业链整合类企业，属于行业龙头企业，具备产业链整合的能力，如上海盛大网络发展有限公司、上海恒润数字科技有限公司等。

2. 应用平台类企业，是领军企业，在细分领域具备建设该领域内容或者供应链平台的能力，如上海幻维数码创意科技有限公司等。

3. 硬件研发类企业，主要从事硬件研发、销售的企业，如新三板上市公司——上海曼恒数字、乐相科技、亮风台等估值颇高的 VR/AR 硬件生产、技术开发的企业，以及宏达通讯科技（上海）有限公司、塔普翊海（上海）智能科技有限公司等硬件制造企业。

4. 软件研发类企业，主要从事专业的软件研发。代表类企业如亮风台（上海）信息科技有限公司、上海云舞网络科技有限公司、费迪曼逊多媒体、酷景传媒(上海)有限公司、上海塔普企业发展股份有限公司、上海景坤科技、凌泽信息科技、视辰信息科技等。

5. 综合研发类企业,从事 VR/AR 的软件和硬件,以及其它相关研发,如上海诺亦腾影视科技有限公司和上海领溯数字科技有限公司等。

6. 行业应用类企业,利用 VR/AR 技术在各行各业开展应用的企业,如中国移动集团咪咕视讯科技有限公司、上海学晓网络、丞电电子专注于机电传感技术、上海泛课信息技术、上海数虎图像、上海诚联交通智能科技等。

7. 内容研发类企业,专注于研发 VR/AR 内容,尤其是游戏、影视等内容的开发。上海在这一环节的企业最多,实力也最为雄厚,其代表性企业如上海游族、三七互娱(上海)科技有限公司、上海河马动画设计股份有限公司、上海米影信息科技有限公司、星米网络科技、唯晶信息、皿鎏软件、幻逸软件等。它们开发和生产了大量的 VR/AR 内容产品。

8. 渠道及服务类企业,主要为 VR/AR 企业提供内容分发、企业管理经营支撑等服务类企业,如上海傲播网络科技有限公司等。

9. 线下体验店类企业,主要开展 B2C 线下体验店的 VR/AR 企业,推动该技术的市场化普及,如上海曼恒数字技术有限公司和上海河马动画设计股份有限公司等。

10. 应用集成类企业,是将 VR/AR 技术应用于工程项目的系统集成企业,代表性企业有上海复旦上科多媒体股份有限公司、上海宽创国际文化创意有限公司等。它们把 VR/AR 应用到工程建设、数字化场馆、会展设施等领域。

11. 媒体类企业,专注于 VR/AR 行业的垂直型媒体,如上海影刻文化传播有限公司等,专业领域覆盖到多个传统媒体和新媒体领域。

从图 1 中我们可以看到,发展 VR/AR 产业链整合和应用平台类企业,对于企业的规模、基础和能力要求较高,因此上海这类企业数量较少;上海大部分的相关企业集中于 VR/AR 硬件研发、软件研发、行业应用和内容研发类。

相较于北京、深圳的 VR/AR 产业,上海在 VR/AR 产业的硬件制造业环节

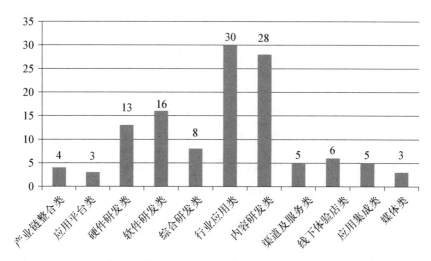

图1 上海121家 VR/AR 企业的类型分布比例①

优势明显不足,企业数量不够多,企业能级与数量不及北京、深圳。然而,上海的 VR/AR 企业在内容和研发环节,特别是在交互、生态和应用方面具有明显的优势。上海有多家公司,如上海游久游戏股份有限公司、上海恺英网络科技有限公司、上海米影信息科技有限公司、上海幻维数码创意科技有限公司、上海曼恒数字技术有限公司、上海河马动画设计股份有限公司等多家企业在影视、游戏领域有较强的竞争力,日益展露出新锐的活力。

综上所述,我们认为上海的 VR/AR 产业已经形成从硬件生产、内容制作、技术开发、到渠道供应的完整产业链,在内容制作和技术研发等细分领域具有明显优势,需要进一步发展和壮大。

（二）VR/AR 技术力量比较雄厚

上海发展 VR/AR 产业的另一个优势在于:依托上海建设具有全球影响力的科创中,形成了坚实的技术基础,研究开发的环境比较优秀。这主要得益于两方面:一是上海拥有大量的科研机构和技术型企业,拥有较强的科研力量;二是上海依托国际金融中心的实力,集聚了大量的风投资金,为 VR/AR 技

---

① 该图由本文作者根据调研结果设计与制作。

术的研究提供了强大的资本支持。

在技术领域,上海聚集了一批在技术研发上有建树的公司,在 VR/AR 这样技术门槛高的前沿领域拥有一定优势;另一方面,由于上海的高等院校及研究机构数量多、科研实力强,虽然 VR/AR 技术涵盖面极广,但是上海的科研院所及企业,在底层技术、硬件技术、软件技术、内容制作方面都已形成较好的积累,进一步夯实了上海的技术基础。同时,由于上海的网络游戏及动漫产业比较发达,是全国的网络游戏和动漫产业中心,随着 VR/AR 产业广受风险资本关注,上海的网络游戏及动漫企业把较强的研发实力投入 VR/AR 领域,进行新技术和新内容的研发,为产业化发展奠定了基础。这集中表现在以下方面:

1. 底层技术研究基础

(1)图像压缩与传输

上海交通大学在图形图像的编码、压缩、无线传输等方面,上海大学、华为上海研究所等在 VR 内容传播、分发等相关技术方面有较好积累;上海无线通信研究中心在高速无线传输技术和复杂环境下的低时延中继传输技术具有很好的研究基础;上海微系统所在机器人视觉方面在国内处于领先地位,在嗅觉传感、触摸传感等方面,也具有国内顶尖的研究团队。这些为上海开展 VR/AR 图像压缩与传输提供了重要基础。

(2)基础服务能力

上海电信的天翼视讯在 VR 服务的基础架构特别是网络服务方面,有很好的基础。上海交通大学和上海大学在 VR/AR 的图像批量制作方面,开展了大量先期的研究,其中上海交大与阿里的 VR 视频平台也合作开展了 VR 视频快处理技术的研究,这些成果都能够应用于 VR/AR 的视频批量处理工作,形成了上海在 VR/AR 领域的基础服务能力。

(3)光场采集技术

上海科技大学信息科学与技术学院 VR 中心(产业化载体:上海叠境数字科技(上海)有限公司)在光场采集方面,利用光场技术进行光场 VR 的内容制作,包括环视相机阵列光场采集、线阵光场成像、全景 3D 成像等。该中心在国内是唯一一家实现实时动态对焦 VR 内容的机构,可以做到超高清、无瑕疵的对焦效果,让人的眼睛观察到在哪里,实时动态的对焦就跟到哪里。

2. 硬件研发基础

恒润科技擅长为主题公园定制研发机械传动与 VR 内容融合的专用 VR 设备,其研发的 720RIDER(全向 3 人 VR 体验运动平台)、蜘蛛车、VR 地震平台等,融机械传动、VR 内容制作、力学设计等多种技术为一体,具有多项自主知识产权;上海幻维数码在 VR 过山车、VR 影院的软硬件研发、设计等方面,与国内多家大型主题娱乐公司合作,拥有各类专利 78 项,具有深厚的研发实力。费迪曼逊多媒体是国内多维度音乐的软硬件研发、设计和提供商,费迪曼逊四维产品已经应用到很多音乐厅等演艺场馆,为 VR 设备在文化娱乐领域的应用创造了良好的条件。

酷景传媒(上海)有限公司自主研发多套 360 全景互动视频采集系统,可用于各种环境和状态下作业。他们开发的镜头特别设计成为 5 到 15 个高清晰、可以瞬间实现无扫描的环视成像的高分辨率 360° 全景镜头,可广泛应用于影视传媒、视频监控、机器人视觉、VR、军事观察等领域。

塔普翊海(上海)智能科技有限公司专门从事 AR 现实增强领域研发,以 AR 硬件、底层算法、应用软件、内容制作以及开发者人才培养等几个层面进行 AR 硬件研发。上述这些企业和机构为上海发展 VR/AR 产业的硬件系统提供了重要基础。

3. 软件研发基础

(1) 通用软件研发

亮风台(上海)信息科技有限公司专注 AR 核心技术与产品研发,在移动 AR、大规模精准图像识别等全球领先技术领域拥有自主知识产权,致力人机交互服务、挖掘最深度数据价值的人工智能公司,其 AR 设备幻镜在国内有较强的竞争优势,也获得了多家风险投资的青睐。

视辰信息科技主要是聚焦于虚实结合的 AR 技术开发,提供全面的 AR 基础研发服务,并打造了"视+AR"平台,既提供 AR 内容服务,也提供 AR 技术支持,形成特有的服务强项。

凌泽信息科技建立了数字交互实验室,致力于推动 VR 与 AR 前沿技术的实际应用,以及相关技术生态社群的建设。

上海诺亦腾影视科技有限公司在动作捕捉领域具有国际竞争力,研究领域涉及传感器、模态识别、运动科学、有限元分析、生物力学以及 VR 等。公司开发了具有国际领先水平的“基于 MEMS 惯性传感器的动作捕捉技术”,并在此基础上形成了一系列具有完全自主知识产权的低成本高精度动作捕捉产品。

(2) 行业应用软件研发

上海云舞网络科技有限公司用专业的方法推动 VR 产业化,已经形成以自主产出 VR 内容、构建 VR 内容及数字娱乐平台、VR 内容制作引擎及系统多个方向共同推进的产业格局。

上海景坤科技是创意 VR 摄影+云数据处理的创新企业,在中国开辟了“互联网+百亿像素级影像+品牌传播”的模式。

伟景行科技股份有限公司是国际领先的三维可视化和虚拟仿真技术开发及大屏幕专业显示服务机构。依托清华大学强大的科研能力和跨学科的学术背景,经多年的研究和开发,已成为国际领先的数字城市和专业显示技术产品及相关服务提供商,并先后获得了“十一五”国家科技支撑计划课题、国家自然科学基金,以及科技部创新基金的支持。

上海学晓网络以青少年情商和科学素养内容为切入点,构筑了互联网教育生态系统,与华师大应用心理学院、美国 FMI 家庭激励中心等达成战略合作,自主研发了智慧父母、青少年情商、科学启蒙等一系列 VR 课程,目前累计达到 1 000+ 学时课程。

上海领溯数字科技有限公司是从事 VR(Virtual Reality)技术研发和应用的高科技公司,致力于 VR 应用软件和 VR 智能硬件的自主研发工作,为用户提供精品、极致的 VR 体验服务。

丞电电子专注于机电传感技术,从事研发移动康复的软硬件系统,结合 AR、VR 技术,与 HTC Vive 合作,在体育运动健身、电子游戏、音乐演奏等领域开发新的产品。

此外,还有多家企业针对不同行业的需求,开发了不同的 VR 应用系统。

其中上海泛课信息技术专注于体育,上海数虎图像专注于儿童教育,上海诚联交通智能科技专注于驾驶体验等,显示了上海在 VR/AR 技术应用于文化娱乐教育领域的良好前景。

4. 内容制作基础扎实

在上海的 121 家 VR/AR 相关企业中,从事内容制作企业的数量占比约 25%。涵盖了传统内容、垂直行业 VR 内容等不同的门类,而且具有丰富的制作经验,形成上海 VR/AR 内容制作方面的优势。

(1)内容开发机构

上海音乐学院在 VR 内容的配乐方面开发了多个项目;数字电视国家工程中心和东方明珠百视通,以及上影集团等内容制作机构,在 VR 的内容生产方面,具有技术上和平台建设方面的积累。

(2)垂直行业 VR 内容企业

在主题娱乐领域,上海幻维数码、上海米粒影视文化传播有限公司、河马动画、恒润申启多媒体等具有明显的竞争优势,在产品开发的数量方面引人注目。

在 VR 的开发过程中,应用最广泛的 2 个基础开发引擎,UNITY3D 和 UNREAL 所属公司美缔软件与英佩软件的中国总部,都坐落在上海。这样,每年围绕这两个引擎的技术开发论坛、专业培训等,为上海集聚了大批的优质资源,成为上海在推动 VR/AR 研发方面不可或缺的独特优势。

宏达通讯科技(HTC)、上海乐相、上海乐蜗等知名本地企业在上海建立了 VR 产品的设计、研发基地,还有很多国内的 VR 终端产品厂商都选择了将产品的上游设计和研发交给上海企业。上海在垂直行业 VR 内容方面的优势正在逐步显示出来。

二、上海 VR/AR 在文化娱乐领域的应用现状

经过短短 10 年左右的发展,上海的 AR/VR 技术已经应用到文化娱乐产业的各个环节。首先,在应用平台的构建方面,已经有上海企业开始积极布

局,依托上海自身的技术和内容优势构建了一个通用的 VR/AR 平台;由于吸引了众多国际顶级游戏开发厂家,上海在游戏引擎开发方面占据较大的优势,这也极大地方便了上海在 VR/AR 引擎领域的深入拓展,并进一步将这些经验应用到其他软件、媒体内容的开发中;在硬件制造方面,上海涌现出了一批有代表性的企业,在消费品和企业市场均有很好的表现,业务范围涵盖家庭消费品、媒体、教育等众多领域;依托上海自身丰富的软件开发经验,VR/AR 软件的开发更是百花齐放,从游戏到互动媒体等均有建树。

可以看到,从平台到专用软件,从硬件到内容制作,上海推动 VR/AR 技术融入到游戏、演艺、视听等重要的文化产业领域,有些产业环节已经在全国范围内甚至世界范围内发挥了引领作用。

(一)应用平台发挥积极功能

上海 VR/AR 技术平台型公司的代表是上海幻维数码创意科技有限公司。该公司是上海文化广播影视集团有限公司(SMG)旗下重要的影视多媒体创意制作基地。作为 SMG 推进 VR 战略的载体,该公司在影视 VR 制作、直播等方面有望成为国内广电行业的示范平台,公司先后创作了 2016 上海城市 VR 形象片《上海,创新之城》、舞台剧《战马》中文版 VR 宣传片、VR 经典艺术展示之梵高《星月夜》等优秀作品,获得业界广泛的关注;该公司在主题公园相关的 VR 内容制作上,拥有万达、东方明珠等国内一线品牌客户;该公司具有强大的研发能力,拥有各类专利近 80 项,具备很强的技术与艺术融合的能力,为 SMG 建设 VR 内容的平台提供了强大的技术保障,是新媒体领域潜在的 VR/AR 技术与内容整合平台的建设单位。

(二)VR 游戏引擎进入全球主流

随着 VR 硬件的逐渐完善和普及,也吸引越来越多的开发者投身 VR 游戏开发,俗话说,"工欲善其事,必先利其器",游戏开发的核心工具便是游戏引擎。谈及 VR/AR 引擎,必然离不开 Unity 和 Unreal 两大平台,作为国际上两款主流 3D 开发引擎,Unity 和 Unreal 均推出了专门针对 VR/AR 优化的新版本引擎。Unreal Engine 4（UE4）是英佩（Epic Games）数码科技（上海）有限公司发布的游戏引擎，是目前世界最知名、授权最广的顶尖游戏引擎，占有全球商用游戏引擎 80% 的市场份额。Unity3D 则是由优美缔软件（上海）有限公司（Unity Technologies）开发的，是一个让玩家轻松创建诸如三维视频游戏、实时三维动画等类型互动内容多平台的综合型游戏开发工具，被认为是一个具有全面整合能力的专业游戏引擎。

英佩主要产品为 Unreal 引擎。针对全球网游市场，英佩研发了大型网络游戏服务器端技术解决方案 Atlas Technology，并对全球客户提供授权和支持。同时，英佩也为全球客户提供业内顶级标准的游戏内容制作服务，参与了包括 Epic Games 的《战争机器》系列游戏在内的众多一流产品的制作开发。

优美缔软件（上海）有限公司，是全球领先的 VR/AR 开发商 Unity 的研发公司。2016 年第一季度，全球范围内使用 Unity 制作的游戏被安装到接近 20 亿独立设备上，其中最受欢迎的 Pokémon Go 真实世界 AR 寻宝游戏，就是由 UNITY 引擎开发的。该公司在国内致力于打造 VR/AR 产业链，除必需的技术支持外，公司每年还在全国举办 UNITY 开发者大会，培训开发工程师；成立孵化器，促进 UNITY 创业团队孵化；该公司与政府合作共同推动 AR/VR 技术的推广，扩大了上海 AR/VR 技术在全国的影响力。

（三）硬件产品获得较广泛的应用

上海乐相科技有限公司旗下拥有大朋 VR 品牌系列 PC 端、移动端 VR 头戴产品，主要包括大朋 VR 头盔、大朋魔镜、V3 大朋看看、大朋助手、DeePoonSDK、3D 播播。目前国内市场占有率达到 68%，同时拥有活跃度非常高的 VR 内容聚合平台 3D 播放，它的平台用户（截至 2016 年 9 月）高达 800 万人次。

微鲸 VR 生成的微鲸头盔已在多个领域包括综艺演艺、体育赛事直播、影视剧、游戏、房地产、教育等开展商业化应用。

费迪曼逊多媒体是国内多维度音乐的软硬件研发、设计和提供商，费迪曼逊四维的经典案例包括：全球最高音乐厅——上海中心 126 层全息音乐厅、上海中心 37 层观复博物馆、上海交响乐团音乐厅录制系统、上海大学音乐厅、旧金山音乐学院多媒体系统、数字电视国家工程中心实验室、中国美术学院传媒动画学院音乐工程实验室、上海东方传媒集团(SMG)旗下幻维数码创意科技有限公司审片室、上海师范大学音乐学院环绕声实验室、Onkyo(安桥)中国总部及香港视听室、《现代音响技术》杂志社视听室等。

宏达通讯科技(上海)有限公司,是著名品牌 HTC 的设备制造商,近年来企业开辟 VR 新业务部门,研发了业界领先的 VIVE VR 交互设备系统。VIVE 由 HTC 和 Valve 共同研发,实现对 VR 的追寻。与 VIVE 合作的 VRVR 生态圈正在持续扩大,包括世界各地的用户、开发者和企业。截至 2016 年 11 月,HTC Vive 销量就超过 14 万台。据来自市场调研机构 Canalys 数据,中国内地去年为全球 VR 眼镜第二大市场,估计总出货量约为 30 万台,其中 HTC Vive 以占比 17.7%排名第一。

上海塔普企业发展股份有限公司推出的多功能智能眼镜开发套件包括核心主板、显示扩展版、传感器扩展版、触摸板扩展板等模块,是开发者从事底层驱动和智能眼镜 APK 开发的必备佳品。

(四)多种软件应用于文化娱乐领域

上海开发的 VR/AR 技术多种软件,被广泛应用于文化娱乐领域。如上海诺亦腾影视科技有限公司开发的"基于 MEMS 惯性传感器的动作捕捉技术",已经成功应用于动画与游戏制作、体育训练、医疗诊断、VR 以及机器人等领域,并得到全球专业界的高度认可。

上海景坤科技的首部作品——中国最大全景图像"249 亿像素上海外滩"在 2014 年 10 月发布,网民第一次在手机上体验一座城市的宏观与微观,发布仅 1 个月的时间获得了 1 200 多万的访问。该公司还先后为上海市政府、青岛市政府、深圳市政府等创作了百亿像素互联网城市名片,同时为华为手机、中国移动、宾利汽车、小黄人等著名品牌创作互联网大像素品牌推广。

(五)内容产品丰富质量高

上海的 VR 游戏内容企业数量多、质量高,生产了很多质量较高的 VR/AR

产品,成为上海 VR/AR 技术在文化娱乐产业应用的鲜明特色。

三七互娱以 316.67 万美元投资全球领先的加拿大 VR 游戏内容提供商 Archiact Interactive Ltd.。Archiact,谷歌官方 VR 行业报告根据用户量、用户好评和活跃度评选的 Top 5 VR 游戏和应用,Archiact 自研游戏《Lamper VR：Firefly Rescue》排名全球前三。依托 Archiact,三七互娱进入了 VR 游戏研发和 VR 游戏代理全新领域。据了解,Archiact 正在打造 VR 线下平台,VR 线下竞技游戏、无线全体感 VR 解决方案独代等线下布局也将展开。

上海河马动画设计股份有限公司已经是一家集聚创意、制作研发、影视发行、动画衍生产品开发、渠道建设和运营能力的国内顶尖 3D 电影公司,其大型 4D 写实 CG 短片——《海洋传奇》2017 年 5 月 24 日在上海科技馆正式上映。

星米网络科技、唯晶信息、皿鋬软件、幻逸软件等,这些公司的创始团队均来自于国际游戏外包公司,是国内顶尖的 VR 游戏制作单位,制作过《星球大战》、《多米诺骨牌》、《鼓手》等 VR 游戏,并已在全球上线,表现上佳。

上海米影信息科技有限公司开发了多款具有良好体验感的 VR 游戏产品,2016 年初,它在上海八号桥投资建造了中国首家 VR 乐园——星核 VR 乐园,集聚了大量观众,成为上海的一大文化事件。

上海傲播网络科技有限公司将互联网技术和综艺节目相结合,应用科学技术和视频节目制作的双重优势,打造出摇一摇、官方 APP、VR 播放器、微信公众号、服务号等一系列应用项目。

上海曼恒数字技术有限公司和上海河马动画设计股份有限公司建立了 VR/AR 线下体验店,积极在各地建立门店和服务网络。又如微鲸 VR 隶属于华人文化（CMC）控股集团旗下,专门从事 VR 相关业务。其生成的微鲸头盔已在多个领域获得广泛应用。

上海科技大学信息科学与技术学院 VR 中心（产业化载体：上海叠境数字科技（上海）有限公司）在光场采集方面,利用光场技术进行光场 VR 的内容制作,包括环视相机阵列光场采集、线阵光场成像、全景 3D 成像等,已有产品应用到博物馆展品的 VR 演示、房地产业的虚拟样板间参观、中共一大会址的 3D 建模和光场重建等。

三、上海 VR/AR 在文化娱乐领域的发展

虽然 VR/AR 概念提出已有多年,但产业化的兴起却是近两三年的新锐现象。近年来,上海 VR/AR 新增企业增长速度很快,新注册的企业数量已经超过历史注册的企业数量总和。虽然上海对于 VR/AR 在文化娱乐领域的应用,缺乏专门的产业扶持政策,但是从我们调研和访谈的 121 家企业情况看,上海 VR/AR 在文化娱乐领域的应用已经完成了产业链的整合,而且正在形成巨大的消费市场,有望成为上海信息服务领域的新增长点。

(一)龙头企业推进产业链整合

国内外的实践证明:VR/AR 技术在文化娱乐领域的应用,必将伴随着大批企业的培育,也必将经历一个不断洗牌和并购的过程,才能推动整个产业从弱到强。在上海,以上海盛大网络发展有限公司为代表的产业链整合类公司,已经基本完成产业链的整合。2016 年 2 月,盛大集团收购了 TheVoid 公司 VR主题公园的股权。The Void 主题公园是把虚拟世界构建在物理世界之上,使用者能够感觉到周围的物体并使用真实道具的公园,比网络游戏更有以假乱真的体验,是极具真实感的概念视频。盛大将在中国挑选一家文化娱乐公司来共同开发,以便建成中国第一座真正意义上的 VR 主题公园,向着新一代技术密集型、创意密集型的 VR 主题公园迈出坚实的步伐。

盛大总共设立了三只 VR 专项投资基金,包括两亿美金的 VR 影响力基金,一亿美元的 VR 种子基金和 5 000 万美元的 VR 内容基金。盛大已经投资和将要投资 12 个与 VR/AR 相关的项目,当中既有全球最大的 AR 专用镜片供应商,又有 VR 内容开发商、平台开发商、设备制造商甚至 VR 专业媒体等等,基本完成了对 VR 整个产业链的布局。

上海恒润数字科技有限公司也是 VR 产业链整合的代表。其前身——恒润申启多媒体研发团队在 2005 年就开始了 VR 领域的研究,之后的 10 余年一直致力于多媒体人机交互技术的研发,是国内成立最早、技术最为先进的多媒

体技术型公司之一。恒润 VR 以恒润申启多媒体多年的技术积淀为基点，经过多年的不懈努力，打造了一个涵盖线上、线下，覆盖硬件、内容、平台三位一体的 VR 生态圈。恒润 VR 旗下包括上海恒润申启多媒体有限公司、上海幻动软件有限公司、上海幻育教育有限公司，可根据客户的需求进行各种 VR 系列在形式及内容上的创新设计和制作；另外与国内先进的 VR 线上平台——优土视真公司签订了增资合作协议，与国内知名的 VR 硬件公司"idealens"成立合资上海恒境虚拟科技有限公司，完成了恒润 VR 在 VR 板块的全产业链布局。

（二）催生巨大的内生消费市场

上海是中国最大的文化消费市场中心，上海拥有的演艺场馆、观众人数、演艺市场、重大节庆等，都在全国名列前茅。上海每年举办数百场演唱会，从目前的趋势来看，VR/AR 已经成为演唱会必备的技术手段之一，从而催生出一个日益壮大的 VR/AR 演艺市场。上海拥有东方卫视、文广互动等面向全国直播的数字内容节目，在 VR 的技术和内容储备上已经具备连续播出的基础；上海拥有策划、制作《中国达人秀》、《中国好歌曲》、《中国好男儿》等一大批享誉全球的娱乐演艺制作团队，其中《中国好歌曲》在 2016 年实现了国内首个大型综艺节目的全程 VR 录制，预示了上海在 VR+娱乐演艺制作方面的巨大能量。

上海是中国最重要的工商业大都市，也是世界级的超大型城市群——长江三角洲城市群的核心城市。在世界范围内，很多从事线下 VR/AR 体验的公司，都将上海作为兵家必争之地，纷纷在上海布局 VR/AR 体验门店。其中上海广涌多媒体打造的全息 AR 儿童"熊猫剧场"在世博演艺中心的旗舰店，形成了门庭若市的效果，已经在全国扩展了"20+"的门店；诺亦腾发布了商用多人交互 VR 解决方案 Project Alice，并拟基于此方案开发多家体验店；米影科技开设的"星核"VR 乐园，以真人特效电影《星核》为主题；曼恒数字开设的多家位于市中心的 VR 体验店，也渐成规模。除了上海本地的企业外，全国多家连锁经营的 VR/AR 企业，也在上海积极布局 VR 体验中心。虽然目前大部分的 VR 体验店，尚没有开始盈利，但我们相信，这些线下体验的商业形态，对于推广 VR/AR 技术,推动 VR/AR 技术,引导市民消费,以及反哺促进 VR/AR 的技术开发,都具有积极的推动作用,也为未来的商业化运作做了重要的铺垫。

上海市民的受教育程度普遍比较高,上海人对于新技术、新知识、新产品的认知度和好奇心也远比内地城市高,更何况上海也是全国范围内拥有跨国公司总部机构、吸引海外人才和开展国际合作最多的城市之一。上海强大的内生市场消费能力,对于 VR/AR 技术在上海文化娱乐领域的发展,是明显的优势条件。

(三)培育上海信息服务的新增长点

根据工信部电子信息司指导的虚拟现实产业联盟投资促进委员会发布的《2017 中国 VR 产业投融资白皮书》,2016 年中国虚拟现实市场总规模为 68.2 亿元,尚处于市场培育期。伴随着 Oculus Rift、HTC Vive、索尼 PS VR 等多款产品的上市,2017 年将迎来 VR 快速发展期。基于整体市场、产品成熟度及关键技术等指标的研判,赛迪顾问对虚拟现实发展预测倾向乐观,预计到 2020 年,市场进入相对成熟期,规模将达到 918.2 亿元,年复合增长率达 125.3%。

上海拥有盛大网络、恺英网络、游族网络、三七互娱等上市公司,中国移动咪咕视讯等大型国企,百余家涉足 VR/AR 行业的全产业链企业,和大批的配套服务商,以及迅速扩张的线下体验商业和日益增长的消费群体。可以预测,在未来的几年中,上海 VR/AR 在文化娱乐领域的应用,将成为继软件服务、集成电路等传统领域之外,上海信息服务业又一个新的增长点,也成为推动上海建设国际文化大都市的一大亮点。

四、推进 VR/AR 技术在文化娱乐领域应用的对策建议

在 2016 年 9 月 3 日的 G20 峰会上,习近平总书记明确指出:"以互联网为核心的新一轮科技和产业革命蓄势待发,人工智能、虚拟现实等新技术日新月

异,虚拟经济与实体经济的结合,将给人们的生产方式和生活方式带来革命性变化。"中国最高领导人对虚拟现实技术的高度关注和积极推动,让中国 AR/VR 行业的从业者为之精神振奋。

近一年多来,从中央到地方,连续出台了多项推动 VR/AR 技术发展的政策和举措。在国家层面上:工信部、发改委将 VR、AR 纳入智能硬件产业创新发展专项行动;工信部成立中国虚拟现实产业联盟;文化部鼓励游戏游艺设备生产企业积极引入 AR/VR 技术;住建部鼓励使用虚拟现实技术;商务部、发改委、财政部三部委联合发红头文件,鼓励进口虚拟现实等服务;国务院发文要求推动虚拟现实的产品化专利化标准化;发改委要求尽快出台虚拟现实关键技术标准;发改委将 AR/VR 技术纳入"互联网+"建设专项;国务院"十三五"科技创新规划中也专门提到了重点研发虚拟现实与增强现实。

在地方政府层面:2016 年 10 月,北京市石景山区人民政府和中关村科技园区管理委员会印发《关于促进中关村虚拟现实产业创新发展的若干措施》的通知,旨在促进中关村国家自主创新示范区虚拟现实(VR/AR)产业创新发展,聚焦中关村石景山园区,打造虚拟现实产业创新发展引领区和创新应用先导区,建设具有全球影响力的虚拟现实创新中心。北京中关村虚拟现实园区将以软件研发、内容创作、硬件开发、平台运营等环节为重点,推进全产业链创新,构建集开放创新、创业孵化、集成应用、展示体验等为一体的产业发展生态。

深圳市 2017 年 1 月 13 日的政府工作报告,提出要抢占新一轮科技和产业变革的机遇,实施"十大行动计划",VR/AR 则是其中之一,并出台专项支持计划;重庆市经济信息委在 2016 年 8 月 24 日,印发了《关于加快推进虚拟现实产业发展的工作意见》的通知。此外,福建、江西、重庆、湖南、安徽、山东、河南、浙江、河北等省市也纷纷出台了扶持 VR/AR 产业政策。

相比较之下,截止到 2017 年 3 月,上海仅在《上海市制造业转型升级"十三五"规划》提出要把握虚拟现实的发展新趋势、在《上海市科技创新"十三五"规划》中提及推动虚拟现实等技术在科技场馆展览教育等方面的应用,未见出台针对 VR/AR 产业发展的专项扶持政策。这已经明显落后于上海 VR/

AR 技术发展和产业化应用的趋势,有待于尽快扭转,后来居上。虽然上海目前的 VR/AR 技术在文化娱乐领域发展较快,而且市场前景乐观,但总体上处于市场自发生长的阶段,缺乏全市层面上的顶层设计、宏观规划、强力推进。上海市坐拥广大的文化消费市场和技术研发资源,在 VR/AR 领域有明显的优势,政府应当把握机遇、立足特点和优势、有针对性地推出扶植政策,秉持"有所为,有所不为"的理念,聚焦上海的优势,为上海 VR/AR 产业发展提供强有力的支持。

(一)明确产业定位与战略方向

1. 产业发展路径聚焦于内容生产

世界范围内,硬件已被谷歌、AMD、Facebook、HTC、Largan Precision、微软、Nvidia、高通、三星、索尼抢占先机,瓜分各个环节。各大厂商均投入了大量的人力财力,并且历时多年的研发才推出了如今市场上的几款 VR、AR 设备。纵观当前市场,VR 眼镜及头戴设备,基本是按成本价,甚至亏本出售。VR 设备厂商的赢利点不在设备上,不在于内置强大的运算能力,而是将硬件设备作为平台,通过分享平台上的内容和应用程序(APP)收益而获利。

谷歌、Facebook、三星、索尼等 VR 设备生产商都是世界知名大公司,具有一定的品牌号召力,内容制作商愿意基于他们的平台开发视频游戏等内容产品;而上海的企业如果重点生产 VR 设备,就很难形成品牌号召力,很难通过分享平台上的内容消费或者应用程序盈利,也就难以在产业链中高端获得优势。

有关专家学者和企业人士预计两三年后,VR/AR 个人消费市场才会进入快速发展期。目前,这一市场存在"先有鸡,还是先有蛋"的争论,头盔显示器普及,需要文化娱乐内容支撑,而后者兴起又需头盔显示器销售量支撑。而一种游戏硬件设备销量达 300 万台后,将吸引越来越多消费者购买。达到 300 万台这个临界点之前,头盔显示器和相关内容产业发展较为艰难。

有鉴于此,我们认为上海 VR/AR 产业发展的重点要聚焦于 VR 内容,打造以内容供给为主要特色的 VR 产业。可以预测,未来若干年内,占据国内 VR 个人消费市场主流的硬件产品,可能是外国品牌或外省市品牌。而上海应该在 VR 内容市场方面,依托企业多、质量高的有利条件,培育一大批制作游戏、影视、社交应用等内容的领军企业和骨干企业,形成规模化的优势。

2. 技术研发聚焦于底层技术研发

低层技术研发是发展 VR/AR 产业的基石,是占据产业链高端领域的必经之路,是上海提升 VR/AR 产业地位的最佳路径。

正如本研究报告前述的分析,上海拥有上海复旦、上海交大、同济大学等一流学府,在光场采集、图像编码压缩、无线图像传输等基础技术方面,拥有顶级的研发团队和研究基础;拥有宏达通讯、上海幻维等拥有大量技术成果和研发实力的 VR/AR 企业,因此建议上海市在发展 VR/AR 产业的过程中,首先要聚焦于基础技术研发。

3. 内容制作聚焦于数字娱乐

从国内外产业发展的宏观角度看,VR/AR 应用的成功商业模式有限,2B 端以项目为主,而 2C 端培育状态不佳,该领域的企业亏损较多。但有一个领域例外,即数字娱乐领域。这应该成为上海推动 VR/AR 在文化娱乐领域应用的重点。

（1）VR 直播

随着移动互联网的兴起,以及 4G 应用的普及,视频直播从 2016 年开始迅速成为互联网应用的热点和标配。以著名的手机应用服务商陌陌为例,2015 年它的经营业绩为亏损,但是它在 2016 年增加直播业务以来,业绩大量提升。这一现象值得引起我们的高度关注,这说明 VR 直播将会是一个新蓝海市场。

上海拥有全球覆盖的东方卫视电视台频道,拥有国内选秀节目排名第一的灿星文化,也有 PPTV、上海众源网络（爱奇艺）等强势互联网平台,更有此起彼落的大量音乐会、现场演唱会等,形成适合于 VR 直播的丰富资源。灿星文化、PPTV、众源网络等企业已经在 VR 直播的技术储备、系统测试乃至实际效果上,都做好了充分的准备。上海应该在 VR 直播领域焕发出更大的能量。

（2）VR 主题公园

上海盛大网络收购的 The Void 公司是全球虚实结合开展 VR/AR 主题公园建设最顶尖的公司,收购完成后盛大有意在国内建设第一个 VR/AR 主题公司;上海游族当前在打造国内最有影响的科幻类小说《三体》娱乐 IP,电影、舞台剧和游戏同步推进,其中舞台剧和游戏都已经大量使用了 VR 技术,因此游族也正在计划以《三体》IP 和小说剧情为基础,打造 VR 主题公园;在国内 VR/AR 类主题公园的内容打造方面,恒润科技专注于主题公园建设,其 2016 年 1.5 亿左右的产值,内容收入约占一半左右;幻维创意除了东方明珠 VR 过山车以外,还与国内一线主题乐园开发商合作,打造风格多样的 VR 主题内容。上海拥有全球第六个迪士尼主题公园,是中国主题公园规模最大、经营效果最好的中心城市。在 VR/AR 主题公园建设方面,上海企业已经积累了丰富的经验。上海应该把它最为重点关注的战略方向。

（3）VR 游戏

VR/AR 数字内容制作企业数量占据了所有上海 VR/AR 企业的 25% 左右,而游戏内容制作企业数量又占据了其中的半壁江山。上海是中国数字游戏的发源地,法国的 UBISOFT,日本的 KONAMI、SEGA,是最早进入中国的海外游戏企业;后来的 ACTIVISION、EPICGAMES、ELECTRONIC ARTS、EIDOS 等全球顶级游戏公司纷纷将他们的亚太总部设立在上海;而 2003 年开始以盛大、九城等为代表的网络游戏公司,更是将中国的游戏产业带入了一个新纪元。

经过了十几年的发展,虽然在网络游戏方面随着网易、腾讯等大公司的崛起,上海网络游戏的产值在全国占比逐步下降,但是仍然拥有多年发展的人才和技术优势,依然占据着国内游戏开发的龙头地位。在 VR/AR 方面,对于游戏引擎和美术的要求非常高,而两大主流游戏引擎 UNREAL 和 UNITY3D 的总部都位于上海,并且上海的 Virtus、皿鎏软件等拥有国内最好的代表游戏最高水准的主机(CONSOLE)游戏开发资质和团队,得到了国际上几乎所有一线游戏发行商的认可。以三七互娱为代表的一大批上海本地游戏公司,近几年都纷纷涉及 VR/AR 产业,厉兵秣马,等待着 VR/AR 游戏行业高潮的到来。

综上所述,上海要把 VR/AR 游戏作为树立优势地位的重要阵地,志在必得,全力争取,在政策、资源、人才等方面给予更大的支持。

（二）实施强有力的推进举措

从全国而言,VR/AR 行业经历了 2015 年和 2016 年的火热期,投资方和社会关注度有所降温。但是,从产业化建设的角度看,国内各类专业机构、投资方、软硬件研发公司、线下体验店,以及 VR/AR 应用项目,却如深水静流,汹涌而来,显示出 VR/AR 行业未来的蓬勃生机。

上海各级政府应当给予 VR/AR 产业以更大的重视和支持。我们建议在市级层面制订发展 VR/AR 产业的顶层设计和战略规划,建立针对 VR/AR 产业的统筹推进领导机制,协调各委办加强合力,推动 VR/AR 产业发展;我们建议在有条件的、产业发展势头较好的区县设立 VR/AR 产业推进办公室,在产业的孵化、支持和推进方面,制订和实施强有力的举措。其重点是:

1. 聚焦重点行业推进 VR+示范应用

（1）积极推动 VR+主题公园

有关专家认为 VR/AR 产品应用所处的阶段,类似于 1990 年代前的计算机应用阶段,主要以企业应用为主,尚未走进家庭。因此,目前的 VR/AR 2C 产品,仅有少量线下体验店实现了盈利。而 2B 产品虽然有盈利空间,但大都是个性化的,难以产生规模效应。如若要产生规模化效应,则还需发展 2C 市场。有鉴于此,建立 VR/AR 主题乐园是发展 2C 市场的较好选择。

上海的盛大网络、游族网络等公司,以及国内最大的主题娱乐 VR 设备开发商恒润科技,都有建设首个 VR/AR 专题主题乐园的实力和技术储备,因此我们建议,要鼓励这些企业,开展 VR/AR 专题主题公园的方案研究和论证,积极筹建一个以 VR/AR 为核心技术,集科普、游乐、食宿为一体的新型主题公园。这样,在发展上海 VR/AR 技术同时,加快它们的产业化步伐,进一步满足当前人民群众对于消费升级的需求。

（2）大力支持 VR+视频直播

VR 视频直播是视频直播节目一个重要的方向,能够为观众提供很多不同的观感体验。比如 180 度甚至 360 度的临场感,现场与虚拟图像的快速切换,甚至同时可增加更多的交互方式。2016 年几乎所有的大型互联网视频网站都开设了 VR 视频频道,在 VR 视频直播的内容生产、技术研发、CDN 部署等方面,构建了 VR 视频直播的完整体系。

上海拥有东方卫视、PPTV、土豆网、众源网络等传统和互联网媒体平台,也有灿星文化、幻维数码等优秀选秀节目策划和制作公司,同时拥有一大批视频直播技术开发企业,具有开发 VR+视频直播的企业和技术基础;上海是海派文化的发源地,上海更确定了到 2035 年,全面建成具有世界影响力的文化创意产业中心的远大目标。上海拥有全国规模最大的演艺市场、展览市场、电影放映市场等,这些都是 VR 视频直播最好的市场客户。我们建议要搭建 VR 视频直播的专业服务平台,研发用于 VR 直播的互动技术,率先在上海的视频节目当中应用示范,树立上海在该领域的优势地位。

(3)有效推动 VR+游戏

从 VR/AR 的发展进程中可以看出,数字娱乐是该产业率先取得成功的领域。无论是一些发达国家的数字娱乐游戏,还是 2016 年取得辉煌成功的 POKEMAN GO,都预示着游戏是 VR/AR 产业不容忽视的一块主阵地。

VR/AR 是人们对计算机极其复杂的数据进行可视化以及交互操作的一种方法。虚拟现实在游戏、电影等娱乐领域的发展前景已日渐清晰,这也是众多虚拟现实厂商首先攻关的突破口,Facebook 等厂商都认为,虚拟现实产业绝不仅仅是昙花一现或是作为娱乐行业的附属品,VR/AR 将极有可能替代 PC 及智能手机,成为下一代计算平台。有鉴于此,上海要进一步推动 VR+游戏,在该领域树立上海的竞争力优势。

2. 建立产学研结合的成果转化平台

上海具有雄厚的 VR/AR 技术研发基础,研发类的企业数量也占到了上海 VR/AR 企业总数的半壁江山,企业的研发成果也很多,以幻维创意、曼恒数字为代表的研发类企业,拥有大量的 VR/AR 技术专利、软件著作权等。然而,这些企业的知识产权成果大部分为企业自身所用,没有大规模地进入到产权交易市场。从产业整体发展来说,很多可以行业共享的知识产权,没有发挥其应有的效益,没有达到知识产权的效益最大化。

虽然,政府已经在推动产学研相结合,进行科技创新,然而效果不尽如人意。主要原因如下：一是政府以项目为依托的研究方向很难与企业的实际研究与发展方向匹配，因而研究成果很难产业化，往往随着项目结束就束之高阁；二是企业不太适应目前政府的资金资助方式，这些资助的申报、评审、验收程序过于繁琐，有些规定脱离实际，不利于企业的发展，导致许多企业不愿意花太多的精力申请研发政府资助的项目。所以，我们建议政府部门要根据国务院倡导的"放管服"的要求，简化和优化资金扶持方式，在发展 VR/AR 产业的过程中，建立高效实用的资源整合平台，将企业技术资源纳入一个共享池，将"产学研"与"市场化应用"相结合，推动研究成果实现产业化，提升整个 VR/AR 产业的技术能级。

3. 建立研发服务的专业化平台

游戏开发和运营是上海市在 VR/AR 最具优势的分支领域之一。拥有盛大、九城、九游、游族、三七互娱等上市企业，维塔士、皿鎏、预言软件等具有全球顶级游戏开发能力的外包公司，还有幻逸软件等散落在全市的大大小小游戏开发公司，上海在 VR/AR 游戏方面的资源在全国首屈一指。我们建议上海市搭建一个专门针对 VR/AR 游戏开发的公共服务平台，通过调研、分析和研究，加大扶持力度，引导企业优化 VR/AR 游戏开发的内容选题、工具及市场化路径。

4. 建立国家级 VR/AR 技术工程研究中心

目前，在国家层面开展 VR/AR 研究的主要机构包括：中国虚拟现实与可视化产业技术创新战略联盟，它由中国工程院赵沁平院士领衔，由实创集团、北京航空航天大学、北京师范大学等单位共同发起。它又与北京协同创新研究院成立了虚拟现实协同创新中心；在青岛等地成立的虚拟现实协同创新中心，发起成立五亿元规模的虚拟现实协同创新基金，围绕国家科技创新发展战略，展开科技成果转化、政产学研金用等领域的广泛合作与协同发展。2016 年3 月 30 日，由工信部支持，联合虚拟现实领域政、产、学、研、用、检等 150 余家骨干企业机构，共同发起成立"中国虚拟现实产业联盟"。

上述几个"联盟"，都是以整合产业链为目标，技术研究和产业化开发的功能有限。我们建议：上海要发挥建设具有全球影响力的科创中心之优势，抓住目前国内 VR/AR 技术研究机构的相对空白,依托上海本地的大型研究机构和骨干企业,申报建设国家级 VR/AR 技术研究开发工程中心:

第一,由在 VR/AR 领域具备基础研究能力的研究机构和企业集团牵头,比如具有光场采集技术国际团队的上海科技大学,图像识别和高速图形图像传输研究基础深厚的上海交通大学,以及 VR/AR 传感器研究技术领先的上海微系统所,联合上海的 VR/AR 骨干企业,包括盛大科技、宏达通讯(HTC)、恺英网络、幻维数码等,发挥产学研协同创新的优势,联合申报国家级 VR/AR 技术研究开发工程中心;

第二,该工程中心的主要工作,是根据国家推动产业升级和提升文化软实力的战略需求,研究开发 VR/AR 产业技术进步和结构调整急需的关键共性技术;以市场为导向,把握 VR/AR 技术发展趋势,开展具有重要市场价值的重大科技成果的工程化和系统集成;通过市场机制实现 VR/AR 技术转移和扩散,持续不断地为规模化生产提供成熟的先进技术、工艺及其技术产品和装备;大力开发 VR/AR 内容,扩大市场化的应用;通过对引进技术的消化吸收再创新和开展国际合作交流,促进 VR/AR 自主创新能力的提高;提供 VR/AR 工程技术验证和咨询服务;为 VR/AR 行业培养工程技术研究与管理的高层次人才等。

上海要通过建立上述国家级工程中心等举措,尽快形成上海发展 VR/AR 技术研究的战略优势,集聚海内外的资金、企业、技术、人才等资源,在未来若干年内建设成为具有世界影响力的 VR/AR 技术与文化娱乐产业发展中心。

4
建设国家高科技文化装备产业集聚区

花 建　任晓辉　殷 圆*

内容提要　文化科技装备产业是为满足文化产业、文化事业、公共文化需要而提供各种科学技术装备的产业总称,即为文化生产和文化服务而研发、生产、提供技术装备的工业之总称,即"生产文化设备的制造业及服务业"。上海围绕"建设具有全球影响力的科技创新中心"的总体目标,大力推动全国第一个国家对外文化贸易基地文化装备产业基地 TCDIC 的建设。它的战略定位为国际高科技文化装备展示交易中心、国际高科技文化装备研发创新中心、国际高科技文化装备全产业链服务中心和国际高科技文化装备总部基地。它的发展路径,是扩大双向流通,在全球范围内推动创新链、资本链、智力链的延展,构建"核心—组团—节点—网络"的大布局等,为全面提升我国文化装备产业水平做出积极贡献。

关 键 词　高科技文化装备产业集聚区战略与路径

一、文化科技装备建设是提升
国家文化软实力的基础

文化产业作为知识经济背景下崛起的新兴产业,以科技、内容、资本、人才

---

*　花建,上海社会科学院文化产业研究中心主任、研究员,长期从事文化产业、创意经济、城市文化研究和决策服务工作。任晓辉,上海国际文化装备产业园管理有限公司总经理、国家对外文化贸易基地(上海)高科技文化装备产业基地负责人、上海文化装备科技馆馆长,从事文化科技装备产业工作。殷圆,从事文化科技装备产业建设、国际会展与国际交流工作,曾引进美国著名展会 NAB SHOW 等重点项目。

作为四大根本要素。它们之间的相互关系是：科技更新产业形态，资本推动市场规模，人才焕发增长活力，内容决定发展导向。文化产业这四大核心要素，相互渗透与彼此联接，是导致全球文化产业基本生态发生变化的直接动因。

文化与科技的融合发展，必然以强大的文化科技装备作为基础。文化科技装备产业是为满足文化产业、文化事业、公共文化需要而提供各种科学技术装备的产业总称，即为文化生产和文化服务而研发、生产、提供技术装备的工业之总称，即"生产文化设备的制造业及服务业"。它表现了如下鲜明的特点：

第一，它是以先进科技成果引领文化发展的基础性产业。从文化创意产业科技应用的涵盖范围可以看到，科技成果引领文化发展，涉及文化内容的研究开发、文化信息的传播和分发、文化消费的受众视觉、听觉、触觉等感知等全部环节。由于前沿科技应用发展迅速，它涉及电子信息科学、计算机科学、光学、声学、机械工程学、自动控制学、材料科学等工科学科，也涉及到人工智能、仿生科学、系统控制等快速发展的前沿科学，还涉及到新材料、新工艺等的发明和运用。任何一种新的生产力，也会带来新的生产方式和组织形态，比如每一个前沿科技成果的大规模产业化都会引发新的文化科技装备。

第二，它是资金密集和技术密集的先进制造和现代服务产业。文化科技装备产业不仅仅是一种科学研究，而且还是满足文化产业和公共文化服务大量需求的产业。它不但属于先进制造业，也延伸到现代服务业。比如2015年中国影院数量超过6 000家，银幕数量超过3万块，新建影院数量和新增银幕数量近年来同步稳增，而且有向4K发展的趋势。所谓4K是新一代好莱坞大片的分辨率标准。它不同于市民在家里看的所谓高清电视（1 080P，1 920×1 080分辨率），也不同于传统数字影院的2K分辨率的大屏幕（2 048×1 080分辨率），而是具有4 096×2 160分辨率的超精细画面。2016年华裔美籍电影导演李安执导的3D、4K、120帧超高清电影《比利林恩的中场战事》在全球开始放映，引起广泛的瞩目。全球具备这一等级放映能力的影院仅5家，其中一家在上海。随着超高清电影和电视装备的不断更新和普及，这将推动超高清影视内容、制作、传输、播放、收看、下载等环节的深刻变化，带来一个资金密集和技术密集的巨大市场。

第三,它是具有快速更新、频繁迭代特点的前沿产业。文化科技装备产业受到科技进步的驱动,因而形成了快速更新、频繁迭代的特点。科技进步的主流,决定了文化科技装备产业的发展主线。有关专家的研究指出:在过去的12年间,虚拟现实及增强现实技术和装备等四大领域,已经跨越了10个以上的重要阶段,平均每1年发生1次以上的迭代更新,频率之快前所未有。比如手势识别技术实现了手部信息的捕捉、处理、分析、识别以及与控制命令的转换,引发了视听内容开发过程中两个重大改变:空间信息采集方式的改变和人机交互模式的改变,它极大地推动了影视特效和动作捕捉技术的进步,不断提高影视特效技术的逼真度和震撼力。

二、上海发展科创中心为文化
科技装备提供重要基础

跨入21世纪的第二个10年,文化科技的融合创新,催生了大批网络化、多样化、互动型、国际化的文化生产力新业态。科技进步的成果以"嵌入式"和"推动式"两种方式,推动了文化创意产业的新业态。根据韩国内容振兴院发布的《内容产业白皮书》,2007到2012年全球文化创意产业的增长率为4.2%,而2012到2016年这一增长率提生到5.7%以上,明显超过全球经济的平均增长率①。

从全球范围来看,以移动宽带、云计算、大数据、物联网为显著特征的ICT潮流,正在重塑着文化创意产业的总体面貌。虚拟现实、数字影视、数字出版、数字教育、数字音乐等新兴业态快速增长,数字经济正以每年10%的增长率不断提升,推动数字文化内容成为一个巨大市场。从2011年到2014年,以亚马逊为代表的在线文化产品销售增长了44%,以Netflix为代表的网络内容服务增长了61%,以谷歌为代表的搜索引擎和在线企业孵化增长了18%,以

---

① 参看韩国CJ E&M全球事业本部徐贤东:《文化内容及其国际化》。

Facebook 为代表的社交网络增长了 39%,而依托互联网金融的文化众筹增长了 81%。① 上述这些文化创意产业的新业态,绝大多数都是以先进的文化科技装备作为基础的,从而显示了文化科技装备对于文化创意产业发展的强大推动作用。可以说:"无装备,不创新",正如一个世界强国的军队,离不开高科技装备的武装一样,中国要迈向世界文化强国,建设强大的文化产业,必须有文化科技装备的武装。

2014 年 5 月,习近平主席在上海视察时指出:上海要建设具有全球影响力的科技创新中心。这是一项重大的国家战略,更是上海建设全球城市的一项重大战略定位。上海明确了科技创新的"上海目标"和"上海模式",即不但是全球领先的创新知识、创新技术的原创地,也是全球领先的创新产品、创新商业模式的先锋实验地,成为全球性新知识和新技术的扩散和交互枢纽。② 建立全球科创中心的"上海模式",其核心是三大影响力:一是在全球前沿科技、关键技术的创新研发上形成全球影响力;二是在全球前沿科技带动产业变革、驱动经济发展上形成全球影响力;三是在全球前沿科技创新资源的集聚和配置上,形成全球影响力。

面对全球科技创新的大趋势,上海结合国家自贸区战略,在建立对外开放新新优势方面不断跨上新的台阶,吸引了大批国家科技创新资源集聚。截至2016 年跨国公司在沪已经建立了 402 家研发中心,其中包括微软、IBM、摩托罗拉、西门子、北电网络、惠普、罗氏、诺华等一大批世界 500 强企业和顶级的研究机构,其数量连续多年占全国第一位,占全国的 1/4。③ 与此同时,越来越多的上海文化科技企业,通过在重点国家和城市的布局,增强对全球资源的利用驾驭能力和资源配置能力,巨人网络以 305 亿元收购以色列网络游戏公司Playtika,旨在深耕亚太地区;游族网络以 8 000 万欧元收购欧洲游戏商

① 本文作者根据 EY: Cultural Times—First Global Map of Cultural and Creative Industry. Dec 2015 的资料整理。

② 王战、翁史烈、杨胜利、王振等:《转型升级的新战略与新对策——上海加快建设具有全球影响力的科技创新中心研究》,上海社会科学院出版社 2016 年版,第 4—5 页。

③ 《在沪跨国公司研发中心达到 402 家》,东方网,2016 年 8 月 17 日;《上海:跨国公司研发中心数量居全国之首》,中新网,2014 年 4 月 22 日。

Bigpoint，期冀获得更多精品以及优秀 IP 合作；三七互娱继续实施海外"雏鹰养成"计划，成立 1 亿美元的海外种子投资基金，以 310 万美元投资加拿大虚拟现实技术公司 Archiact；华人文化控股集团入股好莱坞影视制作公司"想象娱乐"，投资美国 VR 直播顶尖企业 NextVR 和 Jaunt 等。

　　上海在全球大都市中率先制订了 2040 年的城市规划，其愿景为：以具有全球影响力的文化中心、具有全球影响力的科技创新中心、具有全球影响力的金融中心这三大中心构成全球城市核心竞争力，并且体现为"三个文明一个融合"，即从工业文明走向信息文明，从物质文明走向生态文明，从公共管理走向管理文明，从多元文化走向世界文化融合。从这个角度看，上海发展文化科技装备产业将发挥全方位的辐射力。近年来，上海围绕"建设具有全球影响力的科技创新中心"的总体目标，聚焦"新技术、新产业、新模式、新业态"，努力把握文化科技领域关键技术环节，正在不断取得重要成果。比如在 4K 超高清电视领域，上海已经组织上海文广集团等 7 家单位成立专项工作组，开展产业技术研究和标准制定，基本掌握 4K 超高清全产业链的关键技术，具备 4K 超高清电视广播级播出的技术能力和产业环境，建成国内领先的 4K 超高清试验播出平台，为大规模产业化打下了坚实的基础。

三、文化科技装备建设需要
形成集成创新的基地

　　正是在这样一个历史背景下，全国第一个国家对外文化贸易基地文化装备产业基地 TCDIC 在上海正式建立运作。它立足上海，服务全国，联接国内外，自创立以来，坚持文化科技创新的导向，形成了良好的基础。截至 2017 年上半年，该基地临港地块 35 亩地 8 万平方米、闵行区块 8 万平方米等，汇聚了100 多家文化科技装备企业，包括科视、大丰、鹏博士等龙头企业。

　　经过几年的发展摸索，TCDIC 坚持集成创新的主导方向，集聚国内外文化科技装备的精兵强将，聚焦新型电影电视装备、IP 和内容开发装备、文化智能制造装备、新型会展广告装备、新型娱乐旅游装备、新型体育竞技装备和新型舞台演出装备七大领域基地,从研发设计、制造生产、安装调试、有效使用、后续服务、零部件供应等,形成了完整的流程。依托上述集成创新能力,在国际会展、高端论坛、集成项目案例库建设、展示中心等文化装备领域形成了一定的全国影响力和行业知名度,以引进龙头企业带动一批中下游产业链企业入驻,从而吸引一批具有国际领先水平的文化装备企业和研发中心以及高端人才在上海落地。目前 TCDIC 已经发展成为既有推动 B2B 的强大集聚功能,又有推动 B2C 的科普服务功能,吸引了国内许多省市文化界、科技界、企业界人士前来培训考察的基地;它以集成创新、专业服务的实力,成为第一家文化科技装备产业的国家级基地和专业化大平台。

比如:基地入驻企业浙江大丰实业股份有限公司,以提供 CCTV 春节晚会舞台演艺装备而闻名遐迩,拥有咨询设计、策划创意、生产制造、安装调试、运营管理、维护保养为一体的整体实力;它致力于为客户提供:舞台机械、灯光、音视频、电气智能、座椅看台、装饰、幕墙、轨道交通、智能天窗等全球领先的文体产业整体集成解决方案。同时,大丰对接国内外产业链上下游顶级资源,凭借丰厚的专业优势、集成优势、资源优势和文化场馆建设、运营经验,为各地提供文体场馆前期咨询和策划定位、中期实施和推进、后期服务与运营一揽子的解决方案,已经成为我国演艺装备产业的龙头企业之一。

又比如:基地建立了虚拟成像技术展示项目。它采用了多家企业的全息投影技术也称为虚拟成像技术,即利用干涉和衍射原理记录再现物体真实的三维图像的技术。该技术运用到演艺舞台上的时候,演出的设计和制作人员要掌握大量的技术数据,利用虚拟成像的视频源以及反射膜结构,经过修整和调试,将其装置结构搬上舞台进行合成和演出,提高了舞台演艺的视听效果和震撼力。而基地展示的光影秀,则代表了国内最为先进的激光投影技术,能够在大面积的建筑物表面,克服凹凸不平的建筑立面所带来的困难,营造出清晰度、色彩饱和度、场面逼真度等都非常高的光影秀项目。

TCDIC 为加强基地对于文化装备产业发展的推动作用,顺应高端文化装备制造业向"智能型制造、服务型制造"方向发展趋势,并且考虑到当前市场集成研发服务的空白,正式提出战略性功能定位,为国际高科技文化装备展示交易中心、国际高科技文化装备研发创新中心、国际高科技文化装备全产业链服务中心和国际高科技文化装备总部基地，即"三中心一基地"。

展示交易中心。在现阶段我国文化装备产业起步阶段，通过已引入的NAB Show，展示文化装备领域国际专业团队与制造商的高端、前沿科技产品，激活市场需求，同时以365天无闭馆展览、不定期展等形式，展示文化装备新材料、新产品、新服务，探索和完善文化装备产业"展会+峰会+实训"的复合模式和衍生产业体系，开发和拓展文化装备的交易功能，成为上海、全国乃至东南亚地区高科技文化装备展会及高端论坛承办方、文化装备技术和产品的交易商，打造开放型、体验式文化装备技术产业基地。

集成研发中心。以中国庞大的文化装备需求市场吸引国际上文化装备技术最前沿的制造商，使其参与中国的技术开发，迅速提升中国文化装备技术能力，同时对接国内外文化装备产业龙头企业的先进技术和产品进行集成方案研发，形成主要研发技术在上海、制造在长三角地区或是周边国家的分工协作布局，建设高科技文化装备产业大数据库平台，成为国家级高科技文化装备一站式解决方案供应商。

全产业链服务中心。围绕文化装备关键领域，积极开展文化装备技术咨询、企业招商和定制化服务、行业信息提供和政策解读、技术产品和集成方案交易、高端文化装备融资租赁、售后技术服务、引进或设立孵化器、专业培训、天使投资和创投基金、知识产权申请和托管，以及产业联盟和协会组织的引进、培育和设立等一系列业务，把交易、展示等功能的各个环节与金融业、文化旅游业、高端物流业等现代服务业紧密结合，促进产业间的多向融合，同时结合高校和科研机构力量，形成一个闭环的创新生态系统。

文化科技装备总部基地。依托上海建设科创中心的契机以及文化、科技加快融合的发展趋势和政策导向，依托新兴媒体和数字技术在上海的蓬勃发展态势、高校和科研机构人才云集的优势，随着上海全球城市建设目标的确立，国际大都市配置国际资源的能力将进一步提升。在此背景下，高科技文化装备基地作为国家级的平台，应该高起点部署发展格局，积极吸引文化装备行业的跨国公司地区总部和国内企业总部、研发中心、营运中心、贸易货代中心、销售中心、采购中心、创意设计中心入驻,打造文化装备行业的总部基地,以大企业聚合产业链上下游企业,提升高科技文化装备基地的能级。

四、文化科技装备建设要扩大 双向流通的开放度

文化科技装备建设是在全球化、信息化的背景下展开的,具有全球价值链和供应链的产业形态。任何一种先进的文化科技装备,都不是天马行空,而是由研发机构在与全球文化科技装备领域的专家、企业和机构广泛交流的基础上,经过反复研究和实践,才能研究定型和投入使用的,而且在实践中不断更新的。

从全球范围看,发达国家的文化科技装备总体上走在前列,而且在科研投入、组织形态、行业协会等方面,都进行了大量投入,在先进技术领域率先进行战略布局,以获得竞争的优势。同时,文化科技装备也是全球风险投资最为集中的领域之一。根据 CBInsight 的统计数据,2015 年,Google、Facebook 等主要企业在 AR 和 VR 领域的投资就突破 10 亿美元,2016 年,全球主要的可穿戴设备企业进行了 149 宗交易,获得 18.55 亿美元投资。在这些文化科技装备的研发中,人机交互(Human machine Interface)正在成为最为前沿的技术开发和投资热点。虚拟现实技术推动了人自由地与虚拟世界对象进行交互,近年来开发的主要设备包括头盔显示器、数据手表、数据眼镜、数据衣服、数据显示空间、三维位址传感器、三维声音产生器等[1]。

与此同时,全球文化科技装备领域的行业协会、专业博览、服务平台等也发展很快。比如美国国家广播电视业协会 NAB 美国广播电视协会(NAB)是代表美国所有广播电台、电视台和广播网络公司的全国性行业协会,旗下有8 300 多家会员,向美国国会,白宫和最高法院表达美国广播电视业的利益,权利和发展方向。同时为其所有会员提供政策法规、最新技术和管理、国际事务

---

① 2016 Tech – IPO – Pipeline Report. www.cbinghts.com

和发展趋势方面的研究成果和服务,并提供教育培训项目和基金会的专项活动。NAB 主办的全美广播电视展(NAB Show)是全世界最大的电子媒体展,每年 4 月份在拉斯维加斯举行主要展览,每年有超过 1 600 个公司参展,吸引来自全世界 130 个国家和地区的 10 万名以上的专业人士参加。

中国要参与全球文化科技装备的竞争,不可能在相对封闭的情况下进行,而是要积极参与全球文化科技装备价值链和产业链,广泛吸取国际上先进的科技成果,同时大力加强先进技术的研发,掌握更多的自主知识产权,扩大自身在全球文化科技装备市场上的发言权,这也有利于中国扩大对"一带一路"相关国家和地区的影响力和服务力。有鉴于此,TCDIC 从一开始就确立了扩大双向流通,开展国际合作的前瞻性视野。TCDIC 与 NAB SHOW 自 2015 年开始联合创办 NAB-GIX 全球跨媒体创新峰会,以"驱动全球传媒娱乐业的创新与交流"为主题,邀请到 3 000 多位嘉宾、37 位演讲者和 19 位国际大师、18 位行业领袖等。2016 年 12 月,与美国国家广播电视业协会 NAB 深度合作,在浦东嘉里中心举办"上海(全球)跨媒体技术装备创新博览会",汇聚了来自美国、英国、法国、俄罗斯等 16 个国家和地区的 145 家广播设备及技术的制造商和供应商参展,共同聚焦 VR/AR、4K 超高清、HDR、混合播出、IP、多平台流媒体播出和专业音频等最新的广播电视技术,推动近百家全球广电领域领军企业成功签约。

上海确立了建设全球科创中心的战略目标,必然要把建立国际文化科技装备的平台作为一个重要工作,发挥上海在科技服务业方面的专业优势,让更多的文化科技资源在上海的大平台上汇聚,获得优化整合与提升的机会,并且与更多的国际资本相结合,拓展市场化和产业化的空间。2017 年 6 月,基地与美国国家广播电视业协会、上海国际影视节中心联合举办"上海国际影视节跨媒体技术展",举办了跨媒体技术装备展览会、NAB-GIX 全球跨媒体创新峰会等重大项目,汇聚了来自中国、美国、英国、法国、日本、韩国、俄罗斯、印度等 16 个国家和地区的 120 多家设备和技术制造商和供应商出席,在国内外专业界产生了广泛的影响。它集合了全球众多影院、电视剧栏目的知名导演及制片人,以及内容创作团队,通过对于尖端技术在不同视频形式的呈现方法,结合当下受众的最新需求与对于新媒体形式的变化要求,共同探索视频内容创作的变革之路。

这些平台和活动大大地拓展了上海和全国文化科技装备企业的视野,推出了一系列前瞻性的议题,吸引了诸多国际文化科技装备的权威人士前来演讲,也吸引了国内外从业人员集聚学习。比如:《蝙蝠侠:侠影之谜》、《黑暗骑士》制片人迈克尔·奥斯兰(美国)提出了"未来跨媒体方式叙述故事:电影、跨媒体、游戏、虚拟现实的跨媒体融合";迄今为止投资额最大的中美合资动画制作机构——东方梦工厂首席创意总监梅丽莎·科布(美国)提出了"通过大力发展合拍片推动国际电影市场蓬勃向前的见解",中国三维动画技术领域率先突破的领军企业——上海河马动画设计股份有限公司董事长徐克结合自己的实践,提出了"面对电视和电影制片的新技术革命问题";ECENT 创始人及首席执行官马特·麦克(瑞士)从理论和实践的结合中提出了"区块链:内容分发和创作者权利保护的未来"主题探索,而《比利·林恩漫长的中场休息》立体摄影师德米·波特利(美国)则结合这一部超高清晰电影的工作经验,介绍了这一部首创电影拍摄时的大量实践体会;复星集团代表、阿里巴巴集团代表、《乐高大电影》制片人大卫·奥斯兰等共同探讨了全球电影故事叙事的最佳案例:"怎样吸引不同文化背景的观众的内容、发行以及建设服务平台"等。这些前沿议题都引发了专业界人士的高度关注和热烈讨论,成为我国文化科技装备领域现象级的热点。

这些成果显示了基地 TCDIC 正在全球范围内推动创新链、资本链、智力链的延展,这一方面显示了我国文化科技装备产业,正在从由加工制造服务环节为主,逐步向自主研发、合作研发、联合设计、市场营销、品牌培育等高端环节延伸,向全球文化科技装备产业链的中高端攀升,也说明上海的创新环境为全球领先理念和技术的落地,提供了良好的土壤。

五、文化科技装备建设要形成战略性大格局

随着中国迈向全球科技强国的步伐,在上海建设全球科创中心的大背景

下,国家文化科技装备产业基地正在设计和实践面向未来的战略蓝图。

1. 构建"核心—组团—节点—网络"的大布局。确立全球布局思维,一方面,围绕"一带一路"国家战略,依托国家对外文化贸易战略中民族品牌推广计划和核心产品创新计划,与"一带一路"沿线国家和云南、新疆、甘肃等"丝绸之路经济带"上省市建立深度合作关系,打造文化装备的民族文化品牌;另一方面,瞄准全球、全国在文化装备产业链上占据优势地位或者市场需求大的国家(地区)和省市,建立深度合作网络。同时加快占据行业的高端资源,以国际化高端资源去撬动、激活发展水平较低地区闲置的资源或潜在的市场,以形成规模集群效应。在现阶段,可先期考虑在上海部署集成研究功能,与东中西部重点城市如西安、咸阳联建国际高科技文化装备加工、销售服务基地,与华南地区如广州、东莞联建生产和技术基地,从而形成"核心—组团—节点—网络"的大布局。

2. 加快提升 NAB 亚洲展效应。在引进国际 NAB 资源,举办了两届上海(国际)跨媒体技术装备创新博览会(简称"NAB Show Shanghai")的基础上,要深度挖掘 NAB 资源,研究上海创建的 NAB 亚洲展与美国 NAB 母展的差异性,做好全球营销工作,以中国强大的市场吸引全球特别是亚洲的知名企业参展,以高端的国际资源吸引全国龙头企业参展,同时继续探索和完善"展会+峰会+实训"的复合模式,与同期的上海电影节设备展等有效结合,持续开发展中展,使为期四五天的展会成为全球行业、企业、技术、专利等资源聚合、交流的大平台,成为亚洲顶尖的专业展会,尤其重要的是要在展会后衍生系列展会和合作事项。

3. 多方拓展文化装备展示空间和展示内容。作为国内首个展示高科技文化装备产业协同发展的平台,位于临港的文化装备应用示范中心引入最新装备技术、开展体验式展示,已形成 NAB 常态展,其定位是引入国外大企业的装备产品提供保税展示。未来应向上海中心城区的社区文化中心、文化公园、体育公园、科普馆、科技博物馆等现有空间大力延伸,充分利用老厂房等存量文化资源打造更多的展示空间。同时在全国各地的大型专业展会上进行展示宣传,特别是注重开发具备口岸功能的博览会,如霍尔果斯口岸等,以在一带一路节点城市扩大行业影响力,提升文化装备贸易总量。并且在展示的内容上要导入行业最先进的科技发展成果,体现前瞻性、高端化、体验式、娱乐性,增加观展者的参与度。

4. 着力开拓文化装备交易功能。以高科技文化装备产品和技术的展示体验为主要渠道和前道服务,后道服务则要致力于形成以集成产品方案提供、定制产品销售和组装、跨国和国内品牌代理、专利转让等为重点的文化装备产业交易功能,发挥企业、产品、信息、人才等多种资源的聚合作用,吸引一批展贸商和金融、中介、质检等交易配套服务机构,以市场化的线上线下交易机制提升交易量,实现文化装备产业和贸易总量规模的快速提升,打造高科技文化装备基地成为文化装备产业的现代交易商。与美国 NAB 等合作开展文化装备设备制作培训,通过组织国内外多家技术装备企业集合形成文化装备集成产品案例库,学习国外先进技术,为国内外文化装备技术应用提供了枢纽和桥梁,这样既有未来影院等示范项目,形成"供给端"的研究发力,也有"需求端"的示范引领,推动文化科技装备产业主体向规模化、集约化发展。

5. 提升集成研发创新能力。明确高科技文化装备基地基于全球文化装备产品和技术资源进行集成研发、定制化生产供应的定位,加快和完善文化装备产业数据库建设,以高科技文化装备技术与产品数据库、中国文化装备集成项目案例库为两大抓手,以舞台剧场、广播影视、主题娱乐三大领域作为先期开发项目,引进行业的专业人才,紧密跟踪、运用国际最新、最前沿技术,大量运用平台上集聚的企业产品和技术资源,针对不同的市场需求进行集成创新研究,并争取设立集成产品和技术的行业标准。如为适应上海新一轮社区公共文化中心设备更新改造需求,可研究定制不同档次的为公共文化配套服务的配送体系,包括电影配送、电视配送、阅读配送等设备,实现从销售到安装再到后续运营的系统服务,并把这套标准化流程向中西部地区社区文化中心复制输出。

栏目二 培育新要素：释放文化产业活力

5

扶持青年艺术家计划

——培育国际艺术节创新发展的动力

中国上海国际艺术节中心[*]

摘　要　中国上海国际艺术节"扶持青年艺术家计划"创设于2012年，是中国上海国际艺术节"四个平台"建设中着眼于孵化青年艺术人才的品牌活动。经过五年的发展，通过与上海戏剧学院等有关方面的合作，吸引了国内外的青年艺术人才集聚于上海，形成了较为完善和行之有效的组织和工作体系。"扶青计划"为上海的原创艺术作品培育、青年艺术人才培养提供了成长的阶梯和广阔的舞台，为上海国际性文化大都市的建设注入源源不断的新生力量。

---

* 中国上海国际艺术节中心，是中国上海国际艺术节的常设举办机构，于2000年在国家文化部的提议下，由上海市人民政府批准成立。中心在中国上海国际艺术节组委会的领导下开展工作，负责每年艺术节的策划、组织和运营工作。

关 键 词　扶持青年艺术家计划　青年艺术创想周　青年艺术人才

一、总　　述

中国上海国际艺术节，是由中华人民共和国文化部主办，上海市人民政府承办的重大国际文化活动，是中国唯一的国家级综合性国际艺术节。自1999年创办至今，已成功举办十八届。作为国际交流的重要平台，艺术节秉承"艺术的盛会、人民大众的节日"的办节宗旨，以社会主义核心价值观的构建与上海国际文化大都市的建设为核心，着力于建设优秀作品的展示平台、文化贸易的推进平台、青年人才的孵化平台以及艺术素养的培育平台，也为发展上海和全国的文化产业做出了积极的贡献。

"扶持青年艺术家计划"创设于2012年，以"聚青年之创意才智，扬华夏之原创力量"为主旨，与中国上海国际艺术节的创新内核高度契合，积极为青年艺术人才的培养与孵化搭建实践平台，为青年艺术家创造和提供国际交流与合作机会，为提升城市的吸引力、创造力、竞争力提供强大助推。面对上海2040年建成全球卓越城市的发展目标，中国上海国际艺术节作为国家级节庆，以高度的文化自觉承担起培育青年艺术家的责任，凭借其优良的教育环境、丰富的选拔机会、多维的资源注入和广泛的国际交流等独特优势，在实践中探索出一条有效的培养路经，打造出"扶青"这一初具国际影响力的品牌工程。为广大青年艺术家提供成长平台，为上海这一卓越全球城市增添创意与活力。

（一）时代背景：时代召唤青年艺术人才

青年是国家的未来、民族的希望。青年兴则民族兴，青年强则国家强。国家《中长期青年发展规划（2016—2020）》指出，"青年是国家经济社会发展的主力军和中坚力量。"促进青年更好成长、更快发展，是国家的基础性、战略性工程。伴随知识经济时代的迅猛发展，人才日益成为经济社会发展的第一资源,成为推动产业结构调整、加快转变经济发展方式的核心力量。青年人才思想活跃、敢于探索,是城市最具活力的发展要素。青年艺术人才更是推动中华优秀传统文化创造性转化和创新性发展,促进"中国梦"和社会主义核心价值观深入人心,提升国家文化软实力的重要载体;是推动中华文化走向世界、加快上海国际文化大都市建设的强大助力。实践证明:上海发展演艺产业,必须紧紧抓住青年艺术人才这一关键环节,才能在新一轮经济发展和城市竞争中占据优势。

（二）工作背景：青年艺术人才培养的重要性

国家的未来在青年,艺术的未来看青年。《文化部"十三五"时期文化产业发展规划》指出,"发展文化产业是满足人民群众多样化精神文化需求、提高人民群众生活品质和幸福感的重要途径。"青年艺术人才对文化创意的感知度极其敏锐,富有创造力和使命感,是艺术创作的主力军。同时,青年艺术人才更是文化事业繁荣发展、文化创意产业转型升级、社会主义文艺工作发展壮大的生力军,是国家稳定和发展的战略性资源。

按照《上海市"十三五"规划纲要》的要求,上海"实施文艺创作新品、优品、精品扶持计划,打造一批思想性、艺术性、观赏性相统一的文化力作。"青年艺术人才善于打破惯有的思维模式,能够较为敏感地捕捉到时代的发展脉络,为艺术作品注入新鲜活力。通过与青年艺术家的合作,中国上海国际艺术节鼓励并支持青年人以独特的创意和负责任的思考进行务实的创作与表演,为讲好中国故事、演绎中国精神提供新颖的角度和丰富的维度,从而也为促进艺术节的创新发展与可持续发展提供动力。

二、"扶青计划"五年来的历程、发展沿革

中国上海国际艺术节"扶持青年艺术家计划"(以下简称"扶青计划")于2012年创立。以"聚青年之创意才智,扬华夏之原创力量"为主旨,积极为青年艺术人才的培养与孵化搭建实践平台,为青年艺术家提供国际交流与合作

的机遇,帮助青年艺术家开拓视野,激发创作激情。"扶青计划"至 2017 年已成功举办六届,共委约 71 位青年艺术家,创作了 59 部原创作品。这些作品代表了中国文艺界的新生力量,具备了一定的国际影响力和竞争力。

(一)初创阶段:第 1 届

"扶青计划"在初创阶段以作品展演为主,于 2012 年首次推出委约作品的公开展演。由谭盾大师领衔的艺委会对王翀、罗月冰、尹昉、董杰、赵磊、蒙柯卓兰、秦毅、徐志博等 8 位优秀青年艺术家进行精心指导,经过创作和打磨,6 部原创作品当年在上海话剧艺术中心集中呈现。

表1　2012 年中国上海国际艺术节"扶持青年艺术家计划"委约作品

姓　名	艺 术 领 域	委 约 作 品	艺 术 门 类
王　翀	青年戏剧导演	《海上花 2.0》	现场声景与电子音乐
罗月冰	现代舞编导、演员	《半醒》	形体剧场
尹　昉	独立舞者、编导	《底片》	现代舞
董　杰	青年舞者、舞蹈编导	《关雎》	二胡肢体剧场
赵　磊	二胡演奏家		
蒙柯卓兰	青年作曲家	《死亡与少女》	剧场室内乐
秦　毅	青年作曲家	《意境》	音乐新媒体剧场
徐志博	新媒体艺术家		

资料来源:作者编制

首届作品以"上海·梦"为主题,涵盖舞蹈、戏剧、音乐等多个领域,并有跨界新作产生。《关雎》对古老中国气质的迷恋,《半醒》独特的肢体语言和略带晦涩的呈现,《海上花 2.0》《底片》对中国城市生活的感性思考,《死亡与少女》对内蒙长调旋法的运用,《意境》中昆曲与屏幕影像、中西混合打击乐的激越结合。六部作品融国际戏剧剧场气质与中国传统美学于一体,凸显了其实验性与当代性。首届"扶青计划"委约作品作为剧场变革的探路先锋,为中国原创作品注入了新鲜血液。

（二）发展阶段：第2届—第6届

自2013年起，中国上海国际艺术节携手上海戏剧学院，通过"文教结合"的模式，创办"扶持青年艺术家计划暨青年艺术创想周"（以下简称"青创周"），确立了"传承、创新、合作"的宗旨，以艺术实践推行"开门办学、开门办节、文教结合、打造品牌"的理念。五年间，"扶青计划"共委约了63位青年艺术家，创作53部原创作品；与上戏合办的"青创周"覆盖了包括戏剧、音乐、舞蹈、诗歌、创意市集等在内的多种艺术活动形式，前后有近200个国内外剧组院团参与，近800台演出、近150场讲座沙龙和60余项视觉展览在上海戏剧学院成功举办。来自中央戏剧学院、北京电影学院、复旦大学等在内的40余所国内外高校以及余秋雨、谭盾、林怀民、蔡国强等共计50余位知名艺术家、专家学者出席和演讲，吸引了大批热心观众和市民参与。

表2　2013年中国上海国际艺术节"扶持青年艺术家计划"委约作品

姓　名	艺术领域	委约作品	艺术门类
白玛次仁	青年舞蹈家	《根》	实验剧
戴　炜	舞台设计	《沃沃》	皮影动画戏剧
丁　轶	现代舞者	《陀螺》	昆剧肢体剧场
卢　歌	现代舞者		
裴继戎	京剧净角演员	《融》	京剧街舞剧场
	跨界艺术实践者		
潘　沁	舞台总监、舞蹈编导		
	陈式太极拳传人及入室弟子		
吴承昊	青年演奏家	《白鱀豚歌》	室内乐
	作曲家		
李泽宇	小提琴家		
谢　浚	电子音乐制作	《对话》	多媒体音乐剧场
	电子音乐作品		

资料来源：作者编制

表3 2014年中国上海国际艺术节"扶持青年艺术家计划"委约作品

姓　名	艺术领域	委约作品	艺术门类
张志伟	独立音乐制作人 游戏声音设计师	《晋阳》	音乐剧场
李　磊	电子音乐作曲	《物·语》	现场声景与电子音乐
蔡文绮	青年作曲家	《漂流》	现代打击乐剧场
沈逸文	青年作曲家	《国殇·礼魂》	室内乐
吴承昊	青年演奏家 作曲家	《最后的草原》	交响乐协奏曲
安达组合	乐队		
常石磊	音乐创作人	《我和Ta》	现场声景与电子音乐
陈佳玮	青年导演	《抹布爱情》	音乐剧
佟　童	导演、演员、编剧	《M先生的盛宴》	多媒体话剧
尚　垒	编剧、导演	《没有表情的人》	戏剧
沈昳丽	昆曲旦角演员	《题曲》	实验昆曲
黄　欣	青年舞蹈家 编舞家	《123：45》	肢体剧场
杨　畅	青年舞蹈家 编舞家	《尘·净》	现代舞
常肖妮	青年舞蹈家 编舞家	《忽然悟空》	现代舞
万玛尖措	编舞家	《风之谷》	舞蹈剧场

资料来源：作者编制

表4 2015年中国上海国际艺术节"扶持青年艺术家计划"委约作品

姓　名	艺术领域	委约作品	艺术门类
马俊丰	青年导演	《朝闻道》	多媒体互动科幻剧场
王利夫	歌手、音乐制作人		
竹　马	词曲作者、音乐制作人、跨界艺术家	《斩·断》	音乐电影

续表

姓　名	艺术领域	委约作品	艺术门类
宋思衡	钢琴家	《日与夜》	新古典电子乐
B6	电子音乐制作人、DJ、设计师、声音艺术家。多媒体与影像艺术家		
周　娟	作曲家	《悟空五则》	交响乐
赵　梁	独立艺术家	《双下山》	舞蹈剧场
王亚彬	著名舞蹈家、编舞、影视演员	《青衣》	舞剧
马　涛	舞蹈编导	《霸王别姬》	音舞剧场
汤晓风	琵琶演奏家		
陆雅慧	舞蹈编导	《北纬39°与40°之间》	现代舞
吴　佳	舞蹈编导	《希望是长着羽毛的》	多媒体舞剧
杨海龙	舞蹈编导	《画皮》	舞剧
田　田	青年作曲家	《三重奏》	室内歌剧
温展力	青年作曲家	《广场上的垃圾》	清唱剧
周　东	音乐制作	《2015》	多媒体音乐剧场
李泓晔	灯光设计	《恒星》	装置
郭金鑫	舞台美术设计多媒体设计		

资料来源：作者编制

表5　2016年中国上海国际艺术节"扶持青年艺术家计划"委约作品

姓　名	艺术领域	委约作品	艺术门类
代　博	作曲家钢琴家	《弯曲的时空》	室内协奏曲
顾劼亭	钢琴家	《当德彪西遇上杜丽娘》	戏剧 x 音乐事件

姓　名	艺术领域	委　约　作　品	艺　术　门　类
金承志	青年指挥家 作曲家	《落霞集》	合唱套曲
马海平	电子音乐人	《折·城》	音乐·剧场作品
古佳妮	独立舞者	《插销》	肢体作品
唐诗逸	舞蹈家	《唐诗逸舞》	舞蹈剧场
杨浥堃	青年剧作家	《五脊六兽》	话剧/肢体剧
韩丹妮	青年话剧编剧	《枕上无梦》	舞台剧
朱志钰	戏曲导演	《蠢货》	实验京剧
特别委约		《双重》	环境浸没式 APP 互动戏剧

资料来源：作者编制

表6　2017 年中国上海国际艺术节“扶持青年艺术家计划”委约作品

姓　名	艺　术　领　域	委　约　作　品	艺　术　门　类
关　渤 查文渊	青年导演、制作人 青年导演	《记忆的味道·大火锅》	戏剧
忻雅琴 周　倩	青年越剧演员 青年编剧	《再生·缘》	小剧场实验越剧
俞　彬	青年琵琶演奏家	《霸王》	音乐剧场
闫小平	青年编剧	《长安雪》	昆剧
张凌南 黄赛峰	青年编剧 油画家、装置艺术家	《空盒游戏》	装置戏剧
引　五	新媒体音乐乐队	《无名之镜》	跨媒介音乐会
郑　杰	青年舞蹈编创	《寂静之上》	现代舞
宋　杨	青年作曲家	《饥饿艺术家》	新音乐戏剧
袁　野	青年导演	《聂小倩与宁采臣》	当代川剧

资料来源：作者编制

"扶青计划"在六年的发展历程中不断自我变革,由初创阶段以委约作品展演为主,延展出与"青创周"相整合的新模式,形成集委约作品、邀约作品,周边工作坊、讲座、路演、展览、集市等多个版块,融汇展示、孵化、推广等的多维内涵,汇聚了大批的新锐艺术家和优秀作品。

三、"扶青计划"的具体做法和举措

"扶青计划"的委约作品和邀约作品近年来已逐渐整合为完整的品牌活动,借助中国上海国际艺术节的平台得到了极好的展示与推介,为提升国家文化软实力、推动中华文化走向世界发挥着重要作用。在作品遴选、艺术家培育、节目制作、活动推广、品牌构建等方面已经积累了相当的经验,形成了较为稳定的制度和办法。

（一）评审委员会制度：评审/遴选

2012 年,自"扶青计划"的发布以来,它不仅得到了年轻艺术家的热情响应,更有众多艺术大家倾情加盟。在各位艺术大师们的不辞辛劳、不计报酬的支持下,"扶青计划"构建了自身的专家库,组建了评审委员会和艺术委员会。专家库中的各位成员投入了大量的时间和精力,关注于青年艺术家的作品选拔、指导与提升,成为"扶青计划"的坚实基础。

表 7 "扶青计划"专家库成员情况表

卜 翌	跨界创作人、作家、平面设计师
曹诚渊	北京雷动天下现代舞团、广东现代舞团、香港城市当代舞蹈团艺术总监
陈家年	上海市舞蹈家协会副主席 上海市戏剧学院舞蹈学院院长
陈强斌	著名作曲家、上海音乐学院教授 上海国际电子音乐周艺术总监
郭文景	中央音乐学院作曲系主任、博士生导师
韩 江	制作人、舞美及灯光设计师

何训田	著名作曲家、音乐新语言开创者、上海音乐学院教授
黄豆豆	中国舞蹈家协会副主席 上海青年文学艺术联合会会长
李　东	中国国家话剧院制作人、国家一级演出监督
李　莎	上海戏剧学院戏曲导演专业主任、教授、研究生导师
李六乙	北京人民艺术剧院导演、剧作家
郦国义	著名文艺评论家 上海市文化发展基金会秘书长
林怀民	云门舞集创办人、艺术总监 艺委会主席
林兆华	北京人民艺术剧院导演
罗怀臻	中国戏剧家协会副主席 上海市剧本创作中心艺术总监
毛时安	中国文艺评论家协会副主席、上海市人民政府参事
苏国云	香港艺术节节目副总监
孙孟晋	著名乐评人、影评人、专栏作家
谭　盾	艺委会主席 国际知名作曲家、指挥家
田　青	著名音乐学家、中央文史馆馆员
田沁鑫	中国国家话剧院导演 北京大学影视戏剧研究中心副主任、导演、编剧
佟睿睿	中国歌剧舞剧院国家一级编导 上海舞蹈团特聘编导
王履玮	原上海戏剧学院舞台美术系主任兼演艺中心主任 现任上海戏剧学院教授
王媛媛	著名编舞家、北京当代芭蕾舞团团长/艺术总监
萧丽河	舞台灯光设计师
熊源伟	著名导演艺术家、戏剧教育家 上海戏剧学院教授、博士生导师
徐家华	上海戏剧学院教授、博士生导师

杨建国	资深媒体人
杨丽萍	艺委会主席 著名舞蹈艺术家、中国舞蹈家协会副主席、
叶锦添	艺术家 电影及舞台美术指导
喻荣军	剧作家、国家一级编剧、上海文广演艺集团副总裁
张　军	资深制作人、上海戏剧学院党办/院办主任
张　麟	上海戏剧学院舞蹈学院党支部副书记、上海戏剧学院舞蹈学院副教授
张建民	北京舞蹈学院编导系教授、博士研究生导师

资料来源：作者编制

　　为确保每年委约作品的选拔过程公平、公正、公开,确保入选作品的质量,"扶青计划"创设评审委员会制度。每年1月到5月中旬,"扶青计划"在公开媒体和艺术节的官网上向全球华人青年艺术家进行作品征集。5月中下旬开始首轮材料筛选。6月中旬,遴选出的作品进入设于北京、上海两地的工作坊参与初审,青年艺术家需要提供作品的编导阐述、舞台方案、演出小样等材料,并对作品构思进行不超过10分钟的作品阐述。评审委员会将按照作品理念、作品完整度、舞台呈现的可行性、后续制作等四方面的标准进行指导和打分。6月底,十余份优秀作品将再次进入工作坊参与复审,并在其中产生最终的委约作品。"扶青计划"委约作品的评审过程融评选与指导于一体,大部分参加工作坊复审的作品经过专家指导,其创作都能获得阶段性的深化和提升。

（二）艺术委员会制度：提升/培育

　　"扶持青年艺术家计划"为提升委约作品的艺术性、思想性、观赏性,综合培育青年艺术家的艺术创作力,创立了艺术委员会制度,主要负责青年艺术家委约作品的艺术指导。

　　"扶青计划"委约作品一经入围,即可获取专业指导和技术团队的双重支持。一方面,艺术家们从专业角度为青年艺术家的创作提供无私的艺术指导,综合多种舞台表达、表演和展示方式对青年艺术家进行综合性、多角度的指导和培养。此外,"扶青计划"还另设有艺术顾问和制作及技术顾问,旨在培育和提升委约作品的呈现水平,让节目的制作更趋专业和完美。

2012年,在首届"扶青计划"中,在著名导演、编剧田沁鑫指导下,青年艺术家王翀创作的《海上花2.0》采用致敬法国新浪潮电影的影像风格,用4台摄影机在舞台上进行实时拍摄、剪辑,为观众带来了一部现成声景与电子音乐相结合的新型"多媒体戏剧"。作品对清末经典小说《海上花列传》做出全新的阐释,展现了不同时代女性的梦想与现实。从艺术构想到作品呈现,在"扶青计划"艺术委员会和顾问的支持下,青年艺术家王翀完成了一次艺术成长与创作上的飞跃。而在"扶青计划"中,这样的例子比比皆是。这样活力澎湃、成果显著的"扶青计划",在世界范围内也是不多见的。

(三)委约演出、(交易会)推介演出:制作/推广

"扶青计划"自2012年创办以来,始终致力于为青年艺术家提供更加广阔而不受限制的创作空间。前后六届共委约71位青年艺术家,创作59部原创作品,演出137场。

表8 2012—2017年"扶青计划"委约作品相关统计

年　份	委约艺术家	委约作品	演出场次
2012年	8	6	12
2013年	9	6	24
2014年	15	14	22
2015年	18	14	21
2016年	10	10	37
2017年	12	9	21
总　计	71	59	137

资料来源:作者编制

通过"扶青计划"的不断努力，优秀作品不断涌现，青年艺术家不断聚集。2013 年，吴承昊创作的室内乐《白鱀豚歌》，运用四个乐章诉说白鱀豚的悲剧，呼吁人们敬畏自然，保护日益恶化的生态环境。2014 年，陈佳玮的音乐剧《抹布爱情》面对起初服装特色不够鲜明、音乐制作不够纯熟、人物性格不够鲜明俏皮等方面的瑕疵，经过不断调整和打磨，最终用 12 首或欢快或感伤的原创歌曲和夸张幽默的舞蹈，从抹布的视角反映生活中平常小人物的身份认同和独特价值。2015 年，多媒体互动科幻剧场《朝闻道》重新构建了剧场的观演关系，将每位观众的日常生活与戏剧进展紧密关联、扭结，探讨人类生存的价值和终极目的。2016 年的实验京剧《蠢货》，是对俄罗斯著名剧作家契诃夫的同名独幕剧作品进行改编，该作品也在舞台上从灯光、舞台调度、表演各方面进行了一系列尝试，在不打破原著的整体风格下，加入导演研读后新的想法和构思，同时融入具有中国特色的皮影戏元素，以小剧场戏曲进行"西戏中演"的作品呈现。"扶青计划"委约作品的创作内容与艺术形式贯穿古今，融汇中西，既带着对立抗衡，又兼及融合并存，用世界语言讲中国故事，表达出当代中国青年艺术家对艺术的独特思考。

同时，借助中国上海国际艺术节大平台的资源优势和品牌优势，"扶青计划"通过基金支持、团队支持、机制合作等方式为青年艺术家和其初创作品提供了进行展示、实现提升的优质舞台。在国家艺术基金的支持下，"扶青计划"每年投入专项资金约 300 万元，同时通过多种形式，向包括上海市文化发展基金会在内的各个有关方面进一步申请资金，为各个原创作品提供支持。

表9　2013—2016 年"扶青计划"委约作品资金投入情况表（部分）

年　份	项　　　目	资金（万）
2013 年	统一打包	150
2014 年	统一打包	148.8
2015 年	《三重奏》	9.3
	《霸王别姬》	5.6
	《日与夜》	9.2

年　份	项　目	资金（万）
2016 年	《双重》	44.6
	《弯曲的时空》	7.5
	《五脊六兽》	22.5
	《插销》	17

资料来源：作者编制

以艺术节整体品牌影响力，集聚资金支持青年艺术家的培养和孵化，是"扶青计划"的一大优势。艺术节的"四个平台"建设为青年人才的培养提供了相互资源引流、发挥集聚效应、共建共享的良好效果。

历年委约作品的演出场地、人力、技术设备以及宣传推广均由"扶青计划"项目组根据剧目需求情况安排筹划。对人脉资源、社会关系积累尚有欠缺的青年艺术家来说，这些方面的支持无疑与资金投入有着同等重要的作用。2015 年，青年舞蹈家吴佳带着多媒体舞剧《希望是长着羽毛的》从美国返回国内参加"扶青计划"，项目组为其联系落实了上海戏剧学院舞蹈学院的学生演绎这部作品。2016 年，青年音乐家代博创作的超传统主义风格的室内协奏曲《弯曲的时空》也是由"扶青计划"项目组联系上海音乐学院学生参与作品合作演出的。

此外，中国上海国际艺术节交易会每年都将"扶青计划"委约作品放在会期内进行展演，这为青年艺术家们的作品搭建了良好的展示和提升平台。2016 年艺术节交易会上，青年编舞家古佳妮的《插销》得到了法国普瓦捷艺术节总监杰罗姆·勒卡特、德国卡塞尔国家剧院舞蹈总监特波尔、英国南岸艺术中心创意总监瑞秋·哈里斯、美国纽约亚洲协会国际节目总监瑞秋·库珀等的一致好评，并就节目给出了非常具体一致的专业建议，帮助青年艺术家做最后的调整并整装走出去。青年舞蹈家唐诗逸的《唐诗逸舞》得到了法国普雷桥喀什芭蕾舞团、英国南岸艺术中心、德国卡塞尔国家剧院舞蹈总监特波尔、美国纽约亚洲协会国际节目总监瑞秋·库珀等的盛赞，此类技巧过硬、编排巧妙、富有中国特色的作品在交易会上很受欢迎。作为中国上海国际艺术节在专业层面的重要支柱，节目交易会大力推介"扶青计划"中的作品，青年艺术家们将充分获得与各方艺术家、各门类专家的关注和合作机会，为艺术作品和艺术家的成长开创了有利的局面。

（四）世界范围推介、演出：走出去

近年来，"扶青计划"不仅提供艺术节期间的演出平台，同时也逐步加大对委约作品在国内外演艺平台的推广力度。自 2012 年首届"扶青计划"成功举办后，每年艺术节交易会论坛的中外与会嘉宾均会受邀观摩这些作品，并给出专业性意见反馈，相当数量的国际国内买家将其视为了解中国新生代创作力量的窗口。"扶青作品"也正是借助艺术节的平台而获得大量"走出去"的机遇。2015 年受美国亚洲协会与线圈艺术节邀请，《死亡与少女》、《意境》、《白鱀豚歌》三部曲赴美演出 2 场。2016 年 4 月中旬，舞剧《青衣》应邀赴匈牙利布达佩斯之春艺术节演出 2 场；7 月，舞蹈剧场《双下山》赴德国斯图加特、奥芬巴赫和特里尔三座城市演出；10 月初，音乐电影《斩·断》赴匈牙利布达佩斯当代艺术节演出 1 场、11 月初赴香港新视野艺术节演出 2 场、11 月下旬赴印度德里艺术节演出 2 场，12 月上旬赴英国伦敦参演英国南岸艺术中心"中国变奏"主题节庆开幕日演出。2017 年 8 月，实验京剧《蠹货》前往爱丁堡参加艺穗节，10 月和 11 月，现代舞《插销》赴挪威参加奥斯陆 CODA 现代舞蹈节和台北两厅院小剧场舞蹈节，多媒体舞剧《希望是长着羽毛的》计划于 2018 年 5 月赴美国旧金山艺术节演出。肢体剧《五脊六兽》计划赴法国阿维尼翁 OFF 戏剧节演出。音乐剧场《霸王》将参加香港新视野艺术节。"扶青计划"已经不单单是一个青年艺术家作品的展示舞台、观众反应的检验平台，更成为了艺术作品的推广平台、增值平台。

（五）不断臻于完善的品牌活动：规模/集聚

随着品牌的不断发展，"扶青计划"委约作品近年来可收到近百份报名，在华人青年艺术家中的品牌效应与日俱增。

表10 2012—2017年"扶青计划"委约作品报名情况表

届　数	年　份	委约作品报名数
第一届	2012	42
第二届	2013	79
第三届	2014	62
第四届	2015	73
第五届	2016	75
第六届	2017	98

资料来源：作者编制

同时，"扶青计划"和"青创周"在世界范围内邀请优秀剧目、艺术作品在上戏校园进行演出和展览展示，举办各类艺术相关活动，共计邀约300台剧目，累计演出723场；举办讲座、工作坊167次；举办展览38次，251场。剧目、展览的数量随各年的活动策划虽时有增减，但整体上，单项演出剧目或展览项目的场次数均在不断提高中，"青创周"的集合示范效应正在不断累积。

表11 2013—2017年扶持青年艺术家计划暨青年艺术创想周邀约活动情况

年　份	演　出		讲座、工作坊	展　览	
	剧目（台）	场次	场次	作品（部）	场次
2013 年	70	136	29	9	66
2014 年	95	195	33	12	43
2015 年	35	77	25	10	59
2016 年	43	158	48	7	38
2017 年	57	157	32	11	45
总计	300	723	167	49	251

资料来源：作者编制

"青创周"作为"扶青计划"的衍生板块，自2013年设立以来一直得到国内外业界的广泛、深入关注。每年"青创周"演出期间，剧院覆盖范围除上戏剧院、马兰花剧场、端钧剧场、新空间、逸夫舞台这5大表演空间外，还延伸到上

海十余个艺术空间与校园,如上海大剧院中剧场、上海当代艺术博物馆,上海
话剧中心等。有来自英国、德国、法国、丹麦、以色列、意大利、瑞典、香港、台湾
等30多个国家和地区的参演剧目参与邀约演出。"青创周"期间,整个上戏校
园面向社会各界人士开放,日均接待参观者5 000余人次,并为广大艺术爱好
者近距离"触摸"艺术作品创作实践过程开设了艺术体验区。观众还可以在复
旦大学、上海财经大学、上海音乐学院、上海戏剧学院以优惠价格购买到部分
剧目票。

"青创周"以观众需求为首位,在内容策划和形式架构上注重观众的体验
感和欣赏性。历年来举办大师讲座和工作坊,各类视觉艺术展览等多种类型
的活动,为观众带来别开生面的创新艺术体验。随着"扶青计划"的外围活动
效果日益显著,参与规模愈加扩大,社会关注度不断提高。近年来,"青创周"
进一步致力于将社会影响和经济效益有机结合,进一步探索和实践艺术演出
市场化运作模式,意图将其打造成具有国际竞争力和国际影响力的文化产业
长期品牌,突出体现"艺术先锋"的核心理念,全面展现"新锐创意、国际时尚、
跨界先锋"的品牌内涵。六年来,"扶青计划"从场面热闹到内涵充实,从体制
内的关注到全社会的参与,从以本市为主体的青年艺术家参与,到吸引全国乃
至全球华人青年艺术家的参与,不断扩大着"扶青"品牌的口碑传播。

四、艺术节开展"扶青计划"的独特意义

（一）专业化运营为人才提供高端平台

作为国家级、国际化的专业平台,中国上海国际艺术节为青年艺术家提供
了高层次、高标准的培养方案,为华人青年艺术家提供资金、制作、大师辅导和
后续推广等全方位的支持,为优秀青年艺术人才的培养构建学习平台,创造了
广阔的国内外交流合作机遇,促进了青年艺术创作人才的多元发展,展现艺术
融合新趋势。

中国上海国际艺术节每年利用艺术节期间一个月左右的时间,将与文艺
作品相关的研发、投资、供应、服务、经销、消费等各个环节在同一空间内高度

聚合,其对于作品的选择、对演出场馆的规划、对演出场次的安排、对相关活动专业代表的选择等等,都会成为影响文化演出市场的重要风向标。"扶青计划"站在艺术节的国际平台上,为青年艺术家的发展创造了高起点,为真正热爱艺术、有创作激情、有潜力、有梦想的艺术人才搭建了一个脱颖而出、走向国际的展示平台。艺术家及其作品得以在此与同行切磋,并通过交易会的专业平台进行推介,用市场化的方式进行检验、获取反馈,真正实现自我提升,为进一步谋求发展奠定了坚实的基础。

(二)优质艺术资源为人才打开全球视野

中国上海国际艺术节搭建与时俱进的展示平台,集中演出在全球范围内兼具艺术性、创新性、引领性的一流艺术作品,良好的氛围为青年艺术家的发展打造了优秀的环境。历届中国上海国际艺术节期间,共有来自60余个国家和地区及全国各省、市、自治区的艺术表演团体参与,演出剧目逾1 000台。在众多世界一流作品的引领下,"扶青计划"致力于引导青年艺术家们在创作中兼具澎湃的激情和新视野、新手法,做到贴近生活、务实创作,兼及市场与观众意见。2014年由云门舞集创办人林怀民指导的"扶青计划"委约作品、万玛尖措德舞蹈剧场作品《风之谷》将表演背景设置在人类文明衰败的虚拟时代,以诞生、发展、毁灭、再生为时间轴讲述生物灭绝后的世界。人类意识对"人工自然"的抗争本身就兼具当代性与未来性,且奇特的演员造型,诡异多变的音乐韵律和怪诞的肢体动作,充分体现出现代舞不断探索肢体的潜能和对舞蹈艺术表现形式的突破,具有明显的创新意识和较大的冲击力。在中国上海国际艺术节的平台上,各种艺术元素借助多样化的形式和载体得到了广泛的展示和深入的挖掘,更得到了不拘一格的创新和世界范围的推广,也不断推动着中国上海国际艺术节、推动"扶青计划"成为青年艺术人才汇聚的高地、创新的乐土。

(三)多元合作为人才拓展长远发展

长久以来,"扶青计划"鼓励通过与国内外多元主体(艺术家、剧院、院团、艺术节、演出商等）的合作，对优秀青年艺术家、原创艺术作品进行共同培育、孵化和提升。2013 年，京剧世家裘派第 4 代传人裘继戎与陈氏太极拳第 19 代传人潘沁，大胆进行新派艺术创作与碰撞，携手带来了全新概念的京剧街舞剧场《融》。作品由细腻的京剧勾脸生发开去，从花脸的笔走龙蛇到内心的潮起潮落，演唱声中感叹着生命的起起伏伏、悲欢离合；与"气"融合的舞者，追求用身体的语言表现大自然中的一切奥秘，由此来解答生命的起源。2014 年，"扶青计划"为吴承昊联系了内蒙古安达乐队，创作交响乐协奏曲《最后的草原》。作品以"过去"、"现在"和"未来"构成清晰的发展线索，为情感的融入展开了充分的空间。"过去"回顾了蒙古族人民悠然自得的游牧生活方式，一种建立在人与动物和谐共处之上的文化；"现在"则直面不断被逼退的草原，缺乏节制的采矿、农业和城镇化直接导致了生态的不断恶化；接着是令人捉摸不定的"未来"，它也许是一个反乌托邦的没有"安达"的世界，但也可能是草原的重生。作品中马头琴、口弦以及潮尔、长调、呼麦等蒙古族音乐素材的运用，令作品洋溢着生动的草原气息。2015 年，80 后钢琴家宋思衡和电子音乐制作人B6，联合制作新古典电子乐《日与夜》，以肖邦的《二十四首前奏曲》为蓝本，配合古典原声钢琴的现场演奏以及前卫现场视频与多媒体装置的交互表演，营造出带有强烈未来感但亦具有古典音乐丰富表现性的现场格调。这些凭借多元合作碰撞出的艺术火花，为每一部作品都增添了多样的艺术表现形式和丰富的人文情感深度，更为每一位青年艺术家拓展出了更多的创作潜能。多元化的艺术作品呈现为"扶青计划"的显著特征，而"扶青"艺术家的开放性、合作性也在此过程中得到了历练。

五、"扶青计划"未来的做法与展望

（一）进一步加大力度

"扶持青年艺术家计划"的发展离不开文化部，上海市委宣传部、文广局的领导和指导。六年来，在国家艺术基金、上海市文化发展基金等文化艺术基金和社会各方的大力支持和关心下，"扶青计划"已日渐形成较为稳定和完善的资金保障机制。以创新为生命的"扶青计划"对艺术作品创意的提升、剧目演出质量的升级和品牌自身的推广均提出了新的要求。尤其在文化"走出去"的大格局下，原创艺术作品更需要精心创意和精细打磨。以与市场发展相适应的节奏不断注入基金，保障"扶青计划"的有序发展，是今后若干年中的基础性课题。同时，如何通过进一步提升市场化运作水平，实现各个项目和整体品牌的"自我造血"，也是亟待解决的问题。

除了资金之外，稳中有进的人力资源建设也是"扶青计划"的工作方向。不断充实评审委员会和艺术委员会的队伍，进一步提升顾问团队的容量和质量，引导更多艺术大家为青年艺术人才的成长成才服务，是形成"扶青"艺术家成长阶梯、良性循环的有效途径。此外，每年"扶青计划"及"青创周"期间，艺术家与观众参与人数众多，各类艺术作品聚集，呈现形式多样、需求资源多元。"扶青计划"要进一步加大人力资源的投入以保障，以确保各项活动安全、有序的进行，同时要提升活动体验，使艺术家群体、观众群体都对品牌建立依存性和粘性。同时，也要考虑在非艺术节期间适度投入志愿者资源，一方面为作品编排期提供有效支持，另一方面也可通过志愿者的群体，拉近艺术创作与观众的距离，进一步培养未来的观众。

"扶青计划"作为帮助青年艺术家蜕变与成长的平台，也将进一步挖掘各类有效宣传资源，深度展现、回顾"扶青计划"的现有成果，充分展现"扶青计划"通过有效机制，扶植中国表演艺术新力量的品牌形象。通过传统媒体和新媒体结合的方式，结合视频推送、人群分类推广、即时互动交流等宣传工具，做好"扶青计划"暨"青创周"的活动宣传、反馈收集。通过纪录片放映会、艺术家分享会等活动载体，以线下方式同时推进品牌形象的建立，尤其在青年群体中，不断加强品牌的号召力和影响力；也要在专业领域进一步拓展"扶青计划"的朋友圈和交际面，通过与国内外各知名艺术节、艺术机构的机制性合作，积极参与国际演艺市场的展示和推介，为青年艺术家和原创作品提供更多关注和认可。通过"扶一把、拉一把、推一把"的措施，"扶青计划"将进一步积极地推进青年艺术家的扶持与培养。

（二）进一步创新形式

第十九届中国上海国际艺术节艺术教育版块首创"学生观剧团"，遴选和招募大学生、高中生全程参与艺术节各项活动，形成了一支特有的文化艺术评论力量，建构了艺术节与观众之间的沟通桥梁。这一活动载体的出现，将与"扶青计划"做更为有效的对接和融合，通过"学生观剧团"这一渠道，让"扶青计划"的作品进一步深入到学生群体中去，鼓励学生通过自身视角对艺术作品进行探讨，提供多样的反馈、评价和建议，成为"扶青"艺术家的养料；同时，通过"扶青"艺术家与青年学生观众的互动，促进形成艺术家逐渐形成较为稳定的艺术风格。通过加强"扶青"艺术家对青年学生观众的引导和影响，培育相对稳固的观众群体、"粉丝经济"，形成客观的艺术圈层。

（三）进一步拓宽广度

《文化部"一带一路"文化发展行动计划（2016—2020）》指出，支持与"一带一路"沿线国家和地区文化机构在戏剧、音乐、舞蹈、美术等领域开展联合创作，在国内"一带一路"沿线区域实施"中华优秀传统艺术传承发展计划"，通过国家艺术基金对"一带一路"主题艺术创作优秀项目予以支持。国家"一带一路"发展的规划，鼓励我们通过与国际同行的广泛专业合作，集结世界各种文化艺术资源的特点和优势，借助双边或多边合作平台建设，完善国际人文交流合作机制，使欧美日艺术市场主流的艺术家和机构、专业平台等，成为传播中国文化的共同合作方。

"扶青计划"要充分把握好这一思路的关键点，通过中外联合作品委约，艺术人才联合培养，优秀艺术作品巡回演出等做法，让中国作品、中国故事，通过青年艺术人才的流动和发展走入国际艺术殿堂，并形成长效的支撑与保障。在"文教集合"的大框架下，"扶青计划"将充分发挥委约和邀约的两大活动平台的作用，成为"一带一路"青年艺术人才的龙头、聚集地和训练营，为丝路主题艺术创作储备人才资源，为中国乃至全球青年艺术发展贡献力量。

作为中国上海国际艺术节保持自我革新、不断追求卓越和进步的产物，

"扶青计划"在过去几年的发展中通过摸索和实践已经渐渐形成了鲜明而独特的风格、开辟了自身的发展路径。在今后的时间里,它必将为上海建设卓越城市、建成国际文化大都市提供助力,成为上海打造国际影响力的文化创意产业中心贡献澎湃的能量。它将用年轻一代特有的创意和热情,激活城市的文化细胞、提振城市的文化产业、培育城市的文化风尚,为新时代社会主义文化建设贡献应有的力量。

6

发挥文化产业社会组织的积极作用

——以上海华夏文化创意研究中心为重点的分析

苏秉公　顾方舟　陈清荷[*]

内容提要　随着市场经济的不断发展,民间组织越来越成为文化产业生态的
重要组成部分。作为民间组织的大脑,社会智库十分具有营运价
值,但是就目前情况来看,社会智库特别是公益性社会智库没有发
挥出其应有的能力。本文以上海华夏文化创意研究中心为重点案
例,深入分析文化产业智库和社会组织对文化产业起到的作用,并
根据文化产业社会智库的现存情况,探讨其未来的发展方向,以期
整个产业生态更加有机和谐,整体运作发挥更大的潜能。

关 键 词　产业生态　社会组织　多样化作用

一、社会组织:产业生态的必要环节

　　"十三五"规划开局以来,上海文化产业发展持续向好,继续稳步前进,不
仅在规模上,而且在产业结构方面也有积极的提升。2015 年上海市文化产业
实现增加值 1 632.68 亿元,占本市 GDP 的约 6.5%,同比增长 8.1%,增长幅度
为近三年来最为显著的一年。[①] 预计 2016 年和 2017 年将继续保持增长。文

---

　　*　苏秉公,上海华夏文化创意研究中心理事长,从事城市更新与文化创意研究。顾方舟,上海社
会科学院文化产业研究中心助理。陈清荷,上海社会科学院文化产业研究中心助理。
　　①　荣跃明主编、花建执行主编:《上海文化产业发展报告 2017》,上海社会科学院出版社 2017 年
3 月版,第 6 页。

化产业已经成为了上海市一支发展动力强劲、实现经济与社会效益双赢的支柱性产业。作为软实力的城市文化，是支撑"创新驱动，转型发展"的基础之一，而文化创意产业又是这个基础中资源配置的关键所在。

上海市坚持宏观调控与市场运作相结合的方针，积极落实《中共中央关于制定国民经济和社会发展第十三个五年规划的建议》，坚持"两手抓、两手都要硬"，繁荣和发展社会主义先进文化。在日新月异发展的高科技信息化背景下，不断探索新的方法传播先进文化。为了深化落实《国务院有关推进文化创意和设计服务与相关产业融合发展的若干意见》，上海市在联合国创意城市的基础上，依托雄厚的经济科技基础，努力建设完善创新文化产业生态系统。

作为一种生态系统，文化产业需要有不同形态的文化企业和组织有机结合在一起，它包括政府、企业、社会组织等多样化的环节，做到相互配合、协同推进、创新发展，以达到"1+1>2"的局面，不能厚此薄彼，生态恶化。

在市场经济大背景下的文化产业生态中，企业是主体，是市场良好运行的重要关键。企业整合各种资源，优化包括文本、人才在内的各种配置，通过产业化的运作，扩大生产和再生产，最终通过资源的分配服务社会，并利用产业扩大文化内涵，提升文化价值的影响力。在这个生态中，政府的作用则是营造良好的市场氛围，制定宏观规划和纠偏市场的政策，维护好管理好市场秩序。与企业和政府比较专注的功能相比，社会组织的作用比较多元，通过非盈利形态做好与市场中各方面有关的协调服务，为政府和企业出谋划策，使企业能更好地把握文化发展的潮流，使政府能更好地了解市场需要和目前状况，使上下沟通更为顺畅，成为一座桥梁。这三者的功能并不一样，不是替代品而是互补品，不能只是把它们机械地统一起来，而要有机组合。实际上，越是发达的国家，它的生态越是有机，结构越是多样。但目前中国的文化产业的研究往往来自有政府或大学背景的研究机构，这在一定程度上导致研究不客观、不接地气，影响了生态的平衡发展。实际上对于很多的文化企业特别是小微企业在探索市场、扩大规模时，社会智库往往具有更大的作用，但我们知之甚少。因此本文特别关注社会组织特别是社会智库，了解其对文化产业的推进所起到的作用，探讨如何能使社会智库发展得更好，有效地成为架起政府规划与企业发展的桥梁。

上海华夏文化创意研究中心（以下简称上海华夏）是众多社会组织中十分突出的一个亮点，作为社会智库，对于上海市的文化产业发展，特别是小微文化企业的转型发展以及市场拓延起到了十分重要的作用，并且在上海市文化产业园区的规划方面也起到了十分重要的咨询作用。上海华夏的许多研究和探索已经落地，在社会效益和经济效益上取得了双方面的成功，甚至在国际上也产生了巨大的影响力。

上海华夏文化创意研究中心创立于 2008 年，是依法成立的、从事文化创意和城市创新研究的民办非营利机构，拥有一支由政治思想坚定、专业分布合理、热爱文化、乐于创新的业余研究员组成的队伍。原是卢湾区以苏秉公为代表的一些退休老干部组成的业余反哺社会的志愿服务机构，从一开始的讨论城市如何复兴的理论研究到切身投入城市园区的规划中再到组织企业联合会，让旧区焕发新的生机，让企业转型升级，让小微企业成长起来，他们创立这个机构已经有 10 多年的历史了。目前上海华夏从事的工作主要集中于旧城改造和文化产业园区规划，对新时期顺应新形势改造城市、振兴老区提供了富有远见卓识的建议。它提出了"留、改、拆"的新思想，与政府的"拆、改、留"旧思想形成了鲜明对比，是上海华夏城市规划及文化产业发展研究建立起来的主心骨。实际上美国世界未来学会上世纪末就曾预言：21 世纪是再生的世纪，如果再往前延伸这一思想，19 世纪马克思就提出了"扬弃"的观点。这一思想在业已出版的多部有关旧城改造的专著中得到了重要的体现，代表作《城市的复活》一书引起了广泛的关注，被认为是中国城市规划领域一本杰出的论著集，集合了来自上海社会科学院、交大、同济、名古屋大学等海内外大量学者有关讨论上海城市发展的理论精华，由点及面地阐述了城市更新中文化传承的重要性及成功案例，对上海新一轮发展有一定的参考价值。上海华夏文化创意研究中心在城市规划领域的重要成果主要集中于文化园区的建设，通过建言献策直接建设成的有"田子坊"、"八号桥"、"音乐谷"等大量精品成就。其中田子坊在海外被誉为来上海第一应参观的景区。在城市规划与图书编撰中，上海华夏坚持非营利，完全不从开发中获利。在这样的理想抱负中获得如此的成就,实属不易。同时上海华夏带来的这些成功的案例给我们一个启示:城市老街区的复兴不仅是通过对旧民居和旧厂房创意式的翻新、对河道及驳岸的重新整治、对街区环境的精心维护和修复,而且应当需要确立自身的文化自信,尊重每一地区的历史文化和老居民的感情,留住他们的乡愁,让市民百姓成为街区再生和特色文化建设的活跃力量。

二、深入研究:更新观念以引领潮流

上海华夏文化创意研究中心的研究注重理论与实践相结合,不仅提出了像"留、改、拆"这样具有前瞻性的思想,而且还深入实践,取得了大量卓有成效的收获,并总结相应的经验。跨越了宏观微观和中观,《认识田子坊》是一本不得不提的著作。这本书是上海华夏在实践积累的基础上,提供大量翔实资料后,延请中国社会科学院朱林荣教授编著。该书结合新时期城市发展面临的诸多困难和问题以及金融危机后全球经济发展的困境,以宏观与微观相结合的视角,从历史沿革和地理区位出发,开门见山地指出了田子坊及其改造腾笼换鸟发展街巷经济的成功之处,并以田子坊案例为话题契机,以可持续发展及历史传承为前提,探讨了资源与财富的关系、财富与幸福的关系。朱林荣教授指出,应该建立低成本、高产出模式,而不是劳动密集型,并坚持融合发展,只有这样才能适应新时期的发展,加快产业升级调整,促进产业链的提升,提高居民的满意程度。同时可以加强基层组织自治,发挥协会的功能,创新的组织管理与公共服务的支持以及法律法规的后盾,使文化园区和城市改造区获得不可或缺的保障。

在建构宏观的规划研究之外,华夏还在细节上有区域针对性的做了中观和微观的研究,并写出了以《新天地》和《柔美的细节》为代表的成果。《新天地》主要细致地介绍了从广场到咖啡座再到老石库门建筑,从餐饮到文创产品消费再到娱乐新天地带来的变化和机遇,时刻体现着历史的延续与传承。从新天地中总结出一条成功之道:成功在于文化,在文化的基础上创意规划,积极吸收中外设计专家的建议。新天地改变了传统的购物中心顾客有目的性的消费理念,引导顾客逛街,边走边欣赏。与其说新天地是购物街,不如说新天地是艺术区。新天地的成功在于文化,而文化来源于历史,捍卫历史的原真性至关重要。在老旧房屋的改造过程中,谨慎考证,保护老旧结构,保证"整旧如新",注重细节,并着重关注普通市民的感受和日常生活,以口碑做出宣传。《柔美的细节》则是一本十分生活化的书,如同旅游导览册一样介绍了原卢湾区的历史风貌与知名景点,从古迹到餐桌,给游客以清晰的讲解,同时又不同于旅游导览册,更衬托着原卢湾区居民对自己生活的地方的热爱,用真挚的情感打动读者,吸引读者去原卢湾区转一转。

三、推进项目：集聚资源以推动发展

实践是认识的来源,实践指导认识,推动认识向前发展。大量的理论成果离不开实践研究和切实的工作,上海华夏文化创意研究中心自然也不例外。上海华夏在城市规划改造上成果斐然,知名的田子坊、音乐谷均出自该中心的指导和建议。

田子坊的改造起始于 1998 年,在 2005 年成为上海市第一批挂牌的文化创意产业集聚区,最初范围是始建于 1930 年的志成坊。田子坊得名于中国古代画家田子方姓名的谐音,由上海华夏文化创意研究中心提议命名,名字即暗示着文化创意产业是该区域的主打产业和发展目标。这一地区及周围曾有许多民国时期的文化名人如沈从文、徐志摩等生活过,位于原法租界边缘,这也为形成中西文化交汇的文化创意产业集聚区提供了有利条件。1949 年以后,这一带分布了不少里弄工厂,包括钟表厂、机械厂等。改革开放后,随着市场经济的不断发展,难以适应产业结构调整和城市区域功能转型,厂房随着里弄工厂的停产也闲置下来。此后,看中了曾经的文化氛围和合适的发展空间,在上海华夏文化创意产业研究中心的建议下,卢湾区政府决定,将这一带的旧厂房、旧仓库等逐步转让置换,使之成为国内外艺术家的工作场所,后来随着文化创意产业逐步发展,不仅仅是艺术领域,也出现了不少与文化艺术息息相关的商店以及服务业,大量具有浓厚艺术氛围的咖啡店、酒吧也藏身其间,产生了经济学中的集聚效应,田子坊由此成为上海新的标志性地域。截至 2009 年 7 月,近两万平方米的田子坊内,集聚了大量各类的艺术工作室以及画廊和设计咨询公司等。自从田子坊的名望越发响亮之后,许多艺术家都愿意进驻,很多本来只是无名小卒,因为曾在这一带工作过,没几年就名气大涨,田子坊逐渐由产业聚集区变成了产业孵化器。

在上海华夏文化创意研究中心的推动下,田子坊在发展产业的同时还改善了居民的生活条件。原本狭小的街巷,一家多人共同住在一起,生活条件艰苦,政府通过将居住用房转变成综合用房后,居民则可以利用市中心高昂的租金,将房产租给需要在田子坊发展商业的个人或团体,改善自己的生活,而原住民则可以在附近租住现代化的小区,余额也可以补贴家用。这也符合了中央城市工作会议指出"做好城市工作,要顺应城市工作新形势、改革发展新要求、人民群众新期待,坚持以人民为中心的发展思想,坚持人民城市为人民。这是我们做好城市工作的出发点和落脚点"的发展思想。① 当然,这一切的根本都是为了发展文化创意产业,因此政府要求该地只能用于文化产业相关领域的个人或团体入驻,不能开设与文化产业及相关周边服务业无关的特别是降低档次的商业进驻。这在一定程度上保证了原生态的历史文化的传承,并推动了产业结构升级和价值链的提升。同时,文化创意产业与生俱来的文化色彩和艺术性,也通过外部效应,提升了整个社区的文化程度,本来的工人阶级居住区的相对低的文化素养氛围也得到了提升。另外,不搞房地产产业的前瞻性视野,也为改变房地产在 GDP 占大比重的现象提供了宝贵经验,把以往靠房地产一次收入为长期收入,让公共服务的花费由房地产开发商支出,变为政府承担,使得地区发展更加地纯粹。

上海华夏文化创意研究中心另一项突出的规划成果是上海音乐谷。音乐谷位于上海虹口区南部,街区内水系纵横,保留多座百年历史的桥梁,是目前上海唯一保有完整水系格局的历史文化风貌区。这里原先是大型工厂的聚集

---

① 新华社:《中央城市工作会议在北京举行》,载新华网 http://news.xinhuanet.com/politics/2015-12/22/c_1117545528.htm,2015 年 12 月 22 日。

区,如英国人1933年建造的现代化屠宰场,园区至今还留存了大量独具特色的石库门建筑群。该园区最早从事文化产业生产的是上海市音像出版公司,该公司于2009年申请成为国家音乐产业基地。通过整治河道、修筑步道民居装饰、恢复石子路等一系列手段,这里被改造成了另一处独具特色的文化产业集聚区,成为上海城市演变过程中极具代表性的文化地标。然而进行装修只是一个方面,它也并不意味着只是简单地保存地域性的历史和文化就可以了,为了对城市更新和再生过程中新集聚的人群产生持久的吸引力,在地域固有的历史与文化基础上引入新的要素是非常必要的。如果能够创造出新的魅力点,城市再生成功的可能性便会大大提高。这就需要在文化传承中进行社会的重构,实际上每个时代对于上一个时代都是新的,因此新元素只要搭配合理与历史遗存并不会有冲突,反而相得益彰。音乐谷把商业、办公、居住和休闲娱乐混合布置,避免了传统园区功能的单一化和简单化,提高了街区的混合程度,给街区带来更多的活力,形成创意园区、居民社区和商业街区的完美融合。① 而不同模块中的文化创意产业,又形成了不同形式和内容,并以包括空间载体、环境生态、服务管理、人文资源等在内的相似的外部条件作支撑。在上海华夏的提议下,音乐谷比田子坊更进一步,成立了区营的管理公司,在音乐谷形成了统一的管理,避免了田子坊发展到一定阶段后发展没有导向的局面,综合治理,坚持发展文化创意产业和相关服务业。音乐谷最大的规划特点在于混合性,土地利用混合、布局混合、业态混合,不同文化产业领域的企业聚集在一起,不仅出现在同一地块,甚至同一栋建筑内,在把控主流产业的同时,尊重本地居民的需要,并没有完全消去周围的市井生活产业,保留了周边原有的一些市民生活所需的商店,如五金店、殡葬店,这样通过深入挖掘街区各阶层市民在不同历史时期的生活细节,营造一个展现上海历史文化的生态区域,并以此留住市民的乡愁,反而增强了生活化的气息和原有的社区文化,很大程度上避免沦为纯商业化的文化旅游景区,保留了原有市民社会中积极方面的精神状态、生活形态以及特有的城市建筑、市容市貌,对加强文化街区建设也

① 蔡新华、刘静、梁承宇:《上海污染地块变身音乐谷》,《中国环境报》,2017年6月7日。

具有重要的意义,而且从产业的角度考虑,单个厂房园区建设与一个街区整体更新的联动,更有利于城市更新中文化的发掘与传承,对单个园区会带来更多的人气,更容易形成产业的融合。并且音乐谷的利用是高效的,它把居民不仅仅定位为原住民,还把入住的商家和在这里工作的形形色色的人也归纳其间,这样它的早晚都得到了充分的利用,白天安逸的工作环境到了晚上除了餐饮还会举办不同形式的艺术活动,如音乐会、话剧,满足了不同需要的市民的游览和使用。而且音乐谷的落脚点在音乐上,它大力提倡发展与时俱进的音乐产业,AKB48 的中国分团 SNH48 就落脚于上海音乐谷,为音乐产业带来了极大的生机和活力。音乐谷在"大众创业,万众创新"先于政府而行,很多年前就鼓励年轻人在此创业,如早些年的"半城书屋"、"老友记酒吧",如今都成为了十分热门的消费点。2015 年底中央城市工作会议指出:要"保护历史文化风貌。有序实施城市修补和有机更新,解决老城区环境品质下降、空间秩序混乱、历史文化遗产损毁等问题,促进建筑物、街道立面、天际线、色彩和环境更加协调、优美。通过维护加固老建筑、改造利用旧厂房、完善基础设施等措施,恢复老城区功能和活力。加强文化遗产保护传承和合理利用,保护古遗址、古建筑、近现代历史建筑,更好地延续历史文脉,展现城市风貌"。[①] 可以说上海华夏已经先行于中央思想多年,这以当时的眼光看来确实是极具前瞻性的,文脉的传承及发掘正体现了中央的精神,也进一步提升了文化软实力。

四、多样成果:服务基层而注重实效

上海华夏文化创意研究中心作为社会智库,对于上述多项项目的推动功不可没,注重实效,坚持从实践中来到实践中去。同时坚持公益性,在很多项目上,政府都曾有意让上海华夏建立公司,主导某些文化产业园区的经营管理工作,但上海华夏坚持本职,只提供建议,不参与盈利,反而支持一些企业建立

---

① 新华社:《中共中央国务院关于进一步加强城市规划建设管理工作的若干意见》,载新华网 http://news.xinhuanet.com/politics/2016-02/21/c_1118109546.htm,2016 年 02 月 21 日。

联合会自主经营管理,获得了良好的经济和社会效益,比较有代表性的是由上海华夏提议组建的黄浦区文化创意产业联合会。

该协会以中小企业为主,也包括一些初创企业。缘起是八项规定出台后,一些原来做政府生意的企业失去了市场,不再能从事纪念品等生产,一定时期出现了经营困难。上海华夏意识到,这样对文化产业的长期发展是有害的,因此鼓励企业从事文化产业市场的其他方面的生意,认为不论市场在哪里,作为企业应该在商言商,要眼界开阔,不能仅仅盯着单一市场,要学会灵活思考,并鼓励企业互帮互助,由此黄浦区文化创意产业联合会应运而生。企业们原有意让上海华夏文化创意研究中心长期担任理事长和法人代表,但是华夏认为,这样并不利于企业的长期发展,只有长期从事生产实践的企业,才能真正知晓市场,而且非营利机构并不适合长期组织盈利活动。因此,通过协商,前两年在启动阶段,由上海华夏主持运营,而两年后该中心完全脱离联合会管理层。在上海华夏执掌阶段,联合会与上海社会科学院品牌发展中心签订了合作协议,为联合会的部分企业开展了品牌沙龙活动,推进中小文创企业的品牌建设。同时,不仅上海华夏对联合会的组建进行了初期的赞助,还通过邀请部分政府部门的资金管理部门负责人对企业进行培训、指导,在一些项目上帮助企业争取政府资金的支助。目前,联合会运行平稳,并为大量的初创企业提供了商机,也让很多陷入困境的文化企业找到了新的发展方向,许多知名的文化创意企业如丝巾品牌"妩"等也自愿加入文创联,使自身有更广阔的发展空间。文创联不仅注重经济效益,而且坚持两手抓,始终强调社会效益的重要性,积极开办内容丰富的文化节,如著名的福州路文化节,介绍传统文化、海派文化,以及扶持从事非物质文化遗产保护、运作、传承的公司,如"代代传承"公司。在文创联的推动下,上海市的有型文化遗产和非物质文化遗产的生存空间扩大,知名度也越来越高,逐渐焕发出新的生机与活力,为上海文化产业的再生产奠定了基础。

在组织企业建立文创联的同时,上海华夏文化创意研究中心还紧跟社会需要,承办论坛。其中比较有影响力的是由上海市政协和科协主办的"智慧城市论坛",到2017年已经有10年历史。论坛汇聚了海内外相关领域的知名专家和政府工作人员,每年都围绕一个时下热门的领域,组织大家交流探讨、互相学习,如城市改造、物联网、视听文化创新等。论坛既有高度,也有深度,引起思考,产生了良好的社会反响。

此外,上海华夏坚持弘扬优秀传统文化,在保护海派文化方面具有领头人的作用,它从哲学、契约精神、文艺、生活方式等方面对海派文化做出阐释,并认为要将海派思想贯穿到日常的行为中。海派文化不是地方保护主义而是全国性的,是日常生活实践和中西文化交流产生的智慧。上海华夏正在编撰名为《海派文化研究》的图书,准备在近期出版发行。

五、发 展 瓶 颈

在市场经济中,社会智库的形态如整个文化产业生态一样,也是多种多样的。以阿里研究院、腾讯研究院等为代表依托于大型企业的智库以及以野村(中国)为代表的营利性社会智库是其中的主流形态,而以上海华夏文化创意研究中心为代表的公益性智库的比重相对较低。也因此,在资金和人才方面上海华夏并不占优势,但其始终坚持公益性,因为他们认为金钱导向可能会造成社会公益关注的下降,并会陷入研究不自由的困境。坚持不盈利固然有助于保持独立性,但如果可以更好地扩大资金收入,或许能够得到更好的发展,对此可以参考国外的发展经验。

本文主要以日本为参考对象,因为日本的智库特别是社会智库的发展起步也比较晚,是顺应经济的发展和腾飞的需要而萌芽的,直到 20 世纪 70 年代以后才出现了一些比较有影响力的商业性社会智库,而像东京财团这样的有代表性影响力的公益性社会智库,到了 1997 年才建成。中国经济虽然起步较晚,但是发展过程却与日本有相似性,由是中国民间社会公益智库与日本同行的建设和运营进行比较是有意义的。

日本的公益性社会智库,虽然是公益性的,却并非不盈利,这看起来似乎有矛盾,但实际上是一个非常好的营运方式,且更有能力保证智库的独立性。以东京财团为例,它的建立收到了来自笹川和平财团、日本财团等多个国家或地方组织的资金大量捐助,因为日本社会当时迫切需要在外交领域听到民间的声音,而这是政府智库难以做到的。东京财团将获捐资金转变成基金进行运营,基金产生的利润足够满足日常的需要,这也保证了在建立之后财务上可以不受制于外界。东京财团可以自由选择研究方向,不受政府指挥,同时作为公益性社团法人,根据日本法规不用纳税;并且上市公司出于对于社会责任报告的需要,它可以向东京财团进行不对其研究产生影响的捐款以换社会责任报告的认证。东京财团不为外务省服务,弥补了政府智库的空白,得出与官方不同却十分有建设性的意见,希望产生的是比金钱利润更有价值的创意思想。由此可以看出,在优渥的营运环境下的公益性更适合让研究人员进行既有学术价值又有政策价值的研究。

回过头来看上海华夏文化创意研究中心,当务之急是破除公益就是不盈利的误区,只要盈利并不是用于股东分红就是完全合法合规的,并且对发展更为有利。虽然上海华夏作为文化产业领域比较具有影响力的社会智库,但收入主要来自申请基金项目所获得的政府拨款和企业微薄的赞助。参考日本经验,通过拓展经费来源、增加收入类型,打破经费来源对智库发展规模和研究项目的制约,以多元的经费来源渠道避免对单一经费的依赖。[1] 另外上海华夏依然可以以自己富有成效和影响力的研究成果向社会募集捐款作为进行运营的基金,并有权利通过公开研究成果在获得实际效益后得到相关受益方的补助。

充裕的资金也会在一定程度上解决人才不足的问题,让研究人员可以安心工作。上海华夏可以学习日本,发挥旋转门效应,吸引更多的年轻人才加入。目前上海华夏是一扇单向的旋转门,只有退休老干部加入,没有研究人员重返政府部门,这样在一定程度上,可能会阻碍政府与智库之间的沟通协商,同时很多青年人虽然有才能但是囿于只是社会智库,只能选择直接进入政府机构。但成为双向的旋转门后,相关人才可以有机会在做出贡献后,有机会被政府所认可进入政府部门工作,而政府中的年轻人如果善于发挥自身才能但又感到被机制所限制,同样也可以成为研究人员。这正如孔子所说的"学而优则仕,仕而优则学"。

---

① 胡薇:《日本智库的发展现状及启示》,光明日报,2016 年 11 月 16 日。

六、发展方向与期望

上海华夏文化创意研究中心,立足基层,服务当下,支持政府的宏观规划,减轻政府工作负担,不寻求做宏观的大项目;从实际出发,因地制宜,例行节约,不搞没有实质内容的研讨会;潜心钻研具有实际效益的基层项目,专注长尾的利基市场,完成了虽是社区级但产生巨大效益的田子坊、音乐谷项目;其曾带头组建的协会也成为了上海市文化产业不可或缺的纽带机构,促进文化产业的良性发展,为文化产业领域的社会智库树立了榜样。

虽然有总体发展趋势良好以及上海华夏等智库产生的示范作用,但文化产业社会智库也有许多值得提高的地方,虽然这些不足可能不会立即显现,但从长期角度,可能会降低运转效率。目前中国很多社会智库,不同程度地存在着管理混乱、内部缺乏统一管理,结构松散的情况,并因为缺乏管理约束造成部分人士有机可乘,为私利打着智库的旗号,拉虎皮当大旗,"忽悠"群众甚至政府,为社会智库带来了公信力危机。并且因为政府背景的研究机构实力雄厚,在多方面影响力巨大,更降低了社会智库的影响力,同时混淆了政府职能和民间组织的职能,不易查纳民间雅言,不能直接了解基层实践的需求。这些阴影都不利于社会智库的发展,并造成有意在社会智库工作的人才流失。

根据这种情况,文化产业社会智库很有必要建立起相对严明但氛围轻松且有利于机构运转的组织架构,明确区分行政人员和科研人员,建立起由科研人员主导的理事会,从理事会中选举产生理事长,在理事长的领导下由理事会主持日常工作,行政人员不得加入理事会或担任任何领导职务。在理事会的领导下,做到选题科学,严格验收。同时要由理事会成立评审委员会,实行合议制,规范学术,匿名评审。在对外发表智库的意见时要统一口径,专门安排有科研经验的行政人员负责传播工作。

为了有助于学术成果转化,可以在有条件的情况下,建立起由理事会任命的研究人员领导的、具有科研经验的行政人员参与的科研成果转化办公室,专门负责与企业和政府沟通,便于将成果又好又快地运用到实践中,并接受政府或企业建议，以期得到良好的反馈。

文化产业领域的社会智库在拥有广阔的眼界的同时，从理论基础到应用实践，要藉自身所长、聚焦思维；并且研究应怀有长远的计划，有做基础研究工作的心理准备。

对于民间机构的有序运作，政府有责无旁贷的管理义务，就如同上海华夏自己所表明的，没有政府的支持和采纳，规划和建议都是办不成的。文化产业领域应如此，社会智库不能乱插手，要接受政府的宏观领导，在坚持文化自信和社会主义先进文化的前进方向的大背景下，文化也必须牢固树立看齐意识，不能因为民主决策，就忽视了文化作为上层建筑对社会基础的干预，更不能突破法律底线。对于有害于公信力甚至"忽悠"公众和政府的，更应该加强监管，严厉打击欺上瞒下的行为。

与此同时，政府部门也有必要简政放权，促进文化产业社会智库的成长。政府适合作为社会智库提供的决策建议的最后裁定以及宏观调控机构，实现裁判员（政府部门）和教练员（文化产业社会智库）的分离，让社会智库一方面可以较自由地服务整个基层文化生产和消费的咨询规划工作，另一方面也可以更好地作为政府在基层的聆听者，有效率地把控社会。

综合全文，可以看出以上海华夏为代表的社会智库对于文化产业的不可或缺性，虽然尚处发展阶段有一定的局限性，但它可以提供民间智慧为全社会使用，集思广益，从群众中来到群众中去，在文化产业领域让政府和企业听到不同的声音。此外社会智库因为其自由的营运方式也有利于与社会组织沟通合作，更有助于决策的科学化、合理化和实际化。

上海华夏文化创意研究中心在推进上海创意产业发展，加速上海创新型城市建设方面起到了良好的社会作用。对这样一个标志性的社会智库的分析，是希望未来在文化产业领域可以涌现出更多的以研究为目的的社会公益性智库，产生出更多的社会价值，为文化产业的发展做出更大的贡献，促进产业结构生态的有机和谐，同时在与海内外更多类型的智库进行交流时，可以让中国的文化产业在保持中国特色时扩大视野与国际接轨。

7

上海推进大众文化创意"微创新"成果转化的实施路径与优化举措

宗利永*

摘　要　在"共享经济"蓬勃发展的环境下,文化产品的创造与消费、生产者与使用者、商业性与自组织性、专业化与业余性的界限在"微创新"模式下越来越呈现出模糊化态势。本研究依据上海促进大众参与的文化创意类"微创新"成果,围绕其呈现形式、转化特点、转化模式、现实需求和实现路径,以及成果转化所配套的商业软环境和优化模式开展研究,提出文创园区辐射周边居民社区、形成非中心化和非中介化价值链、培养文化创新产品的增量市场、建设 IP 资源经济平台等措施,促进大众文化创意"微创新"的成果转化。

关 键 词　微创新　成果转化　大众参与　社会化内容生产

近年来,在国家推动"互联网+"战略的强有力推动下,众包、众筹等日渐成熟的分享经济模式为企业的开放式创新提供了线上载体,引导大量个体用户参与到整个产业链的价值创造中。这种"大众驱动创新"的形式,充分发掘了大众的智慧与创意。产业界及学界已经注意到这些逐渐崛起的"微创新"力

* 宗利永,副教授。上海出版印刷高等专科学校文化管理系副主任,上海理工大学出版印刷与艺术设计学院硕士生导师。本文为教育部人文社会科学研究青年基金项目"创意产业众包社区智力资源的配置效率测度及优化对策研究"(16YJCZH165)以及上海市教委科研创新项目:"文化创意产业社会化商业模式运行机制研究"(项目编号:15ZS093)阶段性成果。

量,这些力量正逐渐成为上海文化创意产业的"新源头"。

文化"微创新"指大众在日常生活及工作中取得的原创性实践型成果,包括设计、专利、产品等,为便于表述,统称为"文化创意类成果"。其中不少成果具有转化潜力、市场前景和商业价值(也指"产品化"、"商品化"或"产业化")。长期以来,因受各种条件的制约,"成果转化"被框定为专业科研机构经过研发获得的科技成果转化,其典型代表就是高新科技领域的专利发明。而许多来自非专业机构的有商业价值或文创产业应用价值的创意成果,在业内并未得到应有的重视,难以转变为现实生产力。如何合理利用来自大众的创意智力资源,将创意成果进行应用转化是一个值得行业管理者及商业机构认真思考的问题。

国家"十三五"规划建议提出"创新是引领发展的第一动力,支持基于互联网的各类创新,并大力拓展网络经济空间"。在国家进行大力扶持而"小微生产力"日益壮大的现实条件下,如何建立起自我组织及其成果转化机制、实现与企业规模化创新的无缝对接,这个问题关系到"微创新"能否落地形成现实生产力的关键。近年来,上海聚焦于国际文化大都市建设,呈现出以创新驱动、转型发展为导向,文化创新成果彰显,新兴业态涌现,发展环境改善,文化与科技呈现加速融合的新趋势。在建设"科创中心"的目标指引下,政府主管部门致力于推动大众参与文化"微创新",通过扶持机制来加快成果的转化运用,推动创意设计作品出现由纸头向案头、由虚拟到实体的转变,从而进一步增强文化产业领域的"双创"成效,提升地区文化软实力。由此,对大众参与创新的成果转化模式、实现路径及优化对策进行深入研究是有其现实意义的。

一、大众参与的文化"微创新"内容生产特色

文化"微创新"的内容生产以创意阶层为生产主体,以创意阶层理论为指导。佛罗里达(Florida)开创的创意阶层(Creative Class)理论,是对创新活动发生机制的深刻诠释。在知识经济时代中,创意阶层是继工业经济时代的劳工

阶级、商业经济时代的服务阶级之后,运用创意增加经济价值的知识群体和阶层。创意阶层主要分为超级创意核心(Super Creative Core)和创意专家(Creative Professionals)两个群体,前者由科学家与工程师、大学教授、艺术家、诗人、小说家、编辑、演员、智囊机构成员等组成,后者则涵盖高科技、法律、金融以及其他知识密集型行业的从业人员。如果说文化创意产业的最初发展阶段呈现出以产业经济为导向,以创意阶层为主体的特点,而今互联网应用高度的成熟,处于由科技革新和应用革新主导与支撑的全社会文化创新阶段,形成了以创意阶层为主流逐步过渡到普通大众的社会化创意内容生产。在此模式下,发展文化创意产业的"微生产力",推动文创成果转化,有助于激发文创产业的生产力。

(一)基于大众参与的文化创意"微创新"的特征

基于大众参与的文化创意"微创新",具有非常活跃和非中心化的特点,为新用户的参与创造打开了更多的可能性。而原先的创意阶层和新增用户即"微创造者",也成为了实现"微创新"的主体,其行为具有多样化、自主性、高活跃度、高参与度与忠诚度、依兴趣细化和集体智慧汇合等特点。正是这些创造者所引发的文化创意革新,扩大了创意力量的群体,改变了文化创意传播渠道。

1. 开放式、社会化的参与机制

创意来源于开放式的价值创造活动过程,参与主体更多的是依靠自己的兴趣爱好、先天禀赋来供给资源。不同于工业化时代的传统模式,社会化创意机制(或称市集式创意机制)具有开放性、参与性和协同性等属性,它能够大量消化外部资源,使其成为内部创意,最终直接面向"大众"来提供文化创意产品及服务。用户体验是微创新的着眼点,也正是开放式、社会化的参与机制才能使用户体验达到最佳。从细节需求入手,多角度、多方位地进行开发和服务,通过用户体验上的单点突破实现文化产业的爆发性增长。在不断更新换代的今天,文化产业消费者的需求逐步累进,开放式协作可以适应这种更迭的需求,将创意类产品或者服务持续改进和更新升级,"微创新"就是在此基础上得到不断完善和发展。

2. 市集式创意生成模式

随着认知盈余的不断增加以及社会化内容生产平台的不断成熟,大众参与的文化"微创新"开始出现了进入门槛低、以人际互动为导向的特点。创新创意的生成源自整个大众群体而非特定的专业化公司,创新创意成果呈现的时间空间非固定,用户可以以低成本参与内容创造和二次加工,其成果以消费者或使用者为导向。尽管大量来自大众的文化创意"微创新"成果未被知识产权化,但这并不妨碍它能够发挥每个参与者的创造能力,使其文化产品的功能也得以拓展。

3. "微创新"成果转化动机的多元性

传统的由专业机构主导的创意产品制造和服务供给,在互联网的冲击下正在悄然发生转变。成果转化的门槛降低,原本闲置的非专业智力资源被重新关注,例如众包模式中专业服务其实是由大量非专业的人士来提供的,众包平台将分散化的需求和集中化的供给连接起来,使需求者和供给者不再受时空的限制,正是这种供需分离的异步工作方式,使文化创意产品的供给和需求能够最大限度地实现匹配。对于新的供给者而言,大众创意阶层价值挖掘主要在于如何发挥"众"的能动性、创造性,即充分挖掘认知盈余的价值转化潜力。

4. 创新创意输出的原生性

虽然来源于大众的文化创意成果在逐年增加,但是很多成果还停留在创意的初级阶段,距离真正的商业化和产品化还有很长的路要走。尽管有的大众已经能够像设计师、艺术家一样创造属于自己的作品,但在现有集约化生产的行业规制下,各种文案、图形图像、视频、音频的创作者、持有者以及行业监管机构,对信息传播难以实行集中化控制,而来自于大众的原生创意无法直接转化为现实的商业应用,这就需要有专业化的筛选或合理的转化机制为其提供成果转化的"最后一公里"。

(二)大众参与的文化"微创新"成果转化特点

"微创新"成果转化的特征与其呈现形式相得益彰,即低成本小制作、好创意高创新、非专业个体性,正是大众参与"微创新"成果转化的主要特点,典型模式即是众包与众筹,其以松散的用户结构、分布式的运作机理为文创行业发掘了不少的创意设计与内容服务,也正因为这种非结构性,"微创新"的成果转化存在不稳定性和不确定性,惟有跟合理的成果转化模式相结合,大众创意才能激发最大潜力。

大众文化创意的"微创新"成果转化不再囿于行业和地区等,而是通过社会化参与、上下游贯通,实现垂直一体化的转化模式。"微创新"逐步实现范式化、正规化,其基础正是社交关系节点相互连接,用户自主生成内容,使得网络成本趋近于零。成果转化模式的创新是数字时代和物联网时代的产物,它改变了从理念、生产、流通、交易到使用的整个环节,重新塑造了一个全民皆可参与其中的文化产业。用户不仅仅是能够使用文创产品,而是已经可以制造和生产文创产品,受众不再只是接受信息,也可以做到传播创意,也就是说"微创新"的主导者属于创意阶层。在创意阶层理论的构建下,"微创新"成果转化具有了系统内部组织化、分布式参与、扁平化结构、文化多样性和兴趣驱动等诸多特点。

大众参与的文化创意"微创新"成果转化需要政策和技术支撑。在信息技术全面覆盖、PC 端和移动端普及率全面提升的时代,在政府、社会和市场的促进下,各大平台、基地、孵化站的合作,可以为全民参与"微创新"提供便捷渠道,扩大参与范围。有鉴于此,文创内容生产与草根活力结合,启发新想法、新创造,使大众本身成为文创产业密不可分的一环,形成了资源共享、创意共享的社区,"微创新"的成果在资源共享中得到转化和提升,因此共享和开放也是其重要特征。

二、基于大众参与的文化"微创新"成果转化模式

(一)"直接变现"的众创成果转化模式

设计师、工程师、工艺美术师和其他文创工作者,是"直接变现"之众创成果转化的主力军。手工艺品 C2C 电商平台 Etsy 以及亚马逊旗下的手工艺品

交易平台 Handmade，上线来自世界各地万余件非量产的纯手工制作工艺品。国内近年来也不断涌现各类手工艺设计制作平台，如哇噻网、稀货街等，在这些平台上集聚了一大批独立设计师、工艺美术师等。上海报业的"尤物"软件是中国最大的原创设计师平台，该平台致力于面向城市中产阶级，并将文创产品直接推送到高素质消费者眼前。除了这些互联网线上的成果转化平台外，线下也出现了很多优秀的成果转化平台。上海目前已经出现了多家创意市集的运营机构，如鹦鹉螺市集、奕菲市集等。这些线下市集集聚了大量的手工艺人、独立设计师和相关的文化创意产业人士。

在"直接变现"的众创成果转化模式中，设计者可以把自己的理念迅速转化为价值，与消费者直接对接，在产品的设计、修改甚至是制作过程中都保持一种面对面的互动，使创意设计产业形成一个新的良性自循环的模式，将设计者从传统的专业分工中解放出来，实现设计师的微创新输出和市场微观需求的无缝对接。这种新的产业盈利模式和新的思维方式是以设计师为中心，强调了创意设计的价值和地位。

（二）基于"二次开发"的存量成果转化模式

越来越多的专业文化创意生产商开始乐于让用户参与到内容设计的过程中来，包括给予用户权力直接参与文化产品创意协作、提供针对性改编、再设计活动的集中化支持系统或渠道，组织本品牌产品创意的竞赛等来培育与扩大创意用户基础，以保有产品的新鲜度与兴趣点。[①] 通过线上线下平台，打通"微创新"成果到产品到商品的产业链，实现创意设计价值的转化。基于"二次开发"的存量成果转化需要积累个性化数据，挖掘多样化的群体智慧，最终将来自大众的创意转化为产品的卖点。传统的文化产品是专业创作者通过商业经销商向观众的单向送达，现在用户的"微创新"产品可以通过社交图谱、兴趣图谱等社区平台迅速传播，甚至成为替代升级的新版本产品。

近年来，北上广等一线城市备受时尚及青年人群推崇的快闪店（Pop-up

---

① 范长征：《英美全民文化创意社会与大众"微创新"模式》，《甘肃社会科学》，2015 年第 6 期。

Store)多以艺术画廊形式展现商品,快闪店与购物中心的结合形成了一种新的运营方式,尤其是在同质化严重的购物中心,通过引入具有个性化、设计性、趣味性、话题性的快闪店,不断地迎合消费者新奇特的逛街需求。创意设计极具个性的快闪店也非常适合购物中心在自媒体时代作推广宣传。这些不断涌现出的新的设计需求需要大量职业或业余的创意者去完成,快闪店实质上就是一个大众基于"二次开发"的存量成果典型案例。

(三)"预售模式"的扁平化成果转化模式

"预售模式",即创意者在众筹平台或预售平台上发布产品创意接受大众预购,预购达到一定数量后即可批量生产,进入平台售卖。预售模式不仅包括实体文化创意产品的生产加工,还包括网络视频、网络文学、网络音频等数字内容产业。大众不再是单向的被动的信息接受者,自主式选择更符合当前文化创意产业的氛围,因此这种成果转化模式对促进我国文化创意产业发展的积极影响。游戏产业是最初开始使用这一模式的内容生产产业,经实践被广为认可后逐步推广到其他文化领域。

中国传媒大学文化经济研究所研究员金巍认为当前文化产业最主要的矛盾是日益增长的文化消费需要和文化生产力不足的矛盾,背后是急剧增长的文化产业资本需求和资本供给乏力之间的矛盾。文化产业融资仅仅依靠风投和私募成功率较低,若想推动文化创意产业升级和长足发展,"预售模式"或许是一个好的方式,该模式的成果转化可以将损失减小,成本降低,并将宣传和造势提前,更好地知悉市场动态。但也造成一个分化严重的后果,即预售失败项目与成功项目数量相差不大,比例较为平均,且容易引起项目跟风。

通过对上述三种文创产业成果转化模式的分析发现,协同创作、兴趣驱动、互惠互利是目前微创新成果供求双方参与成果转化的主要动力,这种互动模式所产生的产业价值和衍生效益是逐渐叠加的。基于此,文化创意产品及服务"微创新"成果转化模式等,体现了"共享经济"背景下文化创意产业的新业态,政府有关部门应该给予积极的扶持。

三、上海文化"微创新"成果转化的现实需求与路径分析

《上海市文化创意产业发展三年行动计划（2016—2018 年）》指出，要"鼓励微创新、草根创新、共享式创新，促进创新创意企业快速成长；支持科研院校师生创业，鼓励社群型文化创意小微团队发展"，显示出了上海市政府对"微创新"的重视与推动，也表现了上海地区文化"微创新"成果转化的现实需求。

（一）文化创意内容生产环节

文化创意内容生产环节是指创意生产者将抽象概念具象化，并含有既定目标的生产环节。该生产环节是文创产业价值链条上的关键枢纽，而此环节的本质是知识产权，知识产权的内涵和效益主要凸显在原创性和自主性上。除了智力付出，协同创作、共享资源等属性也推动了创意生产主体的逐步壮大。根据文创微创新理念，中国电信上海公司就曾在职工中开展过"微创新"活动，项目内容涵盖技术创新、产品创新、文化创新等七大类，将文化创意内容生产不再局限于研发部，集思广益，推动创新。

文化创意内容生产环节的参与主体依据长尾效应正不断壮大。根据中国互联网络信息中心（CNNIC）发布的第 39 次《中国互联网络发展状况统计报告》，截至 2016 年 12 月，我国网民规模达 7.31 亿，中国网民规模已经相当于欧洲人口总量，互联网普及率为 53.2%，庞大的网民规模不仅为"微创新"带来发起者也带来了消费者，产销的良性循环奠定了微创新的坚实基础，也会吸引越来越多的大众参与到"微创新"其中。可见，互联网普及率的不断提升为我国"微创新"提供了渠道保障。

（二）成果发现及筛选环节

有学者以众创创新的四种呈现形式——展示、出售、发起和获取为要素，总结众创为，在现代互联网背景下，一方面，热爱创新的大众（创新者）在由企

业搭建的或者自发形成的互联网平台上实施创新活动,通过互联网进行创新成果的展示或出售;另一方面,其他企业或个人(需求者)也可以通过互联网获取创新成果,并加以利用。[①] 驱使"微创新"成果呈现的主要动机来自于原生创新创意生产者的创新兴趣,但需求方对专业性的要求过高和对成果推广重视程度的欠缺,导致一部分的创新成果较难转为实践运用,这就会降低文创工作者的热情,难以很好发挥大众参与的积极性。

众创平台是成果发现和筛选的重要渠道,其形成的网络节点和社区辐射有利于在大众参与"微创新"时可以更方便快捷地获取有效信息。在互联网时代,信息容量大、交互性强、搜索成本低等优势使得众创平台成为"微创新"的基础支撑。平台的开放性、零成本、即时性在一定程度上克服了传统渠道中信息不对称、环境不透明、中介费用高等缺陷,既可以使生产者和消费者双方建立牢靠信任的平等关系,也可降低交易成本。众创平台与社交平台的联合是"微创新"项目迅速传播扩散的有利条件,由熟人网络逐步推广,项目成果可以更加有针对性的被目标群体发现,也减少了筛选过程中的时间耗费。

(三)成果交易及流通环节

随着创意产品的推广,消费者不断增长的创意需求将会激增,创意消费市场逐步形成,消费者则可以对创意产业价值链条产生明显的反馈作用。在互联网环境中,运用有效的营销模式和手段对微创新的成果市场效果进行合理预期,分散的海量创意与海量的小众需求可以实现低成本的无缝对接,通过大数据的应用,金融信用也随之形成。[②] 在投资界近年来追捧的 IP 产业领域中,越来越多的创意内容生产来源于非专业机构,IP 资源的衍生通过更有效的用户导向机制把文化创意产业推向全新的"微生产力"模式。这将为创意提供者、开发者、平台及下游配套团队提供更好的指导,延伸出更好的经济效益和

---

① 刘志迎、陈青祥、徐毅:《众创的概念模型及其理论解析》,《科学学与科学技术管理》,2015 年第 2 期。

② 魏鹏举:《基于"创意阶层"的小微文化创意行业发展与融资机制探讨》,《北京联合大学学报》(人文社会科学版),2015 年第 13 期。

社会效益。

（四）创意产品及服务的生产环节

创意产品及服务的生产环节主要指将创意形成具体的设计,并通过创意企业传统的生产流程,批量生产出富有创意的实物产品的环节。这一环节是将无形的创意转化为有形的产品的过程。上海师范大学创新夏令营开发了"丢失校园卡找寻"、"校园旅行团"等应用模型,用"微创新"的方式来制作"轻应用",通过鼓励学生将创意付诸实践,开发和生产创意服务,促进了校园文化"微创新"的发展。目前,创意设计类"微创新"成果多为无形智力产品,且群体本身具有"无组织、异质性"的特征,如果没有强有力的高效管理机制来予以保障,势必会给行业发展带来桎梏。"微创新"平台作为中介机构,其管理机制主要体现在规则自治和平衡三方主体的利益上。相较创意产品生产者和消费者,平台方在控制风险、维护知识产权、高效组织方面有更强的能力,这种能力是通过平台团队建设、合理制定规则、保持中立态度等途径实现的。

四、促进上海大众文化"微创新"成果转化的举措

在创意"微力量"不断涌现的今天,文创领域的创新创意成果转化模式随着技术变革持续演化,每个人都能通过互联网微创新成果的交易平台成为知识的发布者或拥有者。数字文化媒介平台让更多的社会群体成为文化产业链条中活跃的创造者。上海鼓励发展大众文化"微创新"成果转化,需要从文创园区定位、成果转化的价值链条、培养文化产品的增量市场、对原生"微创新"发现机制等方面进行进一步优化。

（一）推进文创园区辐射周边社区:从"氛围培育型"向"价值创造型"转变

上海在建设国际文化大都市的进程中,要注意打造吸引创意社群的文

化创意社区生态圈。它不应局限于专业化制作和商业化运作,而是要广泛吸引社会参与,搭建起以文创园区为核心的内容生产范式①。在"双创"的大背景下,上海不少文创产业集聚区组建了一系列服务平台,将产、学、研一体化。文创园区的服务者也不再局限于提供园区运营商,而形成了综合性服务的提供方。如环同济创意设计产业带,依托同济大学与杨浦设计协会等机构,定期举办特色沙龙、创业大赛、国际设计大师论坛等交流活动,既夯实文化设计产业基础,延伸产业链,拓宽业务渠道,又凝聚了"微创新"力量,形成集群效应。实践证明:分众化经营策略和个性化定制服务可以成为文创园区创收增效的新空间,让各类企业探索更适宜自身发展的经营模式,经过开放式平台的筛选与发现,细化用户特征,提供最优化的解决方案。

在"共享经济"的背景下,上海推动文化创意产业园区的升级,不仅是企业园区,而且是艺术家、设计师等创意工作者的展示舞台,更是带动周边居民加入文创产业的集聚中心。如杨浦区探索把科技创新的"草根平台"下放到基层的街道社区,由街道创办的创业孵化基地为辐射周边居民社区开启了良好范例;宝山区的中成智谷等也成为周边地区文创资源和人士的集聚中心。文创产业链包含了原生概念、内容设计、生产发行、推广宣传、用户反馈等环节,应该进一步凸显"微创新"的价值,吸引新用户的参加。适时的奖励可促使周边居民社区由"氛围培育型"向"价值创造型"转变。

(二)依托互联网开放模式:打造协同创新型的文创成果价值链

文化产业成果转化需要构建起具有自主性和自发性的创新模式来吸引大众参与,并辅以针对性指导和个性化服务。大众参与的过程就是去中心化的过程,利用网络的延展性和渗透性来推动更加多样化的价值链。非中心化和非中介化是用户导向型"微创新"驱动机制的主要特征,非中心化意味着高参与度、非中介化意味着高协同性,形成高参与度和高协同性的文创社区是提高

---

① 范长征:《英美全民文化创意社会与大众"微创新"模式》,《甘肃社会科学》,2015 年第 6 期。

"微创新"成果转化效率的重要举措。

目前,上海各类实体文创园区大多已建成区域型的创意智力资源线上的智力集聚服务平台,借助平台优势反哺线下的创意市集活动,通过建立手工艺人、独立设计师的信息库,将众包与众筹形式融合,相互吸收优势,拓展和延伸创意空间及社会效益。通过线上管理的协同操作,社会化内容生产平台集聚的"微创造者"可更大程度地进行创意开发。借助互联网开放式创新模式,将分散的物理空间统一规划,将松散的创意市集活动参与个体汇集在信息平台上,协同合作、需求共进、资源共享,通过对资源的合理配置,为"微创新"的成果转化提供直接、便捷的转化渠道。

（三）突破小众市场的制约,培养文化创新产品的增量市场

专属服务、个性追求、差异化定制是未来文创市场发展的前景,密集型劳动、模式化流水线生产、大规模大众化产品已逐渐不再适应分众化的市场需求,"微生产力"的活力和潜力也无从激发,因此文创企业的规模化生产与"微生产力"的协调平衡变得至关重要。用户需求被互联网形成的各类知识显性化技术所精确刻画,文创类的产品及服务应通过互联网渠道满足各类用户的需求。现在的消费主力对网络社交已经是再熟悉不过,依据兴趣属性形成的线上社交圈是小众市场的基础。文化"微创新"的网络可以将诸多小众人群聚集在一起,通过专业定制等模式,激发文化创新、创意产品的增量市场。

上海致力于促进大众参与的文化"微创新",更需强调和推动这种低门槛的协同创新模式,以带动小众市场的兴盛和长尾效应的催化,激发针对用户细分的产供销。根据众创经济的四种呈现形式,首先在产品展示上需大力扶持,举办有影响力和激发积极性的创意设计赛事,打造赛事品牌,构建创意库,丰富创意项目来源;可以选取非遗文化成果转化作为文化与产品结合突破口,打造非遗文化转化+动漫产品的文化产业示范基地。非遗文创产品开发旨在通过高校、媒体、广告公司、非遗管理机构的共同参与,通过展示大学生群体的创意设计成果,形成产学研融通,组织优秀作品成果对接转

化,实现高校师生创意作品的产品化和商业化,推动优秀作品孵化及成果转化。

(四)建设 IP 资源平台:为"微创新"成果转化提供培育机制

近年来,热门 IP 的全版权运营已在市场逐渐成熟,"知识产权(IP)"的概念正在替代"版权"成为文化创意产业的核心要素,这也是产品经营意识和全版权运营意识深入人心的一种体现。大众市场的用户需求未来将会趋向饱和,而小众市场份额将逐步攀升,IP 资源不再局限于模式化的大众口味,细化的用户兴趣与定位将会逐步代替传统市场,将小众的 IP 资源聚合可以推动"微创新"的成果转化。2017 年 3 月,美国时尚设计师协会(CFDA)与迅驰时尚联合,在上海打造中国首个时尚 IP 资源交易平台——"尚交所"(时尚交易所)。该平台将通过互联网集合全球时尚产业的知名品牌 IP 与设计师资源,用"请进来"的方式加速中国时尚产业"走出去"的步伐。微创新的原生力量不是来自象牙塔里的专家学究,是与分众市场和线上用户紧密互动的个体,他们熟知用户的偏好和使用规律,运用更为贴合的传播渠道和形式直面"粉丝",将 IP 资源的利用效率提升到一个新的高度。

上海在促进文创企业发展过程中,应积极培育专业服务平台,推动文创企业转化模式的创新。实践证明:富有创造活力的艺术家与设计师,可以将创意市集当做事业起点,通过平台建设,促进加强社区与创意产业的互动,充分激发和融合产业、公众和政策三方面的能动性。这样形成的推动合力,有助于提升创意产业与社区的联系,将人才、产品、企业等创意要素从原先封闭的园区中释放出来,建设 IP 资源平台经济模式,为原生"微创新"成果转化提供有效发现机制。

五、结 束 语

在国家倡导"双创"背景下,大众参与的微创新逐渐向可实现个性化、互动化的载体转移,用户行为特征开始发生变化。"微创新"成果转化关系到整个产业链的价值创造,这种"大众驱动创新"的形式,如何优化成果转化模式来适应微创新需求方的用户体验值得做进一步思考。"微创新"正在逐步成为文化创意产业协同创新的新锐力量,这需要政府、企业、科研机构等加强产学研合作,不断探索"微创新"的成果转化模式,提升文化创意产业成果的转化成功率和社会效益。

栏目三 鼓励新消费：提高投资开发效率

8

澎湃精神正能量的"大动漫"巨港

——中国国际动漫游戏博览会(CCG EXPO)的活力机制

张 炜 李君兰*

摘　要　中国国际动漫游戏博览会(CCG EXPO)以强烈的文化自觉与高远的战略思维,把握当前国内社会消费结构进入不断升级的发展形势,顺应动漫游戏产业朝着广泛产业联动性和消费引导性方向发展的国际趋势,以"大动漫"思维,坚持市场化、国际化、专业化、品牌化的发展战略,树立全力打造"亚洲第一、全球一流"的发展目标。

　　本报告在全面回顾与总结 CCG EXPO 发展情况的基础上,对 CCG EXPO 的主要特点与发展经验作了梳理归纳。

* 张炜,上海炫动汇展文化传播有限公司总经理助理,长期从事于动漫游戏类会展项目策划、创意服务等工作;李君兰,上海炫动汇展文化传播有限公司高级项目经理,从事动漫游戏项目的策划与推广工作。

关 键 词 动漫游戏展 二次元经济 展会经济

一、成长的经历：生于"小时代"、兴于"大动漫"

中国国际动漫游戏博览会（简称：CCG EXPO）诞生于 2005 年，一个动漫游戏"小时代"。彼时，国内动漫游戏受众基数"小"，在大众眼里，动漫往往被误以为是低幼的少儿读物，而玩游戏则被看作是玩物丧志；动漫游戏领域本土原创能量"小"，国内动漫游戏企业尚处于起步阶段，在制作实力雄厚的海外巨头面前往往相形见绌。媒体支持力度"小"，对主流媒体而言，动漫游戏往往被误解为是不登大雅之堂的小众消遣，有兴趣关注该领域的媒体屈指可数。

由文化部与上海市人民政府指导的 CCG EXPO，在"小"时代里瞭望到一片蓝海：一方面，生于物质富足年代、在互联网怀抱中长大的 80、90 后渐成消费主力军，动漫游戏消费市场潜力巨大；另一方面，国际上"低碳经济"呼声日益高涨，发展低能耗、高附加值的动漫游戏产业既是国际趋势，亦是大国担当。此外，从匡扶正义的变形金刚到慰藉人心的机器猫，优秀的动漫游戏作品，作为一种生动形象的视觉语言，可跨语言障碍地与世界各国人民分享民族优秀传统文化，是国家"软实力"的一种体现，这一点，已被发达国家经验所反复验证，而中国在建设文化强国的进程中，也必然要高度重视发展自己的动漫游戏产业，提升国家文化软实力。

正是在这样的大背景下，为推动中国动漫游戏产业健康有序发展，为提升中国动漫游戏文化在世界范围内的影响力，中国国际动漫游戏博览会（China International Cartoon and Game EXPO，简称：CCG EXPO）诞生了。它由文化部、上海市人民政府联合主办，上海市文化广播影视管理局、（上海）国家动漫游戏产业振兴基地、上海广播电视台、上海文化广播影视集团有限公司（SMG）承办，上海炫动传播有限公司、上海炫动汇展文化传播有限公司协办，每年七月举行。CCG EXPO 自 2005 年开办首届以来，经过 13 年的辛勤培育，现已成为中国规模最大、市场化程度最高、最受青少年欢迎的动漫游戏会展项目。

中国国际动漫游戏博览会在市场导向与社会责任双轮驱动下,不断丰富平台功能,逐步建立起开拓市场、创造商机、专业探讨、扶持原创、服务观众等方面的商业模式与品牌优势,引领新消费、增效新动能,不仅得到了各级政府充分肯定,也赢得了消费者良好口碑。2010年第六届中国国际动漫游戏博览会借上海世博会举办之势,尝试性地与引领全国动漫游戏嘉年华领域的会展项目"卡通总动员"合作举办CCG EXPO,目标是打造覆盖动漫游戏全产业链,力争成为全国乃至亚洲最具影响力的动漫游戏会展品牌。

自2011年起,CCG EXPO由上海炫动汇展文化传播有限公司负责运营,展会地点从上海展览中心移至中国馆举办,次年随即落户上海世博展览馆,并开始着力打造线上平台,逐步形成规模化体系化的品牌活动,结合展览、赛事、演出与论坛等多种形式,全方位建设"行业政策的权威发布平台、新品新作的宣传推广平台、业界合作的交流交易平台和全民参与的互动娱乐平台"。

2012年以来,CCG EXPO针对不同受众需求,差异化地策划举办了一系列子品牌活动,包括星秀场、动画电影展映、CCG MAX同人祭、艺术创意日、"生如夏花"Cosplay大赛、CCG Young校园总动员、新生力量动漫游戏原创大赛、高峰论坛等。同时日趋成熟的商业模式为CCG EXPO在激烈的动漫游戏会展市场竞争中积累了专业化国际化资源。

近五年来,CCG EXPO各项数据呈稳步增长之势,观众人次、参展商、展会收入、现场意向总交易额等各项数据逐年攀升,显现出日趋成熟的商业模式。2017年第十三届中国国际动漫游戏博览会参展人次达20.75万人,其中专业观众2.45万人,非专业观众年轻化特征明显,28岁以下超过80%,展商类型丰富,遍布产业链上中下游,包括动漫创意、衍生产品、品牌授权、漫画出版、动漫企业、基地园区、网络游戏、主机游戏、新媒体等,展会的现场意向总交易额14.4亿元人民币……各项数据刷新历史纪录。

十三年来,CCG EXPO在顺应行业发展需要同时不断更新平台功能,加强了产业链上下游间的联动,加速了中国动漫游戏的全产业链发展,加快了大动漫时代的跨业融合,不仅全方位展现了动漫游戏产业的前沿趋势,也勾勒出动漫游戏会展业的未来发展蓝图，见证并有效引领了动漫游戏行业砥砺前行。

十三年来，CCG EXPO 从啼声初试的婴童长成翩翩少年，从一个粉丝聚会性的线下活动，发展成为一座澎湃着精神正能量的"大动漫"①巨港。如今，它正以奋发前行之姿，朝着亚洲第一、全球一流的目标踏实前行。

二、把握经纬度，充满正能量的
"流行文化巨港"

《国家"十三五"时期文化发展改革规划纲要》提出，"十三五"末，要将包括动漫游戏会展行业在内的文化产业发展成为国民经济支柱性产业。《文化部"十三五"时期文化产业发展规划》中提到，"十三五"期间，要打造三至五个市场化、专业化、国际化的重点文化产业展会，培育知名品牌展会，充分发挥示范和带动作用。另据统计，2016 年包括动漫游戏在内的中国"泛娱乐"产业总产值约为 4 155 亿元，2017 年预计达到 4 800 亿元②。

尽管政策红利、预测数据令人振奋，但作为国家级文化展会，CCG EXPO 不能仅停留在经济收益一方面，既要发挥行业内垂直集聚作用，也要提升跨区域影响力；既要市场票房亦不可失去用户口碑，在精准把握经纬中充分发挥出 CCG EXPO 作为文化巨港的凝聚、增强、扩大功能。

（一）经纬：行业内垂直集聚与跨行业延展

随着受众基数扩大、作品质量升级以及变现能力的提升，动漫游戏产业在新消费领域发挥着越来越大的作用，在推动文化产业成为国民性支柱产业方

---

① 陈少峰在《"大动漫"背景下动漫产业跨行业融合发展探析》一文中认为，随着数字科技和网络科技的迅猛发展，产业融合的发展趋势已成为现实，并深刻影响着现代动漫产业的发展，动漫产业也不断拓宽自身产业边界，向"大动漫"发展，"大动漫"包含三部分重要内容：一是传统动漫，即动画与漫画；二是动漫主流行业（以动画、漫画、游戏为代表）之间的融合；三是动漫产业与周边产业之间的融合。《改革与开放》，2017 年第 1 期，第 15 页。
② 瞭望智库、Chinaloy 组委会：《面向文化复兴的文化融合动员力——"泛娱乐"战略报告 2017》。

面扮演着越来越重要的角色,正在发展成为一个产业链较长、活动层次丰富、社会互动性强劲的产业集群,在纵向和横向两个维度上展开了广阔的发展空间。CCG EXPO 敏锐把握这一动漫游戏产业发展趋势,纵向上,努力从深度聚合行业内垂直资源;横向上,积极拓展跨区域、跨领域的影响力,力求推动国内动漫游戏产业在更深、更广的范围内与各行各业深度融合。

1. 行业内垂直集聚

CCG EXPO 每年策展均遵循"体现行业动向和格局变化"的理念,在策展上逐渐形成了不同于其它动漫展的"CCG EXPO 风格":不局限于具体的行业,而强调在一个空间里对某个 IP 进行多方位、多业态呈现,围绕着同一个 IP,各行各业可对其作不同形态的呈现,这样的风格定位大大丰富了参与动漫游戏会展的行业类别。伴随着这样的风格定位,CCG EXPO 不断促成行业生态圈名字的更新,从动漫、游戏,到二次元①,进而"泛娱乐",在每一次的概念演变中,实现了一次又一次的市场扩容。

从 2017 年最新一届的展会展商构成来看,来自动漫、游戏、影视、授权等行业的 350 余家海内外一流企业参展。参展国际动漫游戏龙头企业:迪士尼、漫威、索尼互动娱乐、东京电视台等,使得 CCG EXPO 的国际化程度领先于国内同类展会。参展国内动漫游戏龙头企业:网易、盛大、巨人、玄机等国内一流动漫游戏企业,它们则借助这个优质平台全面展示了最新动漫游戏优秀作品;B 站、优酷动漫、阅文、腾讯、新浪、百度、爱奇艺、掌阅等越来越多的互联网企业纷纷加入到 CCG EXPO。从单纯的游戏公司和动画公司,到视频类网站主动参与增多,CCG EXPO 在动漫游戏垂直领域的集聚作用可见一斑。

除了多层面展现动漫游戏垂直领域内的最新发展风貌,CCG EXPO 还不

---

① 二次元,即二维,"次元"即"维度"。在动画(Animation)、漫画(Comic)、游戏(Game)、小说(Novel)人群组织成的文化圈(ACGN)中,被用作"架空世界"的称呼。这一用法始于日本,基于早期的动画、游戏作品都是以二维图像构成的,画面是一个平面,所以称之为"二次元世界",简称"二次元"。一种普遍被认同的观点,广义的二次元主要表现形式为 ACGN,同时指喜爱 ACGN 的群体。"二次元文化"指在 ACGN 为主要载体的平面世界中,由二次元产品所形成的独特的价值观与理念。这里的二次元文化不限于 ACGN,还包括从 ACGN 向外延伸出的手办、COSPLAY 等衍生产物。

断横向延展,将越来越多跨行业的潜在伙伴纳入"朋友圈",这从近年来 CCG EXPO 在商务活动板块不断发力中得以显见。

CCG EXPO 专业板块活动从办展最初设专业观众日,到划出商洽会专区,再至 2017 年将专业活动首次全部移师上海世博洲际酒店举办,实现了公众活动举办之"热"、商务活动思考之"静"。2017 年,为期三天的专业活动秉持了 CCG EXPO 一贯的顶尖水准与开阔视野,活动内容丰富,涉及领域多样,共为专业观众奉上了 4 场高峰论坛、为期两天的商洽会吸引了 311 个项目,吸引了 2.4 万名专业观众参与其中,产生现场意向总交易额达 14.4 亿元。作为近年来的一大亮点与突破,大悦城、三只松鼠、来伊份、北京梦之城、羚邦、高岛屋百货等来自实体经济领域的优秀企业均以不同形式参与到这场二次元头脑风暴中,让蕴含合作可能的各行各业都来与动漫"相亲",推动本行业与其它行业的互动融合越来越频繁、越来越深度。

未来,CCG EXPO 在构建动漫游戏全产业链版图中将发挥更多作用,从产业链最上游的融资、IP 估值、脚本评估、投资大数据服务等;到在内容商业化中期,为品牌厂商提供动漫广告评估、内容植入决策支持;再到,在动漫 IP 交易阶段,帮助交易双方进行 IP 购买评估、发行大数据服务和 IP 购买大数据服务,并且对动漫 IP 的衍生品开发进行大数据支持,提供全方位的服务。

2. 跨行业延展

处于国内动漫游戏会展"领头羊"位置的 CCG EXPO,依托平台专业的配套服务、强大的媒体发酵能力、百万级的粉丝关注度,已形成了强大的跨区域影响力。落户上海、面向国际的 CCG EXPO 不仅将海外高品质内容"引进来",且助力优质原创项目"走出去",成为推动中国国内飞速成长的内陆市场与沿海发达市场、中国与世界动漫游戏文化交流高端整合的重要枢纽,具体举措包括启动"一带一路"线上展会数据库计划、牵头发起(全国)动漫会展联盟。

于 2016 年 CCG EXPO 上成立的(全国)动漫会展联盟,标志着我国动漫会展行业正式进入规范化、规模化的全新发展阶段。联盟将以"推动中国动漫展行业不断壮大"为使命,在顺应互联网+浪潮的环境下,推行节展分类标准机制,保持成员间差异化定位,引领整个行业提质增效。

开发中的"一带一路"线上展会数据库,以"双向交流、协作共赢"为理念,旨在为"一带一路"沿线国从事动漫游戏文化创意产业的企业或个人提供一个具有参展预约、市场调研、协同创作、项目孵化等功能的权威平台,既协助国内企业"走出去"寻找合作伙伴、开拓"一带一路"沿线国动漫游戏文化消费市场,也帮助有计划进入中国动漫游戏文化市场的海外企业掌握有效信息、解读相关政策。

(二)贡献力:经济效益与社会能量

根据联合国教科文组织有关统计研究,动漫游戏产业已经成为跨入 21 世纪以来增长最快的文化创意经济领域之一,是一个澎湃发展的新兴产业。作为新兴的全球大国,中国既要鼓励本土动漫游戏产业的壮大,提升它的经济效益和产业能级,又要体现国家的主流意识形态,传播中国社会的文化正能量。CCG EXPO 自觉地承担起这一使命,树立了经济效益与社会效益双轮驱动的主导理念,在得到政策扶持同时,根据用户需求进行市场化运作,自觉肩负起了传播社会正能量的使命,不断深耕动漫游戏文化消费市场,实现了经济效益、社会效益双丰收。

1. 经济效益

CCG EXPO 的受众群体具有强烈的个性化标签。CCG EXPO 被用户寄予兼具领略最新动漫游戏文化、"圈友"社交、展示自我个性等功能,聚合符合受众审美喜好又充满正能量的内容是每年策展的重点。在多年的探索与尝试中,汇聚当年海内外动漫游戏领军企业优秀作品、针对受众喜好策划一系列夺眼球、有新意的活动已是 CCG EXPO 的强项与卖点,推出的品牌活动广受观众、展商好评,成为一大票房保证。

表 1-1 近年来 CCG EXPO 部分品牌活动简介

序号	主题活动	活动简介
1	星秀场	企业信息发布和交流的平台,邀请作品的主创人员亲临现场,与粉丝及媒体进行互动
2	CCG EXPO 动画电影展映	2014 年起,"海外精品动画电影展映"更名"CCG EXPO 动画电影展映",集中展现中国动漫原创精品与海外优秀动画电影

序号	主题活动	活动简介
3	CCG MAX 同人祭	关注草根同人动漫作品,贩售个人或社团制作的同人产品
4	艺术创意日	CCG EXPO 品牌收费论坛,传递行业有价值的声音,关注行业最新技术及理念
5	"生如夏花"Cosplay 大赛	CCG EXPO 品牌性赛事,展会期间举行决赛,有 600 多名 Coser 参与,吸引全国动漫游戏爱好者
6	新生力量动漫原创大赛	本活动以新锐的创意理念,挖掘动漫相关人才及原创作品,为有潜力的才俊、佳作与动漫内容投资、出版、制作等相关企业搭建相互沟通了解的桥梁,为怀揣梦想与热情的人们提供作品展示平台以及与企业对话学习、了解市场需求的机会

资料来源：作者编制

表 1－2　CCG EXPO 近 8 届展会主要指数

届　　数	2010 年第六届	2011 年第七届	2012 年第八届	2013 年第九届	2014 年第十届	2015 年第十一届	2016 年第十二届	2017 年第十三届
总观众（单位：人次）	136 500	140 000	209 000	213 000	223 000	203 000	204 000	207 500
展会面积（单位：m²）	18 000	27 000	30 000	32 000	41 000	48 000	53 000	53 000（不计商务板块）

资料来源：作者编制

2. 社会效益

随着消费群体规模不断扩大,动漫游戏文化逐渐融入主流文化,具备了尤为可观的文化影响力,CCG EXPO 已不仅仅是单纯的文化展示活动,而是肩负着力挺原创、传播正能量职责的文化港口。

其一,力挺本土原创。

随着中国经济进入机遇期、转型期、换挡期"三期叠加"的新常态,被视作是"新动能"之一的中国动漫游戏行业亟需源源不断的优秀"原创力",以此来驱动动漫游戏产业不断发展。CCG EXPO 在追求经济效应的同时积极推动本

土原创,主要体现在以下两个方面:

一方面,CCG EXPO 借助现场人气、资源汇集的平台优势,策划了一系列以"力挺原创"为主题的活动,包括曾在品牌活动"星秀场"——主创见面会环节中,推出了"泡面番大脸萌"、"中国原创动画电影 MAX 力量大集结"等主题活动,从网络自制剧到动画大电影,全方位展现当下原创实力,为已崭露头角的本土明星助威呐喊。又如,举办了"中国动漫未来十年展望"研讨活动,举办了《IP 能量何以驱动票房价值》《动画电影的得与失》等论坛,聚集行业先行者与思考者,为"国漫"振兴出谋划策。

另一方面,以"挖掘本土动漫游戏,创作明日之星"为宗旨的"新生力量动漫游戏原创大赛"已连续举办了四届。CCG EXPO 组委会对大赛的推动不遗余力,不仅力邀业界重量级人物担任大赛评委(《喜羊羊》大电影系列统筹、制片人陈斌,著名作品《斗罗大陆》漫画版的作者穆逢春,《舌尖上的中国》原创配乐、国内著名影视音乐作曲、音乐制作人阿鲲,好莱坞 DViant 室内音乐总监、Media Lound Works 创始人之一 Hailin 等业内知名人士),且为获奖选手提供多渠道展示的平台,包括 CCG EXPO 开幕当晚举办大赛获奖选手颁奖仪式,于搜狐视频上推出大赛作品展示专区,于日均参观人次过 5 万的 CCG EXPO 上设立大赛获奖选手专区等。

在 CCG EXPO 组委会的悉心推动下,收到的参赛作品数量逐年上升,作品内容也越来越多样,涉及生活、历史、人文、地理等各个方面,展现出参赛选手广阔的生活视角、扎实的创作功力,以及丰富的想象力,作品质量大大超出主办方的预期,脱颖而出的获奖作品更是可圈可点。如 2014 年,大赛最佳原创动画奖获奖作品《前进,达瓦里希》,短片以苏联解体为故事发生背景,用极为细致的手法描述了剧中主人公面对时代更迭,内心微妙的情感变化。据了解,该部动画短片曾被转帖至俄罗斯某著名视频网站,引众多俄罗斯网友点击收看。有俄罗斯网民留言评论道:"真是个好动画……没想到中国网友这么熟悉苏联历史。"又如,2014 年,获得最佳原创音乐奖的作品《鹰与鸡》用音乐惟妙惟肖地讲述了一只鹰自我放弃,最终沦为无法展翅高飞的"鸡"这样一个意味深长的故事;该片也曾入围第二十一届斯图加特国际动画电影节。

在 CCG EXPO 不断推进下，于刚刚落下帷幕的 CCG EXPO 2017 上，"国漫"凭借内容的优质、粉丝的热度，令人欣喜地撑起了半边天，有妖气、腾讯动漫、阅文、新浪、优酷动漫……一大批具有文化自信的国产动漫作品亮相展会现场，与迪士尼、漫威、天闻角川等海外巨头平分秋色。

其二，传播正能量。

用户数规模性增长促成了动漫游戏行业消费市场的繁荣，在用户关注度与消费转化率存在正相关关系的互联网时代，一些急功近利的企业或机构不顾道德底线"造热点"，使得国内不少动漫游戏展上出现了"模特""军装"等游离于展会主体之外、文化含量匮乏的内容，背离了展现时下动漫游戏文化风尚的初衷，破坏了动漫游戏行业的健康发展。如 2017 年 5 月某漫展上出现了漫迷着中国维和部队制服下跪事件。又如，2016 年济南某漫展上出现了不少动漫迷着装"大尺度"现象。

作为上海广播电视台、上海文化广播影视集团有限公司（SMG）的成员，同时也作为 SMG"传播社会正能量"的一份子，CCG EXPO 建立了"一选二磨三力推"的内容自审流程。

一"选"，设专门小组对展商所提交的参展内容进行审核，从内容是否健康、是否具有传播价值两个维度对提交内容进行分类，分为优推、普推、弃用三大类。

二"磨"，为评定为"优推"内容的企业，免费提供选题策划、稿件打磨等增值服务，大大提高宣传素材的质量，以争取来自观众或媒体的更多关注。

三"力推"，不仅将"优推"内容纳入 CCG EXPO 官方媒体资料库，且设立新劲动漫平台奖、最具潜力动漫品牌形象奖、最佳动画作品奖、最佳漫画作品奖、最佳文学作品奖等 CCG EXPO 官方奖项以表彰提供优秀内容的展商或合作方。

该机制运作下，除了完成了展会内容的净化，更重要的是，通过媒体资料库、奖项设置，帮助拥有优质内容的企业完成了仅靠自身宣发实力无法达到的传播效果（如经 CCG EXPO 组委会包装策划过的"特别推荐"——国漫首个巨型科幻机甲"虎啸"亮相 CCG EXPO、"非遗+二次元，看网红 IP 与传统文化的奇妙结合"等,得到了来自东方卫视、上视新闻、文汇报、新民晚报、新闻晨报等主流媒体的大篇幅报道,其余媒体也纷纷跟进转载曝光),大大激励了越来越多的企业不断提升展示内容的质量,以搭上 CCG EXPO 宣传"顺风车"。如今,内容优质领跑国内同类展会的 CCG EXPO 被业界与用户亲切地称为"良心大展"。

三、新消费时代,从被动满足到"智"感引领

CCG EXPO 从诞生到壮大的过程,恰逢中国经济稳步增长,社会消费结构不断升级的历史进程。中国新一轮消费升级释放出了全新商机,催生中国消费新变局。政府和社会各界期待着动漫游戏产业对中国新消费做出更大贡献。《国务院关于积极发挥新消费引领作用,加快培育形成新供给新动力的指导意见》(国发[2015]66 号)中明确提出,将包括动漫游戏在内的新兴文化产业列为消费升级重点领域与方向。新消费时代,CCG EXPO 不再满足自身活动的精彩丰富、人气爆棚,自觉肩负起了推动行业发展壮大的使命,成为发展文化新消费、催生产业新动力的有力杠杆,开始在专业板块谋篇布局,从最初被动满足消费市场、迎合展商需求,转变为基于对行业内、外部环境(行业、消费者、媒体)的了解,针对性地设计不同策划方案,"智"感引领行业、引领消费者、引领媒体,在这一转变中,推动动漫游戏行业大踏步向前。

其推动作用具体表现为:其一,行业端,专业活动设计不断更新升级,不仅成功汇集行业先行者、思想者,形成蔚为壮观的智囊富矿,且构建两大线上平台,精准匹配供需端需求,高效促成商业合作;其二,消费端,始终坚持将海内外顶尖作品带至国内消费者眼前,提升消费者消费审美、培育动漫文化消费习惯,肥沃的消费市场、坚挺的消费购买力不断激励企业推出优质作品;其三,媒体端,坚持优化舆论环境,一方面,通过主流媒体造声势,吸引时尚潮人、风头资方等更多人群的关注,另一方面,让优质内容可以通过既有宣传渠道,广泛地覆盖至各类人群,为动漫游戏产业开辟更宽广的发展空间。

（一）引领动漫游戏行业的提升

1. "创新"基因孵化出的一连串二级活动品牌,形成品牌矩阵,牵引行业发展

结合行业发展的需要,富有前瞻性地打造 CCG EXPO"智联"体系,形成一连串具备"创智"基因的二级子品牌,并采用模块化、独立运营模式形成品牌矩阵。包括品牌赛事、高峰论坛、风投路演、成果展示、品牌交易等形式在内的子品牌活动日益活跃,且各子品牌活动定位精准、功能清晰,实现了深度整合人才创意、智囊观点、尖端硬件、实力软件、资本风投等要素,有效推动要素集群。

面向普通观众推出一系列 CCG EXPO 子品牌娱乐活动——"生如夏花"Cosplay 全国精英赛、星秀场、动画电影展映等,多姿的内容和多元的形式,不仅让普通动漫游戏爱好者领略到了国际时下最新动漫游戏潮流文化,也给了众多普通人亮相文化舞台的机会。

● "生如夏花"Cosplay 全国精英赛,这个又被称为"角色扮演"更能为大众所理解的活动,在为众多爱好者提供了个性表达的舞台的同时,也催生出了二次元艺人经济等新业态,如曾活跃在大赛上的杭州 304 社团现已华丽转身成为以培养与经纪二三次元艺人为主营业务之一的文化公司——杭州次元文化创意有限公司,并获得了数千万的投资。

● CCG EXPO 星秀场,为企业提供的又一个信息发布和交流的平台,邀请作品的主创人员亲临 CCG EXPO 现场,与粉丝们及媒体进行零距离面对面的互动交流。从国内人气声优团队音熊联萌,到日本国民偶像天团 AKB48 成员;从偶像系的《秦时明月》主唱阿兰、人气歌手板野友美,到才华派的动画电影优秀导演新海诚、打造出《十万个冷笑话》《尸兄》等"爆款"动画的动画导演卢恒宇……选择星秀场为年度性的重量级项目作宣传推广,已成为海内外企业制定推广方案时不可忽略的一站。

● 动画电影展映,年度性地集中呈现一批制作精良、充满正能量的中外优秀动画电影作品,为普通大众呈现一场代表国内外顶尖制作水平的动画电影盛宴。《言叶之庭》《Love Live 学园偶像》《心欲呐喊》《金翅雀》《生命之路》

《恐龙当家》等来自美、日、韩、泰、法等国的优秀动画电影均亮相过该电影展映。此外,中国动画电影的品质也是不容忽视的呈现亮点,上海美影厂的经典水墨动画专场让海内外观众大开眼界。

面向专业观众推出子品牌活动——"新生力量"大赛、CCG EXPO 商洽会、CCG EXPO 高峰论坛等,不仅让千千万万的从业者有了交流的平台,也拥有了制造声势的平台。

• 新生力量动漫游戏原创大赛,旨在为怀揣动漫游戏创作梦想的个人或机构提供一个展示自我才华的平台,2017 年大赛功能再一次升级,CCG EXPO 组委会联手上海市动漫行业协会,推出"双轨制"赛制,用商业、艺术两种不同视角,对参赛作品进行筛选,在考虑艺术性之余,从作品商品化可行性的维度对作品进行另一轮挑选,为怀揣不同梦想的参赛者提供更为广阔翱翔的蓝天。

• CCG EXPO 商洽会,不仅为企业提供标展展示,还通过沙龙活动和定向配对,满足企业商洽合作的需求。此外,企业还可进入网络上的专有平台,在 CCG EXPO 结束后依然可享受到商洽服务。CCG EXPO 2017 的商洽会特别设置了总计八场专场商洽会,参与的动漫、游戏、二次元创新类的项目多达 311 个,比去年增加了近 1/3。在保留传统的媒体购片、出版、游戏对接、授权开发之外,新增资本、实体经济合作等专场,吸引了包括华映资本、早鸟基金在内的众多资本方、麦当劳、诺礼等实体经济合作方以及维塔士、盛大、焦扬等游戏对接方作为买家坐镇现场,通过一对一的洽谈,帮助参会的动漫游戏企业收获更多发展机遇与合作。同时也丰富了商务大会平台上的下游资源,为原创动漫游戏项目的未来发展提供了更广阔的空间。

• CCG EXPO 高峰论坛,作为业界发展风向标,CCG EXPO 高峰论坛聚焦行业热点话题,涉及领域多样,汇集国内外动漫游戏领军企业高层,帮助业内人士了解本土市场最新动向,把握行业发展趋势,推进业内外合作交易,近年来,先后举办了《出版物 IP,成就未来动漫经典》《新三板上市动漫企业及投融资》《动漫与实体经济共赢模式——创造实体经济的高附加值》《动画电影的得与失》《动漫游戏产业"一带一路"国际合作暨中国文化产品国际营销年会》《动漫游戏 IP 与实体经济新航向》等一系列富有前瞻性的论坛。

2. 构建两大线上平台,全力营造"大动漫+"生态,催生行业新业态

为期若干天的线下展会并不足以为行业的发展持续"供氧",CCG EXPO
构建了 ACGDP 交易平台、"一带一路"数据库两大线上平台,全力营造"大动
漫+"生态,推动产业链的发展。

● ACGDP 交易平台,凭借智能配对、定向撮合的平台功能,不断促进与广
告传媒、旅游餐饮、零售批发等行业相互渗透、相互融合,不断培育、催生新业
态,推动产业走向跨界融合、混业经营。经一年的调试,ACGDP 于 2017 年 4 月
正式上线,这个兼具项目发布、寻找合作伙伴、分享创作心得等功能的业内线
上交流平台,一经上线,便获得了业界一致好评。短短三个月内,共收到项目
提案 103 个。

● "一带一路"线上展会数据库,"一带一路"沿线国家人口总数和经济总
量占世界比重达 63% 和 29%,其中大部分国家出生率高于世界平均水平,青少
年人口多,对各种类型的动漫游戏产品需求旺盛,仅东南亚游戏玩家人数就达
1.26 亿,面对这样一片潜力巨大的广袤市场,"一带一路"数据库的筹建正在
积极推进中,旨在集合"一带一路"沿线国动漫节展举办信息、各地文化消费习
惯、消费水平等信息,成为有兴趣开拓该市场企业的行为指南。

3. 从成本驱动到文化驱动,成为各利益团体互惠平台

如今的 CCG EXPO 已不再是参展商完成销售业绩的大卖场,而是它们品
牌宣传推广的重要阵地,越来越多的企业选择在 CCG EXPO 上发布年度性的
人气大作,发布首发品与限定品。如,2013 年《刀剑神域》中文简体版最新第
11 集首发亮相,2014 年《火影忍者》漩涡鸣人、寿屋《巴哈姆特之怒》觉醒暗黑
天使奥利维,2016 年寿屋原创模型系列 Framearms Girl STYLET Eggplane 限定
版模型、翻翻动漫 &MegaHouse 全球首发航海王可动乔巴手办,2017 年,国内
首款正版授权的坂田银时手办等都在这一个平台上进行推广。

在 CCG EXPO 上欣赏购买全球一流动漫游戏文化产品已成为观众一种习
惯,每一年都能给观众带来惊喜的 CCG EXPO 更是培育了动漫游戏观众的消
费习惯,越来越多的观众会将更多的动漫游戏消费,投入 CCG EXPO 的各项
活动。

从企业端看,为 CCG EXPO 定制限定品、首发品已成企业"常规";从消费者端看,许多观众已经把充足预算作为"习惯"。这两个方面相互作用、相互强化,不但在企业、观众之间起到了正推动作用,而且不断强化了 CCG EXPO 展品质量高、用户购买力强的标签,吸引各利益体加入,成为推动动漫游戏产业发展的重要平台,也成为动漫游戏企业推广计划的平台和政府宣布扶持政策的平台。

(二)引领文化消费的不断升级

1. 适应消费升级,培育、引导新一代动漫爱好者消费审美

一直以来,CCG EXPO 与其他国内动漫展相比,最引以为豪的便是丰富又独特的现场活动以及观众强大的购买力。近几年,CCG EXPO 已不满足于成为观众"买买买"的消费场所,而是希望通过汇集动漫游戏行业时下最新技术、最新成果,成为大众领略次元潮流文化的最佳窗口,扩宽观众视野、提升消费审美。这样的理念驱动着 CCG EXPO 努力将一个个二次元文化景观带至国内观众眼前,2012 年,6 米高的初代敢达"中国特别版"巨型立体塑像;2013 年,高达 5 米的功夫熊猫阿宝的立像;2014 年,长 7.5 米、高 2 米、宽 2.4 米,《驯龙高手 2》中的主角之一、世界上最大的"没牙仔"立像;2015 年,12 米高的大白立像;2016 年,1∶1 的《星球大战》中的 X 翼星际战斗机模型、7 米高的敢达立像;2017 年,首个巨型科幻国漫机甲"虎啸"立像、漫威"英雄山"模型群像、10 米高的海盗船……完成了从"消费场地"到"场景消费"、体验消费的转变。

2. 呈现新业态,行业先行者的"试验田"、"T 型台"

用户质量高、意见领袖汇集,CCG EXPO 已成为诸多商家试探市场的窗口,成为他们重要项目测试的"实验室",CCG EXPO 的放大、扩散效用不断提升,已成为"小众爱好"成为"大众风尚"的 T 型台,稍作回顾,不乏成功案例。

2012 年,如今已是国内最具人气的女团 SNH48,在 CCG EXPO 开幕当天发布招募成员信息,标志着以"成长记"为特色标签的本土女团经济时代已悄然到来,标志着国内从业者在新消费领域的一次大胆尝试。

2013 年,海外新生代导演新海诚携其当年力作《言叶之庭》亮相 CCG

EXPO，在与国内观众第一次亲密接触同时，亦通过 CCG EXPO 了解国内观众在动画电影方面的审美喜好。试探性参与 CCG EXPO 大获热情反馈后，2017年，其又一部力作《你的名字。》满怀信心地亮相国内大银幕，斩获了 5.76 亿元的票房佳绩。

2014年，已在"二次元"圈内颇具人气，但对线下活动并没太多尝试的Bilibili 弹幕网，作为当时新技术代表，亮相 CCG EXPO 十周年专区，CCG EXPO 搭台、B 站用户唱戏，现场人气火爆，这一尝试成为了新媒体与用户深度有效互动的一大成功案例，自此打开了优酷、百度、爱奇艺、PPTV、搜狐等新媒体深度参与展会的局面。同年，取名有"华风夏韵，洛水天依"之意的虚拟形象洛天依于 CCG EXPO 上完成首秀，掀起了国内虚拟偶像经济时代的到来。

2015年，首次参展的阅文集团于 CCG EXPO 举办《择天记》动画首映发布会，开启了《择天记》成为热门 IP 的征程。

2016年，由 CCG EXPO 组委会牵头发起的（全国）动漫会展联盟举行联盟成立揭牌及授证仪式，并发布了《动漫会展调研报告（2016）》。自此，全国各地动漫会展机构拥有了一个互相扶持的大家庭。

2017年，海内外巨头借 CCG EXPO 展会召开契机举办新闻发布会，如，网易与漫威举办新闻发布会，发布双方携手合作的具体内容，网易引入 12 部漫威漫画，漫威世界中的"中国英雄"也在中方制作团队的参与中精心酝酿；又如，企鹅影业公布了一系列重磅项目并发布了企鹅影视国漫"百番计划"……

（三）引领媒体传播文化正能量

CCG EXPO 构建了包括电台、电视、网络、新媒体、自媒体等在内的立体化宣传网络，积极推动各类媒体紧跟二次元浪潮。CCG EXPO 对于媒体的引导、引领作用主要体现在两方面：其一，帮助主流媒体从无意识认同，到有意识关心二次元话题，大大提升了主流媒体对这一板块重要性的认知；其二，不断影响动漫游戏垂直媒体，通过优质的内容选题推荐帮助它们从热衷话题炒作，到精于作品测评，在这样的努力下，不断优化二次元的舆论氛围，颇有成效地将二次元文化渗透到了大众文化娱乐生活之中，并在用户口碑与媒体层层声浪造势中,将 CCG EXPO 品牌影响力传播给社会大众。

近年来,每年的 CCG EXPO 均有海内外逾 400 家媒体参与报道,10 多家频道频率驻场,新华社、中央电视台、中国文化报等中央级媒体,解放日报、文汇报、新民晚报、新闻晨报、第一财经日报等上海本地主流媒体积极参与,SMG 旗下各频道频率更是全员出动竞相报道。东京电视台、朝日新闻、朝日通讯等海外媒体纷纷到场。

而 CCG EXPO 展会宣传的最大亮点是实现网络媒体全覆盖。在展会期间,腾讯、优酷土豆、爱奇艺、哔哩哔哩、搜狐等各大视频网站开设专区专题,各大社交媒体主页推荐,上百名网红主播现场探班,百视通、斗鱼、虎牙等视频移动客户端全程直击现场,自媒体大军刷屏展会盛况。百度贴吧热门推荐,QQ弹窗全国推送使展会影响人群过亿。外滩建筑外墙屏幕 CCG EXPO 爱上海、徐家汇球幕布广告、COSER 占领地铁站、超跑痛车聚会、火影主题展分会场创造诸多网络热点话题。近两年,还积极尝试与网络直播平台、短视频平台合作,大批网红主播到场主持播出,累计在线观看的观众数量逾亿人次,好评如潮。

四、"大动漫"思维,向亚洲第一、全球一流迈进

从国际比较的视野来看,动漫游戏产业集聚大量技术、资本、内容、人才,正朝着具有广泛产业联动性和消费引导性的"大动漫"方向发展。许多发达国家的动漫游戏产业不断更新与丰富内容主题与发展模式,形成了你追我赶之态势。具有强烈文化自觉与高远战略思维的 CCG EXPO 积极把握这一国际大趋势,确立了"大动漫"发展思维,依据市场化战略、国际化战略、专业化战略、品牌化战略,向亚洲第一、全球一流迈进。

1. 市场化战略

坚持以市场为导向,遵循行业发展规律,借鉴国际国内承办政府主导型展会的有益经验,运用市场化合作、服务购买等手段,实现 CCG EXPO 持续健康

发展。CCG EXPO继续以市场方式加强与国际、国内专业行业协会合作,发挥专业协会在招展招商方面的作用。尝试运用并购、合作办展等外延方式做大做强CCG EXPO。公司坚持做招展招商等核心业务,继续坚持和扩大服务外包,做好稳定、优质供应商比选工作。

2. 国际化战略

不断提高CCG EXPO国际化程度,学习借鉴国际展览业通行规则和发展战略,发挥我国市场需求旺盛的优势,深化与国际组展机构的合作与交流,提升国际招展招商水平。随着展览面积的扩大,要继续加大境外招展招商力度,使境外展商参展面积占比保持在30%以上的水平,同时采用多种举措,集广告宣传、现场推介、协会合作等于一体,使境外观众数量占专业观众总数的15%以上,缩短与国际领先展会的差距。

3. 专业化战略

按专业规范策划、招展、布展及服务,在做强CCG EXPO现有核心专业展区的前提之下,重视知识产权保护,增强品牌意识,结合行业发展热点和技术需求,不断调整、新增、合并现有专业展区主题,孵化符合动漫游戏产业及其周边产品发展战略的新专业展区,达到国内外同类展会一流水平。

4. 品牌化战略

加强CCG EXPO品牌建设,尝试发展以CCG EXPO品牌为核心的延伸配套服务和品牌延伸产品,打造成具有国际国内影响力的品牌展会。以国际化、专业化、市场化目标打造CCG EXPO品牌,到2019年使CCG EXPO成为具有比肩国际一流展会影响力、知名度、权威性的国际动漫游戏品牌展,达到世界一流、亚洲第一的奋斗目标。

CCG EXPO主办机构正在积极创造条件,使得2019年的展会在5天展期内吸引超过40万参观人次,超过3万名专业观众来访,分会场活动超过50万人次,包括分会场在内的企业展示规模逾7.5万平方米,现场意向总交易额逾50亿元,现场零售交易额超2亿元,展商规模和展品水平都比肩国际一流专业展会,成为亚洲第一、全球一流的国际动漫游戏品牌展。

动漫游戏会展作为动漫游戏大产业中的一项重要分支,有着线下聚合、全渠道发酵的功能,创造了动漫游戏、动画影视、舞台剧等市场潜能巨大的新兴消费空间,成为"新常态"背景下的一个重要动能。作为国内动漫游戏会展的领军品牌,CCG EXPO在"大动漫"思维驱动下,将以扶持本土动漫游戏产业为己任,以弘扬社会主义核心价值观为旗帜,探索文化、产业与展会相结合的新形态,坚持做大做强做精CCG EXPO,使之进一步显现"行业政策的权威发布平台、新品新作的宣传推广平台、业界合作的交流交易平台、全民参与的互动娱乐平台"的功能,推动中国动漫游戏产业向"全产业链"和"全年龄段"方向发展。这一战略的实施,将加强动漫游戏产业的供给侧改革,推进文创产业与实体经济的发展;促进动漫游戏与文创产品相结合,推动文化消费的升级;促进动漫游戏与科技结合,创造更多科技型、智慧型的新业态,推动中国动漫游戏迈向更加广阔的世界市场。

9

传承文化遗产精华与
提升文创产业品质
——国际经验和上海对策

王海冬[*]

内容提要　近年来,世界主要国家重视保护和传承文化遗产精华,包括制定相
关的法律政策,保护和转化文化遗产资源,激发文化创意产业的创
意和驱动力。其中,美国建立版权产业与遗产传承的联系廊道、日
本重视"文化财"与提升文化产业品质、欧洲国家让文化遗产融入
体验经济等举措,为上海提供了可以借鉴的经验。上海要建设成
为卓越的全球城市,有必要把握好传承文化遗产与提升文创产业
的关系。本文建议上海可采取进一步的举措,包括开辟六千年文
脉景区,培育"众创"生态,把文化遗产之城与世界创意之都相结
合,提升文创产业活力。

关 键 词　文化遗产　文创产业　国际经验　上海对策

　　本文所指的文化遗产精华,有别于一般的文化遗产。她是具有重要的
历史认知价值、艺术价值、文化价值、科技价值、社会价值,有利于当今社会
发展和进步的文化结晶,是经得起普遍认可的价值标准衡量、值得后人保护
与传承的宝贵财富。近年来,世界主要国家重视保护和传承本国的文化遗
产精华,以此作为一个国家对人类文明的贡献以及综合国力的重要标志。

---

　　*　王海冬:上海社会科学院文学研究所副研究员,主要研究地域文化、文化产业等。

一些国家还制定了相关的法律政策,使文化遗产资源成为国家文化软实力的基础,激发文化创意产业的创意和驱动力,创造更多有益于当代人的文化财富。在这个新形势下,迈向 2040 年卓越全球城市的上海,应该在传承文化遗产精华与提升文创产业方面,积极借鉴其他世界城市的经验,提出相应的对策和举措。

一、传承文化遗产与提升文创产业相结合的国际趋势

跨入 21 世纪以来,重视传承文化遗产精华与提升文创产业品质的互动关系,成为世界范围内的普遍性潮流。它反映了各国有识之士对文化遗产价值、品种、范围认识的不断深化,也体现了文化遗产与文创产业之间深刻的内在联系。

(一)文化遗产的国际评审标准

《世界遗产名录》在 1978 年第一次公布时,一共只有 12 项,发展到现在已经达到了近千项。在这一个变化过程中,除了数量上的变化,遗产项目也不断出现新的类型——从最初的遗产公约规定的纪念物,到建筑群遗址,发展到后来的城市,再到 1992 年提出了文化景观的概念。文化景观反映的内容是人和自然共同作用的一个结果。[①] 到了 1996 年,世界遗产保护的《操作指南》提出:除非特殊情况,美学条件不能单独作为列入世界遗产名录的标准。从自然遗产的角度来看,美学标准更是越来越被弱化了。一种濒危的物种,其价值可能远远超过一道壮丽的风景。人们更注重对生态、地质演进、生物多样性等价值的重视。如:2004 年被列入文化景观类型的一项世界遗产是葡萄牙一座有百年历史的葡萄种植园。由于种植园建立在海边非常贫瘠的岩石

---

① 《文化遗产评价标准》,北京市文物局《北京文物》(http://www.bjww.gov.cn/index.html),2010 年 8 月 23 日。

上，人们必须从岩石缝中挖出土壤。为了防风，葡萄架周围还垒起很高的石头围墙。这种特殊的种植方式反倒形成了一道独特的景观——反映了人与自然的关系。[①]

近30年来，在重视人与自然关系的新理念指导下，在世界范围内，文化遗产的评审标准与价值观也同时发生了改变，有识之士将人与环境、自然与文化之间的有机关系放到了突出位置，更多地关注近代的和20世纪的文化遗产，以及反映人与自然关系的、活的文化景观。这是世界范围内文化寻根思潮的一个升华，同时也为文化产业提供了全新的视野和发展方向。

（二）两者互动可促进文化产业发展

文化是人类经济、社会活动的反映和表现，主要起到促进人的发展、丰富人的精神生活等作用。1998年世界银行的《文化与持续发展：行动主题》报告中提出："文化为当地发展提供新的经济机会，并能加强社会资本和社会凝聚力。"联合国教科文组织（UNESCO）对文化产业的定义是："结合创作、生产等方式，把本质上无形的文化内容商品化。这些内容受到知识产权的保护，其形式可以是商品或是服务。"在这个世界性的潮流中，人们越来越认识到文化遗产应该成为当下文化产业的基础土壤，两者的良性互动才能使文化产业可持续发展。

随着全球化进程和知识经济的来临，文化产业在经济与社会发展中的作用日益凸显。世界上主要国家如美国、日本、英国、法国等的文化产业已经成为国民经济的支柱性产业，追求绿色、智能、可持续发展的文化产业成为广泛的共识和城市战略，这为上海在保护与传承文化遗产的基础上发展文化产业提供了可以借鉴的经验。近年来，上海不断推进对文化遗产精华的保护和传承：全社会积极推动文化遗产保护运动，建立有关文化遗产名录体系，设立"文化遗产日"，实践各种保护性的活动，为文化产业发展奠定了良好的基础。

[①] 俞孔坚：《世界遗产概念挑战中国：第28届世界遗产大会有感》，《中国园林》，2004年第7期。

二、版权产业与文化遗产廊道
——美国的经验和借鉴

美国是典型的移民国家,虽然没有悠久的历史遗产资源,但是她善于融合其他国家的文化资源,在文化产业发展中不断开发各种新模式新业态。从热点不断的百老汇音乐剧,到改编自中国传统文化的《花木兰》电影,再到好莱坞开发《哈里·波特》及其衍生品,都显示了美国文化产业的包容性和创新能力。

(一)高度重视版权的开发和保护

美国版权产业被分为四大门类。"核心"版权产业是最重要的一类,是指以创造享有版权的作品作为其主要产品的产业。它们是:电影产业(电视、戏院和家庭之录像),录音产业(唱片、磁带和 CD 唱片),音乐出版业,图书、报刊出版业,软件产业(含数据处理、商用以及交互式游戏软件),合法剧院、广告,以及无线电、电视和电缆播放业。其中的大多数主要从事生产、制造和传播新的有版权的物品。第二类是"部分"版权产业,其产品仅有部分属于享有版权的材料,较典型的是纺织品、玩具制造、建筑等。"发行业"是第三类,它们面向商店和消费者发行版权物品,如有关的运输服务,批发与零售业等。第四类是"版权关联"产业,其所生产和发行的产品主要是与版权物品配合使用,如计算机、收音机、电视机。

美国的法律和体制鼓励版权的开发和保护,从联邦政府到各州和市政府,都有比较完善的版权保护机制。美国的知识产权保护法,有许多与欧洲不同的独特之处。比如美国的专利法规定,谁先发明谁就有专利权,而欧洲国家则是谁先申请谁就有专利权,相比较之下,美国更加鼓励发明者和开发者;又比如欧洲国家规定,在申请专利前,所有者的产品不能销售,专利不能发表和使用,而在美国,恰恰是他可以在申请专利之前的一年时间里销售、使用和发表。这正说明:美国更加鼓励和保护发明者和创业者。许多发明者和小公司在开始创业时缺乏资金，也需要时间去开发市场；有的先要市场实验才去筹资申请专利权和投入生产。所以，美国的制度鼓励发明者和版权开发者，从萌发创意和想法时就要做记录，也鼓励公司对研发的每一进展记录在案，以证人签字，以获得法律的保护和支持。

美国的电影产品在本国和国外放映的票房约占世界市场的 65% 左右，此外，美国的音乐、视听、出版、艺术品等产业也高度发达。其中，就有许多境外投资者和影视公司到美国开发文化产品的贡献。这与美国版权制度对国外投资人和开发者的吸引密切相关。为了加强对本国知识产权的保护和尽量与世界接轨，美国先后对部分法律进行修改，比如专利权的有效期从批准日始算的17 年，改为从申请日开始延长到 20 年；《版权法》也从团体著作权保护期的 75 年和个人终身享有及去世后的 50 年分别延长了 20 年。美国在知识产权保护方面与欧洲等国家明显不同，即保护原告。一旦原告诉被告侵犯其专利权，如果输了，欧洲国家会判定原告赔偿被告的律师费。但在美国如果原告输了，不用作任何赔偿，这实际上是更加鼓励专利人，保护版权开发者。此外，如果专利人告别人侵权，可以先不付任何律师费，赢了官司，再从被告赔偿中提取一定比例的费用。正如美国电影协会主席杰克·瓦伦蒂所说："知识产权是美国最有价值的出口物，也是全世界最需要的美国产品。"它也是美国着力保护的文化财富源泉。

（二）自然与人文融合的遗产廊道

美国的许多个州和城市推动了"遗产廊道"模式，这种模式是绿色通道发展和文化遗产保护的区域化结合的产物。遗产廊道是"拥有特殊文化资源集合的线性景观。通常带有明显的经济中心、蓬勃发展的旅游、老建筑的适应性再利用、娱乐及环境改善"[1]。自从伊利诺斯和密歇根运河国家遗产廊道被美国国会指定[2]认可以来，许多州都在它的成功感召之下建立了遗产区域和遗产

---

[1] 王景慧：《论历史文化遗产保护的层次》，《规划师》，2002 年第 6 期。
[2] 专门有针对性的保护法律之一。1984 年，美国议会就制订了《1984 年伊利诺斯和密歇根运河国家遗产廊道法》。

廊道计划。2001 年,美国国会指定和认可了 23 个类似的项目,加上州立的遗产区域以及其他朝着正规的指定和承认的方向努力的项目,数量达到了 100 多个。

遗产廊道以文化遗产的集体责任为根本,不仅保护有形的文化遗产,更以社区精神的推动和无形文化遗产的研究、展示和保护为己任,并且都倾向于提供一个区域的跨越边界的保护工作平台,建设一种具有动态特征的文化景观,集文化与生态保护、地区振兴、旅游开发等多个维度于一体。因其运作涉及来自政府、产业和非营利机构的合作,政府一般可以给予技术和小规模的资金支持及政策上的帮助。各州都通过文化发展、遗产保护或类似计划来扶持遗产廊道,如宾州的遗产公园计划、马里兰的新遗产保护和旅游计划、路易斯安那文化、游憩和旅游部的相关管理计划等。强大的非营利机构起着生死攸关的作用,如伊利诺斯和密歇根运河委员会的运作和非赢利组织运河廊道协会密切相关。这些非赢利组织和捐赠来源关系密切,很容易为遗产区域的项目找到资金支持;遗产廊道也是产业开发机构、行会的密切合作伙伴,如黑石河河谷商业行会就骄傲地把遗产廊道作为他们区域进步和高质量生活的范例,其宣传资料上说他们的商业开发拥有"和工业革命一样悠久的地方传统"[①]。遗产廊道发展模式体现了美国对文化遗产的整体保护理念,实践的关键是建设自然与人文紧密结合互动共生的自然文化景观。

三、重视"文化财"与提升文化产业品质——日本的经验和借鉴

2003—2009 年笔者在日本留学期间曾经在东京迪士尼工作过一年有余,又考察过藤岛町、中富町、今田町、三岛町、早川町等地,参与到那些地方的地域开发中,感受到日本保护文化遗产和开发文化产业的主要经验之一,是高度重视"文化财",并以此来提升文化产业产品的品质。

---

① CIIC. 3rd Draft Annotated Revised Operational Guidelines for the Implementation m the World Heritage Convention. Madrid,Spain, 2003.

(一)重视"文化财":让科技与传统文化相结合

日本在第二次世界大战之后,用了30年时间从战争废墟上迅速崛起,一度成为世界第二大经济体,并且在2010年以后逐渐进入经济徘徊状态。目前中国已经成为世界第二大经济体,日本大幅度落后于中国的经济规模。2007年以后,日本的文化产业规模约为80兆至90兆日元,其娱乐业产值仅次于汽车工业。此后,日本文化产业以漫画、动画、游戏三大产业建成,动画出口额占世界市场份额的62%,游戏占世界市场份额的三分之一。

支撑日本经济成长的一个重要方面是日本的民族文化力,而这种文化力是通过日本人日常的衣、食、住、行等大众生活的各个层次和侧面表现出来的。这些看似平常的大众生活文化都成为了日本政府要保护、弘扬的民族文化资源。所以,大部分日本居民都认为:文化遗产是全体国民珍贵的文化财产,并对无形文化财保护制定有关法律——如2001年颁布《振兴文化艺术基本法》;修订了1970年颁布的《著作权法》,改名为《著作权管理法》;2004年颁布了《文化产品创造、保护及活用促进基本法》,还制订了《知识产权基本法》等。这一系列法律的实施为日本文化产业的快速发展提供了良好的法律制度保障。[1] 同时,日本又采取了一系列的实际措施,如:出版有关非遗起源和发展的系列民俗地图,每个社区都建有相应的"地域文化振兴课程"等。这些具体措施使地方对非遗能进行有效保护并进而发展特色文化产业,从而赋予了日本文化产业以源源不断的活力。

日本在现代化的过程中学习了西方欧美国家的科技、教育,甚至包括政治制度、法律等诸多方面,采取了"脱亚入欧"的主张。而另一方面,日本较好地继承了本民族的传统文化,并使之现代化。这种意味深长的运动,以不同的形态与命题出现的,如"寻找地方之宝运动"、"创造地方之华运动"等。本质上都是使日本传统的民族优秀得以继承与发扬。[2]

---

[1] 川崎贤一:《文化政策的边境2:文化变革—新全球体系文化的可能性》,东京劲草书房,2006,第26页。

[2] 顾江、昝胜锋:《亚洲国家文化产业集群发展模式比较研究》,《南京社会科学》,2009年第6期。

日本为民族文化走向世界实施了一系列制度性保障措施,包括多元化的投融资机制、文化市场的培育制度、文化产业群与"产学研"协作体制、图书寄销制度、"文化产品输出"制度等,促使文化产业的发展。在这个过程中,实现了高科技与传统文化相结合。如仅有4万人口的境港市,规模相当于上海的一个镇,该市在市政建设中以当地一组古老的民间传说——鬼太郎的故事作主题,渗透到居民的衣食住行,不仅整个城市建设(包括街道布局、城市公共雕塑、建筑风格、公园广场等)成了一个童话世界,而且预留了与鬼太郎相关民俗活动的文化空间,使全城居民都成为本土非物质文化遗产的守护者、传承者,不但丰富了市民自己的精神生活,还吸引了大批海内外的游客。

(二)开发动漫:提高国际竞争力优势

在日本,许多年轻人对动漫形象的喜爱甚至崇拜、模仿,是终其一生的。动漫不单单是一种娱乐,更是一种承载思想、价值观的文化产品。动漫已经成为东京游戏展、东京玩具节、秋叶原娱乐节、C3模玩展、动画主题曲夏日演唱会等大型会展的主角,也成为日本主要的文化出口产品之一。

在日本的许多动漫中出现这样的场景——浪漫的樱花道、纷飞的樱花瓣,以及树下结伴而来的人群,无论男女都身着传统和服,在铺着整洁布单的草坪上席地而坐,分享着各自带来的便当。这些漂亮的和服、精美的便当、诗情画意的樱花林与高楼大厦相映成辉,成为日本动漫艺术的一大特色。许多人爱看动漫大师宫崎骏的代表作《龙猫》:龙猫带着两个小女孩儿飞跃农田、飞跃村庄的场景,龙猫车如同儿时梦境中出现等优美画面,让观众难以忘怀。日本漫画家擅长从传统文化中汲取灵感,发挥想象力,通过专业的绘画技巧和精准的色彩把握,发挥动漫的表现力。如《圣斗士星矢》取材于希腊神话,但是剧中穿着铠甲、手持圣器为保卫雅典娜而战的斗士们,却表达了日本的传统精神。

日本动漫作品中有许多弘扬了团队协作精神。如漫画家井上雄彦以高中篮球为题材的励志型漫画及动画作品《灌篮高手》就重视表现团队协作精神。其中湘北篮球队的主角樱木花道,配角流川枫、赤木刚宪、三井寿、宫城良田、木幕、赤木晴子等人物组成了樱木花道的两个团队,他们的团队协作精神不同于美国的个人英雄主义，更加具有东方文化的内涵。而《火影忍者》是日本漫画家岸本齐史的代表作，于 1999 年开始在《周刊少年 JUMP》上连载，于 2014 年 11 月 10 日发售的 JUMP 第 50 号完结。剧中角色鸣人、佐助、小樱、卡卡西、大蛇丸等成为几代人的文化记忆。《火影忍者》连载 15 年，赢得了大量粉丝爱好者。这不仅仅因为作者岸本齐史善于讲故事，还在于日本完整的动漫产业链，进行了有效的市场开发。日本动漫的周边产品十分发达，比如结合了动漫文化元素的人偶、模型、餐盒、镜框、电话卡、日历、钥匙链、音乐钟、相册、衬衫等。它们为制作商带来丰厚的利润，制作商又把赢利投入到下一部作品中，以此形成良性循环。

日本动漫产业注重以产品形象为基础，以版权管理为核心，让产业链各环节间形成分工合作模式。漫画工作室、动画工作室、版权代理事务所、印刷出版企业、图书发行企业、电视台、杂志社、动漫衍生品生产、销售渠道等机构界限清楚，有各自的工作目标，也有完善的合作机制。此外，漫画（动画）工作室与企业间的资助合作关系也是一种比较成功的合作方式，比如铁臂阿童木和东芝公司的"捆绑"。这样，动漫工作室可稳定获利，企业也可借助动漫传播品牌。日本的动漫衍生品的制作也有明确的设计追求，同时高度注重时尚性。日本的动漫销售渠道非常广泛，除了随处可见的动漫书店、衍生品专卖店之外，商场和超市也都销售漫画书、动漫游戏光盘、玩具、模型等，有些大型商场里与动漫相关的产品占据了很大面积。尤其值得称道的是，日本各类衍生品的销售渠道十分规范，或采用专卖店形式、或者和连锁企业捆绑销售，以有利于品牌培养和知识产权保护。

日本的迪士尼乐园、环球影视城及多家主题公园都与动漫产业有着密切的关联。它们体现了"目的地消费"的理念，让快乐消费在迪士尼乐园里变成了现实。① 日本的动漫游戏和主题乐园的经营方式，在国外市场上也产生了积极的影响，如韩国对引进的日方动漫创作人员给予每人每月 30 万日元补贴等。

---

① 笔者在东京迪士尼园工作期间，曾到其日本动漫专卖店去过，也体验到这个公园在表达美国神奇文化中是如何自然融入日本本土文化元素的。

四、让文化遗产提升体验经济——欧洲国家的经验和借鉴

欧洲作为人类文明的古老发源地之一,拥有丰富的文化遗产,也是近代诸多科技、政治、艺术成果的发源地之一。英国、德国、法国等主要欧洲国家在传承文化遗产的基础上发展文化创意产业,创造了许多有益的经验。

(一)英国:以创意产业扩大国际影响

英国是最早提出"文化创意产业"概念的国家之一。1997 年,英国政府提出创意产业理念,其内容涵盖了广告、建筑、艺术、古玩、工艺品、设计、影视、广播、软件、电脑、音乐、表演艺术、出版等 13 个文化产业。1998 年,英国政府出台了《英国创意产业路径文件》,明确提出了"文化创意产业"的概念,并积极采取措施推动产业发展。经过十多年的发展,英国文化创意产业已成长为仅次于金融服务的第二大产业,每年创造超过 7% 的国内生产总值,其年均增速达 5% 以上,高于其他产业。

被誉为"英国创意产业之父"的约翰·霍金斯博士认为,英国文化产业之所以大获成功,除了文化积累之外,注重开发创意是重要原因。创意产业因投资少、见效快、利润高而显示了竞争的优势,更可以依托互联网而获得广泛的推广。以伦敦为例,近年来,伦敦文化创意产业每年产值达 210 亿英镑,成为伦敦市第二大支柱产业。2012 年伦敦奥运会时,文化创意产业产值达到 300 亿英镑。目前英国的创意产业为英国 GDP 的贡献率已达 8%,全国创意产业相关从业人员超过 200 万人,伦敦集聚了 50 万个相关的从业人员。

英国对文化的扶持制度,被称为"一臂间隔"模式①,其原则是在政府与各级艺术和文化机构之间建立起必要的协定,在二者之间设立边界,通过政府与

---

① "一臂间隔"原指人在队列中与其前后左右的伙伴保持相同距离。英国"一臂间隔"的文化扶持制度在于协调好政府和文化企事业单位之间的关系,让他们有释放创造力的空间。

非政府组织之间的不断互动来管理文化资金和文化项目的运作。[①] 英国政府对于文化产业的管理主要不是依靠行政手段，而是通过政策引导和经济调控达到管理目标。实行从中央到地方的三级管理体制，政府秉承"一臂间隔"的距离原则，坚持适当分权和"专"、"宽"兼备。中央政府在进行文化管理的实践过程中，一方面从只管表演、展览等小文化，逐步过渡到统管所有涉及创意的大文化；另一方面坚持通过制定和监督文化政策实施的方式，对文化事业的发展发挥领导和调控作用，并不对艺术团体和文化机构进行直接行政干预。这样做，既保持了政府文化行政主管部门的精干，也有利于文化艺术事业的发展。[②] 英国政府颁布的推动政策包括以下方面：1. 政府首相领导成立特别工作小组；2. 成立政府专职部门；3. 组建创意产业输出推广顾问团；4. 出台专门文件；5. 出版指导手册；6. 完善财务支持系统；7. 税收优惠扶持；8. 加强机制建设；9. 突出战略核心城市。[③] 由于英国属于判例法国家，没有成文的宪法，按照这种法律传统，诸如艺术家和一些文化创意人才就处于判例法的总体框架之内。英格兰艺术委员会委托"就业研究院"、"教育发展中心"和"沃里克大学评估与研究"从事艺术家劳动市场、税收和收益制度效果的研究。"国家税收"裁定给艺术家的拨款和资金需要纳税。英国政府鼓励私人投资文化创意产业，在法律和政策上都给予诸多的优惠。

（二）法国：促进人文内涵与自然景观相结合

法国是世界上著名的旅游国家之一，平均每年接待外国游客 7 000 多万人次，超过本国人口。首都巴黎、地中海和大西洋沿岸及阿尔卑斯山区，以及诸多历史名城，都以人文与自然结合的魅力吸引着人们。法国不仅仅是一个拥有丰富艺术和旅游资源的文明古国，而且也是一个拥有科技创新实力的现代化国家。

---

① 张晓明等主编：《国际文化产业发展报告》，社会科学文献出版社 2007 年版，第 62—64 页。
② 熊澄宇：《并存 互补 竞争 创新——发展中的国际文化产业》，《求是》，2007 年第 10 期。
③ 张晓明等主编：《国际文化产业发展报告》，社会科学文献出版社 2007 年版，第 62—64 页。

由于法国人善于推动人文内涵与自然景观相结合,所以也形成了具有文化内涵的时尚产业。以香榭丽舍大街为例,它仅1.8公里长,却集中了诸多文化历史遗址,凝聚了丰富的文脉,同时也是诸多时尚品牌的荟萃之地。自第五共和国以来,每一位总统都有一项或多项"文化工程"。这些"总统工程"不仅为国民提供了高质量的文化设施,也为法国增添了富有时代气息的文化旅游资源。

大量事实说明:仅仅对历史遗产做修复和保护的工作,还不能使得它们转化成为文化资产,需要结合当代人的需要,不断提炼文化遗产的精华,并且开发成为当代人喜爱的文化产品和文化服务。比如:卢浮宫是法国最大的王宫建筑之一,形成一座呈U字形的宏伟辉煌的宫殿建筑群。它有馆藏品达40万件,包括希腊和罗马艺术馆,东方艺术馆,埃及艺术馆,欧洲中世纪、文艺复兴时期和现代雕像馆等门类。而这里的《创新法国》、《重塑巴黎》等单元,则把丰富的历史遗产与现实的创新联系在一起。如《重塑巴黎》单元展示了2015年由巴黎市政府发起的一项大型计划,它选取了23个重要的城市地块,邀请知名的建筑师、规划师参与三个阶段的角逐,以此为大巴黎的复兴重塑提出优秀的设计提案。这种尊重历史又面向未来的眼光,表现出法国人的睿智和热情,这也恰恰是这座著名城市保持长久吸引力和凝聚力的源泉之一。为了吸引更多的各国人士,法国发挥了文化旅游服务体系的作用。以法国旅游局Office de Tourisme为例,它覆盖到了法国绝大多数城市乡镇和村落,宣传和发展当地的旅游项目,帮助并提供多语种的游信息(发放旅游手册、地图、餐饮娱乐住宿彩页等),使外国游客到法国的大中小城镇后,都能方便地联系当地的旅游局,获得比较周全的服务。

正如中国学者花建所指出的:文化创意和旅游的融合,是人类长期积累的重要经验。而在21世纪推动产业和城市双转型、发展创意经济、提升文化软实力的大背景下,文化创意和旅游的融合被赋予了全新的内涵。文化创意和旅游融合不仅可以为旅游业开发丰富的人文价值和经济资源,也可以为文化创意提供一条转化为社会财富的广阔道路①。联合国教科文组织在《旅游、

---

① 花建:《文化创意旅游的价值创造》,《解放日报》,2014年8月30日。

文化和可持续发展》这一报告中指出："发展"是全人类的共同追求,它不仅仅指财富增长,还是创意、文化、经济与技术之间的交互作用,表现为创造和运用智力资本的能力,同时促进社会凝聚力、文化多样性和人类的发展,所以"文化、遗产和多样性应该被视为旅游的重要资源"。

五、把遗产之城与创意之都相结合——上海的对策

美国、日本、英国、法国在传承文化遗产精华与提升文创产业品质方面的经验,为上海提供了有益的借鉴。上海要把建设文化遗产之城与提升世界创意之都相结合,采取更加有效的举措,全面提升上海的文化创意产业。

（一）精心打造上海六千年文脉景区

上海需要开发自然魅力与人文内涵相结合的新景区,凸显六千年文脉。上海的历史积淀非常厚重,比如在青浦福泉山古文化遗址中曾先后发现过距今 6 000—7 000 年的三处红烧土和其它文化遗存,与河姆渡出土的祭祀碑为同一类型,属于原始社会净土祭祀的遗留物,这反映了上海地区最早的信仰民俗。同时出土的还有马家浜文化类的石器、陶器、禽兽角制成的生产工具、玉饰,以及多于男子的妇女随葬品,反映了该地已进入了发达的母系氏族社会,表现了足资珍贵的母系社会民俗。该地出土的 5 000—6 000 年崧泽时期的孔石器、骨匕、牙手镯、陶纺轮等,说明在上海地区,以农业为主的新石器时代文化已经开始,这种农耕民俗对该地及相邻地区的民俗发展发生了持久的影响。该地出土的 4 000—5 000 年良渚文化时期的精美石器,还有原始文字符号的陶器、玉器、牙雕等,许多制作工艺已相当成熟,反映了原始氏族社会转向奴隶社会的新石器晚期文化,记刻着上海先民开发的贡献。它记录了由奴隶社会转为封建社会的上古与中古文化,被考古专家们誉为"古上海的历史年表"、"中国的金字塔"。由此可以看到:上海不仅有灿烂的原始文明,而且这种悠久的文脉从未间断。

在青浦唐代建筑中精巧的青龙塔和泖塔,明代建筑中造型独特的放生桥,清代上海五大古园林之一的曲水园等历史建筑物,以及多种的非物质民俗文化形态,如:土布纺织、特产加工、造屋造桥、剪纸刺绣、雕塑制陶等民间工艺,庙会、街铺、集市等传统岁时与节日,庆诞、庆婚、祝寿、丧葬等人生礼仪,音乐、舞蹈、曲艺、戏剧等民间艺术与民间文学。在青浦的民俗土壤中,不仅孕育出传承着水乡特色的千年古镇,如朱家角镇、练塘镇、金泽镇等,而且培育出一批文化名人,如西晋著名文学家陆机、陆云,元代著名女书画家仲姬(青浦小蒸人,赵孟頫妻)、书画家曹知白,明代著名戏曲家屠隆、历史学家王圻,清代著名金石考古学家王昶、名医、诗人何其伟、女诗人廖永锦、数学家屠文漪、商务印书馆创始人之一的夏瑞芳、文学家陆士谔等;以及三国名将陆逊、唐代良相陆贽、元代水利家任仁发、小刀会起义领袖周立春、周秀英、实业家蔡承烈等。

在上海六千多平方公里的土地上,诸如青浦那样的民俗事项与人物在各区数不胜数。上海的历史画卷如同一幅别样的“清明上河图”,流荡着先民在漫长的历史岁月中形成的文化精神,并润育一代又一代上海人的心田。上海要全面梳理六千年的文脉,通过开发新景区,展现重要的文脉节点,将自然与人文紧密结合、历史与现实紧密结合、外国与本土紧密结合、静态与活态紧密结合,让中外游客在上海的“文化遗产廊道”中体验到特有的文化魅力。

(二)发挥文化产业的“众创”活力

根据党中央和国务院的决策,上海要加快建设具有全球影响力的科技创新中心。为了激发全社会的创新、创造、创业热情,上海市颁布了《关于本市发展众创空间推进大众创新创业的指导意见》等文件,召开了以“百折不挠,勇攀高峰,创造社会价值”为主题的众创峰会。从政府、高校、社团到企业,越来越多的有识之士认为:要结合众创空间建设,激发“双创”活力,推动文化产业与金融、科技等的融合创新相结合。截至 2015 年底,全市共有创新创业服务组织 450 余家,90%的孵化器为社会力量而办。其中创业孵化苗圃 71 家,孵化器 149 家、新型孵化器 62 家、新型创业服务组织 209 家,依托市场建设了一批支持草根创业,大力推进大众创业、万众创新的服务载体,为上海建设具有全球影响力的科技创新中心营造了良好的生态环境。2016 年,华创俱乐部、苏河汇、腾讯众创空间等 20 家上海市众创空间入选国家级众创空间,并纳入国家科技企业孵化器管理体系,①上海市已经有 55 家单位纳入国家级孵化器管理。

相比较而言,众创空间的主要功能是通过创新与创业相结合、线上与线下相结合、孵化与投资相结合,以专业化服务推动创业者应用新技术、开发新产品、开拓新市场、培育新业态。如同本文前面所说,在开辟上海六千年文脉景区的过程中,要注重培育文化产业众创空间,挖掘乡镇、社区的潜力。随着上海老龄化程度的加深,上海加大了对于中老年人的服务力度,社区的文化基础设施也日益完善。作者建议可以发挥一部分有才能、有技艺、有知识的老年人特别是老专家、老艺术家、老工程师等的潜力,让他们更多地发挥作用。与此同时,要借鉴国际经验,进一步激发青年一代创新与创业的热情。要全面贯彻国务院《关于发展众创空间推进大众创新创业的指导意见》,构建一批低成本、便利化、全要素、开放式的众创空间,进一步深化商事制度改革,降低新创企业的创业门槛,提供工商注册便利化,为新创企业提供投融资的便利等。这样,综合乡镇、社区中所有的人文资源与自然资源,作为一个整体进行保护、传承与开发,在文化遗产的传承中植入更多的文化产业主体,打造上海的"文化遗产廊道"。

结　束　语

2016 年 11 月,上海正式编制和颁布了新一轮城市总体规划,提出到 2040 年成为卓越的全球城市。为了实现这个目标,政府部门、专业机构、社会各个层面以及民间团体既要团结一心,大胆创新,虚心学习美国、日本、英国、法国等国的有关经验,使传承文化遗产精华与提升文创产业品质实现良性互动,早日达到上海城市总体规划目标,成为全球瞩目的世界城市之星。

---

①　根据《科技部关于公布第二批众创空间的通知》(国科火发[2016]46 号)文件数据。

10

迪士尼的文化转化策略对
上海文化市场的影响

毕旭玲*

内容提要 本文主要研究迪士尼的文化转换策略对上海文化市场发展的影响,这种影响早在 1980 年代初迪士尼动画进入中国时就开始了。当时,迪士尼动画掀起了中国向西方动画学习技术与创意的高潮。1990 年代后期,模仿迪士尼动画的作品出现在上海人生活中,动画周边产业发展也成为文化产业的热点。2005 年香港迪士尼乐园的开放使上海民众近距离接触到了全方位的迪士尼文化。2016 年开园的上海迪士尼乐园对上海文化市场产生了广泛影响,主要表现为:现有文化消费市场份额的重新划分,主题乐园类产业的重新洗牌,对主题乐园类产业的引导,推动文化创业实践,分享迪士尼红利,影响文化市场意识等。

关 键 词 迪士尼 文化转换 文化市场

一、迪士尼的文化转换策略概述

"文化转换"(Transculturation)也被翻译为"文化转移",是由社会学家费尔南多·奥提兹(Fernando Ortiz)所提出的,主要用来概括文化融合和趋同现象。他指出:文化转换的过程就是一种文化被另一种文化吸收、改造,最终完

---

* 毕旭玲,上海社会科学院文学研究所副研究员,主要研究领域:民俗文化。

成对文化形式的更新①。文化转化的过程中涉及到原文化的内容或文化形式的改变，是目的性非常强的转化过程。费尔南多的"文化转换"强调所有文化间的"平等交换"。他说：即使在极端条件下，比如在美洲的非洲黑奴文化，也对处于统治地位的文化具有相当的影响。但我们经过仔细考虑就会发现，费尔南多的"文化转换"其实并非真正的"平等"，强势文化总是具有强势地位，尤其是在全球化的背景之下。

在全球化的背景下，文化转换至少包括两种文化主体的文化转变过程：第一，原文化扩散为全球性文化；第二，原文化转换、提升扩散到全球范围内，从而成为全球性文化。一般来说，前者的主体属于强势文化或主流文化，其文化转换的过程是原本的强势文化或主流文化影响全球大部分地区的过程。而后者的主体则属于弱势文化或非主流文化，其文化转化的过程是被主流或强势文化改造，并最终成为全球性文化的一部分。从被转换的文化占原文化的比例来看，在第一种强势或主流文化扩散为全球性文化的过程中，几乎全部的原文化都参与了这一过程。而在第二种弱势或非主流文化被转换、提升扩散到全球范围内的过程中，只有部分原文化形式或元素参与了这一过程。图1与图2分别显示了文化转化的两种过程。但需要说明的是：在第二种过程中，究竟有多少原文化形式或文化元素参与了转化是很难量化的，图2中半圆图形的面积没有任何实际量化的意义，仅表示部分与整体的关系。

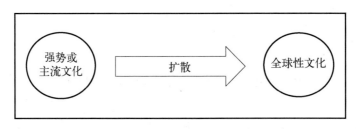

图1 文化转化的过程一

①　"文化转换"一词出现于费尔南多的《烟草与蔗糖在古巴的对奏》一书中。该书的英文版于1947年纽约出版。"文化转换"一词是从西班牙语中提炼出来的，通过文化研究被纳入英语词汇中，其直接来源是乌拉圭文艺评论家安赫尔·罗摩于1982年在墨西哥出版的《叙述的"文化转换"与拉美小说》。

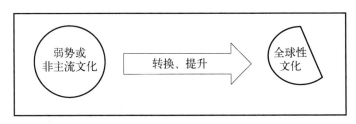

图二　文化转化的过程二

　　需要说明的是：本文关注的主要对象是沿袭了几千年没有中断的中国文化。但中华传统文化在当代全球化的过程中并不属于主流文化。所以,本文关注的文化转换过程实际上是第二种。基于文化转换主导者的不同目的、不同身份,文化转换呈现出复杂的情况。在文化转换的第二种过程中,当文化转换的主导者是政府行政部门时,文化转换的过程就是主动的。原文化主动寻求文化的转换和提升,从而更快地融入全球性文化。有些则是出于经济利益,由电影电视娱乐公司等政府以外的实体充当文化转换的主导者。迪士尼公司就是这样的经济实体。作为全球最大的媒体及娱乐公司,从公司创始到现在,动画影视一直是其产业的基础和核心。而文化转换手法在动画影视中的使用,也几乎伴随着迪士尼公司发展壮大的全过程。

　　1937 年,迪士尼公司出品的第一部动画长片——《白雪公主》①就改编自广泛流行于欧洲的童话故事,其中最著名的故事版本见于德国的《格林童话》。该童话讲述了白雪公主受到继母虐待,逃到森林中,受到七个小矮人的帮助,解脱了继母的诅咒,并最终找到真爱的故事。《白雪公主》的上映为迪士尼带来了空前成功,该片首次发行就赢得了 800 万美元,并于 1939 年获得了美国特别学院奖。但在发行之前,人们却认为它是"迪士尼的愚蠢之作",因为很多人并不相信观众会耐着性子看完这部长度达到电影正片长度的动画片。《白雪公主》的成功当然包含了很多因素,但从受众的角度讲,能接受第一部动画电影,与故事本身的文化感召力密不可分。迪士尼向观众呈现了一个美国式的《白雪公主》。《白雪公主》故事来自于欧洲,在电影改编之前,已经在欧美乃至全球有

_____

　　①　《白雪公主》同时也是历史上第一个动画长片。

了广泛的影响力。对于这样一个家喻户晓耳熟能详的故事,迪士尼进行了巧妙的文化转换,使其具有了美国文化特色和时代文化烙印,因而大受欢迎。

评论家茨伯兹曾分析印刷版的《白雪公主》与迪士尼版的《白雪公主》的主要差别,如下表①:

版　　本	格 林 印 刷 版	迪 士 尼 版
白雪公主的父母	母亲去世/父亲在世	父母双亡
白雪公主的日常	白雪公主不劳动	白雪公主是女仆,打扫城堡
故事开始对王子的描述	王子的角色微不足道	王子在影片开始就有特写
故事开始对王后的描述	没有	嫉妒白雪公主
动物的角色	没有	白雪公主的朋友和保护者
小矮人的角色	匿名,角色不重要	有名有姓,富有个性,主要角色
王后的拜访	三次	一次
对王后的惩罚	在白雪公主婚礼上穿着滚烫的铁鞋	在企图谋杀小矮人时被杀
白雪公主的苏醒	在小矮人运来棺材时苏醒	王子亲吻后苏醒

除了适应于动画片形式方面的改变之外,上述差别中就含有重要的文化转换,主要表现在白雪公主、小矮人和王子的人物塑造方面。在原著中,作为公主的白雪不事生产,王子的存在也仅发挥唤醒公主的作用。但被改编以后,公主成为一名普通劳动者,不仅在城堡内打扫不停,在小矮人的茅舍中也打扫不停。同时,小矮人也从不重要的角色变成了性格鲜明,且尽职尽责工作的劳动者。我们联系1929—1933年的资本主义经济危机,就能理解这样改编的目的。《白雪公主》开始拍摄于1934年,正是经济危机结束后的一年,资本主义世界可以说是面临着百废待兴的局面,需要各行业的劳动者辛勤劳作,需要他们具备基本的职业伦理。而白雪公主和小矮人的行为,正代表了这一时期社

---

① 转引自[美]珍妮特·瓦斯科著,杨珍席译:《理解迪士尼梦工厂》,中国传媒大学出版社2015年版,第130—131页。

会普通劳动者的日常劳作行为。白雪公主和小矮人的形象之所以受到观众的热烈欢迎,是因为他们从动画片中感受到了普通人的日常,而不再是原著中脱离大众的公主和面目模糊的小矮人。这正是一种文化转换。通过转换,使人物具有了时代精神,成为美国式的人物。

影片中的王子也不再微不足道,他在影片的一开始就有特写,他对白雪公主一见钟情,并挽救了公主,成为最终的获胜者。在茨伯兹看来,《白雪公主》中最重要的符号就是"迪士尼在公正的名义之下实现了个人的荣耀"①。"荣耀"是绝大多数迪士尼动画影视中宣扬的目标,其实正是美国梦的体现。世代美国人都相信,只要经过努力不懈的奋斗便能获得更好的生活,也就是说人们必须通过自己的勤奋、勇气、创意和决心迈向繁荣,而非依赖于特定的社会阶层和他人的援助。这便是美国梦。实现了美国梦,就是实现了个人或者家族的荣耀。

从《白雪公主》开始,迪士尼走上了将世界各地的神话和民间故事等改编为动画电影的道路。如果说欧洲的《白雪公主》与美国文化的差异还较小,而此后的《甘地》(印度)、《阿拉丁》(埃及)等动画电影的原文化与美国文化差异都比较大,但迪士尼的改编依然获得了巨大的成功,其秘密就在于成功地运用了文化转换的手法,将异文化的故事改造为美国式的故事,向大众进行传播。其中,最为中国人所熟悉的是《花木兰》和《功夫熊猫》。前者对中国传统的木兰替父从军故事进行情节、人物性格以及精神内涵的转换,后者干脆就只是使用了中国功夫和熊猫等元素。本文仅以《花木兰》为例。

中国题材的好莱坞动画大片《花木兰》(《Mulan》)于1998年在全球推广,取得了当年票房第13的不俗成绩。花木兰是广受中国人喜爱的女英雄,具有文化符号的象征意义。自北朝民歌《木兰辞》塑造了花木兰的形象以后,不少古代文人都对其形象和故事进行过再创造,比如明代戏曲家徐渭就创作了《雌木兰替父从军》的杂剧。到了近代,受西方平等主义思潮的影响,文艺界对女

---

① [美]珍妮特·瓦斯科著,杨珍席译:《理解迪士尼梦工厂》,中国传媒大学出版社2015年版,第131页。

英雄故事的改编增多。1912年,梅兰芳和齐如山合作将《木兰辞》改编为京剧《木兰从军》,1926年又将京剧版的《木兰从军》搬上荧幕。此后的数十年,中国银幕上出现过若干版本的木兰故事。不过,这些故事的演绎和形象的塑造始终在中华文化圈内进行,花木兰的影响也大都存在于华人群体中。直到1998年,迪士尼公司将中国花木兰故事改编成动画电影《花木兰》,女英雄花木兰的形象才为全世界所知晓。

中国民众所熟悉的花木兰是勤劳勇敢善良的女子形象,她的身上尤其体现了传统文化的"忠"与"孝"的精神。花木兰的父亲年事已高,且"木兰无长兄,阿爷无大儿",木兰出于孝顺而替父从军。从军以后,十年征战期间,木兰就成为一个忠于君王、勇敢善战的战士。"万里赴戎机,关山度若飞。朔气传金柝,寒光照铁衣。"但中国传统的忠孝文化与西方文化中的民主自由精神很不一样,继续用"忠孝"阐释花木兰故事无法让美国人和其他西方观众理解。所以,迪士尼公司对中国传统的忠孝观念进行了转化,用荣耀家庭的动机代替了忠,用父女之爱替代了传统的孝道。动画片一开始就是木兰相亲失败,没有给家庭带来荣耀,所以为了家庭荣耀,实现自我价值,木兰下决心替父从军。《花木兰》角色总设计 Dean Deblois 说:"重要的是,影片中我们面对的是一个典型的外国角色,她的一切作为都是为了荣誉,为了履行一些与生俱来、不容置疑的义务。当然,荣誉普遍存在于不同文化的观念,但是我们必须以具体的例子说明,为什么有人愿意为它而奋斗,否则人们是不会明白的。"①与孝道中单方面的付出不同,父女之爱是双向的,所以我们看到迪士尼对花木兰故事的改编中增加了父女二人在花园中亲密谈心的场景。家庭荣誉与自我价值的实现其实就是美国梦与个人英雄主义,是以美国价值为核心的西方主流价值的体现;而双向的父女之爱是西方家庭观念的组成部分。迪士尼用家庭荣誉与父女之爱取代了原木兰故事中的忠孝精神,完成了从中国传统故事到美国式故事的转换。

香港学者陈韬文曾把文化转化过程,概括为两个阶段:去情境化(去本质

---

① 吴保和:《花木兰,一个中国文化符号的演进与传播——从木兰戏剧到木兰电影》,《上海大学学报(社会科学版)》,2011年第1期。

化)与再情境化①。情境是故事发生的文化背景与环境,故事情节的展开与情境有密切的关系,是故事具有文化特征的重要原因。去情境化是剔除故事原有的情境,而再情境化是赋予故事新的情境。剔除原有的故事情境,即剥离了故事的核心情节与部分原文化的关系。这些被剥离的情境往往是那些不易被其他文化背景的观众所接受的情境,也是原故事体现其本质精神的所在。然后,根据需要,为这些剥离了原情境的核心情节赋予新的情境。新的情境往往是那些易于被不同文化背景的观众接受的文化情境。《花木兰》动画电影中被剔除的是忠君、孝道这一类中国传统文化独有,很难为当代主流文化接纳的精神,以及西方观众不熟悉的南北朝历史与人情风物。它加入的则是美国式的荣耀与父女之爱,以及西方人眼中印象深刻的东方情境元素。这样的转换,使动画电影既保留了异域文化的魅力,又不违背西方主流价值观。

迪士尼是世界上最著名的娱乐及媒体公司,它拥有世界第一的娱乐及影视品牌迪士尼(Disney),其经营领域涉及影视娱乐、主题乐园及度假区、媒体网络、消费品等。文化传播对迪士尼公司有特殊意义,既是其业务发展的基础,又是其业务发展本身,还是其业务发展的结果。我们可以这样概括迪士尼的文化传播模式:它以迪士尼动画和动画人物为核心,以玩具、文具、衣物等动画周边产业为外围,以迪士尼乐园为基地,集中展现了一种圈层式同心圆的辐射模式。图3显示了这种圈层式同心圆的文化传播模式:

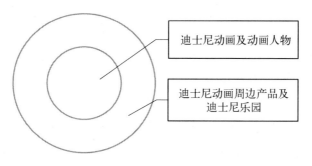

迪士尼动画及动画人物

迪士尼动画周边产品及迪士尼乐园

图3 迪士尼的圈层式同心圆的文化传播模式

① 陈韬文:《文化转移:中国花木兰传说的美国化和全球化》,中文初稿发表于1999年11月6日—8日的第六届全国传播学研讨会。

在上述文化传播模式中，作为基础与核心的正是迪士尼动画与动画人物。通过成功的动画制作与播映，迪士尼动画与动画人物家喻户晓。由此，以动画形象为基础的动画周边产品产业也赢得了巨大的市场，迪士尼产品专卖店遍及世界各大城市，迪士尼乐园也在不少国家生根开花。从 1955 年第一座迪士尼乐园开幕以来，先后有 6 座迪士尼乐园建成，其中的 4 座都位于美国本土以外，它们分别是东京迪士尼乐园、巴黎迪士尼乐园、香港迪士尼乐园以及上海迪士尼乐园。

很多中外学者对迪士尼乐园进行过详细研究。每一个迪士尼乐园的发展都是独特的个案。但并非每一个迪士尼乐园都取得了预料之中的成功。其中反差最大的是海外迪士尼乐园的前两个——东京迪士尼乐园与巴黎迪士尼乐园。东京迪士尼乐园于 1983 年开放，曾被誉为亚洲第一游乐园。东京迪士尼乐园开放后，日本一度出现过"迪士尼热现象"，这一现象扩大了美国迪士尼公司的海外文化影响力。东京迪士尼乐园的修建完全拷贝了美国迪士尼乐园的经验。因为日本民众对美国文化的认同度很高，东京迪士尼乐园取得了很大成功。但此经验在修建巴黎迪士尼乐园时却惨遭滑铁卢。1992 年开门迎客的巴黎迪士尼乐园从一开始就面临游客不足、财政严重亏损的窘境，并且还受到当地媒体和民众的抗议和抵制。迪士尼公司分析发现：出现这种情况的最重要原因是当地民众对美国文化缺乏认同。日本人推崇强者文化，认为美国文化是先进文化，所以对美国文化认同度很高。但法国人一直以法兰西文化为荣，对美国文化产品接受度不高。当迪士尼公司沉浸在日本迪士尼乐园成功运营的喜悦中时，却忽视了融入乐园所在地的本土文化的重要性。比如迪士尼按照自己一贯的企业文化禁止当地员工上班时穿牛仔裤和纹身，并坚持在乐园禁酒，引起了午餐和晚餐都习惯喝酒的法国人的不满。为了扭转经营不佳的颓势，巴黎迪士尼乐园采取一系列补救措施：在乐园中融入了许多欧洲的故事和传说，建造一些取材于欧洲电影中的场景；降低食品价格，建造更多餐馆，推出欧洲当地风味菜；增加法语为工作语言；改变公司保持 37 年的制度，允许餐间售酒等。通过一系列本土化的改革，巴黎迪士尼乐园在 2007—2008 年的营业额首次实现了收支平衡。

巴黎迪士尼的滑铁卢实际上为迪士尼乐园的海外经营提供了一种文化转换的思路。但这种文化转换与上文所述的两种模式不一样,呈现出第三种形式,即强势文化或主流文化在进入弱势文化或非主流文化时通过本土化的手段进行迎合,从而融入的过程。如下图所示:

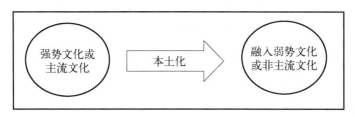

图 4　文化转换的第三种模式

有了这次失败的教训后,迪士尼公司在其他海外乐园都做了本土化的努力。在香港迪士尼乐园的建设中,迪士尼公司也充分考虑中国和亚洲文化的影响,通过因地制宜和本土化经营,把香港迪士尼乐园打造成了一个具有中国特色的游乐天堂。比如在建造的过程中,吸取了巴黎迪士尼乐园的失败经验,在建设香港迪士尼乐园时,迪士尼公司就作了很多文化转换的努力:参考中国的风水理念,为每座建筑举行焚香仪式,还挑选黄道吉日作为首次开放时间;在园区设计上,加入了不少中国元素,有中式的凉亭,穿旗袍的米妮等;在饮食的供应上,提供亚洲各地的美食,既有中国各地的不同食品,也有其他国家如泰国、菲律宾、印度、新加坡的美味,并且根据不同的节日安排不同的节日食品;在员工的安排上,基本上都是本地人,并且在招募"演艺人员"的时候还特别要求应聘人员必须掌握粤语、汉语和英语三种语言。

二、迪士尼文化转换模式对上海
文化市场的历史影响

迪士尼从动画电影到乐园经营上的文化转换模式,对中国文化市场的形成和发展都产生过重要影响,其主要方面表现在:

（一）1980 年代初至 1990 年代末期的影响

可能很多人并不了解,中国动画片制作的历史并不比美国逊色。早在 1922 年,中国就产生了动画片的雏形,即万氏四兄弟制作动画广告《舒振东华文打字机》。1940 年,中国第一部动画长片《铁扇公主》诞生,比美国迪士尼公司的第一部动画电影《白雪公主》仅仅晚了数年。新中国成立后到文革开始前是中国动画片发展的第一个高峰。尤其是上海美术电影制片厂出品的美术片,从中国传统水墨画、剪纸等艺术形式中汲取养分,形成了鲜明的中国特色,创立了动画片的中国学派。"文革"结束以后,随着电视在国内的普及,电视动画系列片开始在中国出现,《三毛流浪记》《黑猫警长》《葫芦兄弟》《阿凡提的故事》等都是当时广受欢迎的动画系列片,因为上海美术电影制片厂在此方面的巨大成功,上海成为当时中国动画片的高地。

但从 20 世纪 80 年代初至 90 年代中期,中国动画片进入了低谷时期。主要原因是以美国迪士尼动画为代表的一批国外动画的大量涌入,并以低廉的价格出售给中国的电视台,一时间占领了中国电视荧屏。同时,这些外来动画片的周边产品,连环画、贴画、玩具、文具也迅速占领儿童用品市场。随着外国动画的大举"入侵",中国动画制片业日益低迷。大量中国动画从业者纷纷转向对外加工,动画加工企业也开始在上海、北京以及广州、深圳等沿海城市建立。中国动画制作者大量流向这类企业。虽然从某种程度上来看,此时期的上海沦为了以迪士尼为代表的外国动画企业的生产车间,动画产业受到了巨大挑战,但这一阶段同时也是上海动画片全面学习以迪士尼为代表的西方动画片的阶段。

（二）1990 年代中期到 21 世纪初的影响

随着中国改革开放的逐步深化,中国动画制片业也开始跟随形势进行大规模的市场化改革,从政策到观念都朝着顺应改革开放大潮的方向改变。在以迪士尼动画为代表的国外动画片长盛不衰的势头的影响下,中国政府部门、文化研究者以及动画片的从业者都意识到中国原创动画的阵地不能丢。一方面,创作者仍然有创作中国原创动画的强烈愿望,另一方面,投资者从国际动画市场中看到了动画的巨大经济潜力。在各方面不约而同的努力下,中国动画从 90 年代末期开始渐渐走出低谷,迎来了复苏。实际上经过前一阶段的学习,包括国际先进的运作和营销手段,以及动画制作技术,中国动画制片业已经积累了比较丰富的经验。动画从业者在汲取国外动画制作的先进经验之后,开始尝试创作具有民族特色和艺术价值,同时又具有商业价值的动画作品。这一时期的代表作有湖南三辰公司的《蓝猫淘气 3000 问》、中央电视台青少中心的《哪吒传奇》、辉煌动画公司的《西游记》,以及上海美术电影厂的《宝莲灯》等。

《宝莲灯》是对迪士尼动画电影《狮子王》的制作、发行、放映各方面的全面学习。它经过 4 年的筹备,总投资 1 200 万,全面借鉴了迪士尼动画的制作和市场营销模式。它拥有许多新面貌:《宝莲灯》是中国首部按照国际先进的动画电影制作程序进行操作的影院动画片,采用了与国际接轨的制作方式,对每一道工序都进行了细化分工。在具体情节设置上,对爱情元素的运用尤其特别,爱情是此前中国动画比较少涉及到的内容,对爱情元素的运用就是在学习迪士尼动画的基础上,对传统沉香传说进行的文化转换。该片于 1999 年 7 月初上映,8 月底票房就突破了 2 200 万,超过了《花木兰》的中国票房。当然,《宝莲灯》也存在一些问题,比如片中明显的美式倾向与故事本身的民族气质之间的矛盾。这是因为中国动画制作者们还未能很好地领会迪士尼文化转换的精髓所在,这可以看作学习过程中的小波折。

除了动画电影方面的学习之外,90 年代中期至 21 世纪初期,上海市场上大量出现了以迪士尼动画人物为主要图案的玩具、文具和童装,受其影响,上海动画周边产业得到了初步发展,比如上海开发的动画片《宝莲灯》衍生产品之销售额很快就突破了 500 万。

(三)21 世纪前 10 年的影响

动画电影对文化转换的学习只是其中的一方面,另一方面,以 2005 年香港迪士尼乐园的开放为标志,迪士尼文化全方位、近距离呈现在上海乃至全中国民众眼前。受此影响,上海主题乐园的建设以及动漫周边等产业进入快速发展阶段。

上海第一家主题公园——锦江乐园于 1985 年建成,是我国早期主题公园的代表,也是上海第一家由国外引入的大型游乐园。纵观锦江乐园的发展史,我们不难发现在 1985 年至 1995 年间,游客的人数总量上是处于上升趋势,伴随着地铁 1 号线的建成通车,在 1995 年时乐园运营达到了鼎盛。此后直至 2000 年却一直处于低潮时期,一方面是受东南亚金融风暴的影响,另一方面由于众多主题公园纷纷上马。但锦江乐园的规划和设计其实是比较粗糙的,这里与其他的游乐园没有明显区别,既没有中国特色,也缺乏上海地域文化特色,且设施已经比较老旧。随着与上海相距不远的香港迪士尼乐园的开园,锦江乐园的缺点已经相当明显。而且无论从规模还是设备来说,锦江乐园已经逐渐与上海的文化地位与身份不相匹配。

受香港迪士尼的影响,位于松江佘山之东的上海欢乐谷建造并于 2009 年开园。全园区占地 90 万平方米,园内精心设置了一百多项游乐体验项目,8 大艺术表演和 7 大主题娱乐区。除了从美国、德国、荷兰等国家引入的先进的游乐设施之外,上海欢乐谷还重视对于域外文化元素和本土文化元素的使用。比如阳光港是一个以上海海洋文化为背景的港湾,融合了西方建筑的浪漫风情;香格里拉使用了古老而神秘的香格里拉的传说作为情境,设置了"峡谷漂流"、"蓝月飞车"等神秘的游乐项目;金矿镇主题反映的是 19 世纪的淘金热,使用了废旧的火车、简陋的住房、古老的藤条和老旧的淘金机器等创造出废弃的淘金小镇的情境,并设置了搭乘矿山车,体验矿工在洪水中逃生的惊险等项目;谷中也设置了旧上海情境主题"上海滩",这里有古老的石库门房子,有灯红酒绿的十里洋场,更有镶嵌在各种情境中的游乐设施,以及可以还原老上海风貌的《上海滩风云》表演。

当然,松江欢乐谷的缺点也是比较明显,那就是主题的分散,以及在引入异域文化时僵硬的文化转换。这说明,在主题乐园方面,上海乃至整个中国,与迪士尼这样的最负盛名的主题乐园之间还存在不小的差距。

（四）2011 年至今的影响

2011 年,迪士尼乐园正式宣布落户上海。2016 年 6 月,上海迪士尼乐园对外开放,成为全球第 6 个、亚洲第 3 个、中国第 2 个迪士尼乐园。同时,上海迪士尼乐园也是全球规模第 3 的迪士尼乐园。上海迪士尼乐园的建设吸取了巴黎迪士尼滑铁卢的教训,从一开始就特别注意文化转换,将迪士尼元素与本土文化元素有机融合起来,"全球化思维,本土化行动"是其一以贯之传播策略。上海迪士尼乐园在建设过程中所使用的文化转换手法大致有如下一些表现:

1. 饮食因地制宜

"民以食为天"是中国俗语,说明了国人对饮食重视,所以餐饮成为上海迪士尼本土化行动中不可缺失的一步。从目前情况来看,上海迪士尼园内 70% 餐饮为中国美食,20% 为东南亚、日韩等地的亚洲美食,另外 10% 为汉堡、比萨、热狗等西方美食。高覆盖率的中餐充分体现迪士尼对中国人饮食习惯的重视。园区中甚至有"迪士尼烧麦"和"迪士尼馄饨"这样中国饮食与迪士尼元素相结合的"创新"食品。

2. 建筑中西贯通

上海迪士尼在建筑风格中融入了多种中国元素。比如乐园的入口就是按照石库门式样而建造。"奇幻梦话城堡"作为整个乐园的标志性建筑,它的顶端盛开着金箔装饰的牡丹、莲花及上海市花白玉兰,另有祥云等中国传统符号点缀在城堡四壁。中式餐厅"漫月轩"以传统古建筑为基调,内有高山、海洋、翠湖、森林和河流等具有中国文化底蕴的书画作品陈列其中。"十二朋友园"的设计也迎合中国人崇尚自然的审美意趣,仿照古典园林风格进行了设计。

3. 项目设计中西结合

在"十二朋友园"中,经过精心挑选的跳跳虎、小猪火腿、木须龙等生动活泼的迪士尼卡通形象与中国生肖文化相结合,成为象征十二生肖的本命年吉祥物。这组"十二生肖"仿佛"熟悉的陌生人",借助传统文化的内涵,使迪士尼动画形象与传统十二生肖形象实现形象置换，使迪士尼动画形象与故事巧妙落地。比如其中的木须龙就来自中国观众熟知的影片《花木兰》，它更新了传统认知中"龙"的形象，加强了人们对迪士尼动画的感官记忆。

上海迪士尼的本土化努力还有不少，比如经典剧目"人猿泰山：丛林的呼唤"，以中国国粹杂技进行跨文化艺术创作。其实在上海迪士尼乐园的整体设计中，都体现了文化转换的方法，传达了价值认同的目的。上海迪士尼乐园在异域建构共性与同感的最直观的表现莫过于其开园盛典；2016年6月15日，上海迪士尼开园盛典联合东方卫视等媒体现场直播，五组家庭以亲身体验传递上海迪士尼的游玩感受；设计者把传统文化的"人伦五常"作为价值切入点，以多视角、多线索、多题材的故事表达推动了迪士尼文化传播的影响力；围绕着中国人重视的"人情"观念，故事淋漓尽致地将师生、父子、兄弟、夫妇、朋友这五种儒家人伦关系阐释得和谐美满。从总体上看，以上海迪士尼乐园的建成开放为主要标志，迪士尼文化直接影响上海文化市场的时期已经到来。

三、迪士尼乐园对当前上海文化市场的影响

从上海迪士尼乐园建成开始，迪士尼文化转化和传播模式对上海及长三角文化市场的影响进入了更为直接、更为深刻的阶段。

1. 现有市场份额的重新划分与主题乐园类产业的重新洗牌

整个长三角地区一直都是旅游资源极为丰富的地区，无论是以苏州、杭州、扬州为代表的人文景观，还是江南各地的秀美风光，都使长三角的旅游业非常兴旺。其中，"乐园经济"是长三角的重要旅游资源。迪士尼之前，长三角地区也并不缺乏主题公园，仅上海就拥有锦江乐园和欢乐谷两大乐园，在周边的江苏、浙江和杭州区域，也集中了常州恐龙园、芜湖方特世界、苏州乐园等多座主题乐园。迪士尼乐园建成开放以后，对诸如松江欢乐谷、苏州乐园基地等长三角主题乐园造成不小的冲击，可能引起该产业的洗牌。当然，迪士尼的影响需要分阶段分类型来看。短期内，上海迪士尼乐园对各大本土园区可能会

产生替代和转移效应,比如安吉的 hello Kitty 主题乐园、上海松江的欢乐谷等等。由于迪士尼乐园的开园,这些主题乐园的短期客流受到了较大影响。而长期来看,上海迪士尼乐园的运营甚至可能对某些因设备老旧、观念陈旧而缺乏竞争力的主题乐园产生"挤出效应"。因为在消费水平既定情况下,游客去迪士尼乐园消费就必然减少到周边其他乐园的消费。

2. 正面引导主题乐园产业的健康发展

除了负面的影响以外,上海迪士尼乐园的文化传播模式也能对上海和中国其他省市的主题乐园类产业产生正面的促进和引导作用,形成"鲶鱼效应"①。上海迪士尼乐园的开放为周边主题乐园的生存造成较大威胁,促进周边主题乐园提高服务品质,形成差异化竞争优势。因此,迪士尼的"鲶鱼效应"会给中国的主题公园业界带来比较大的提升,促进它们不断进步。上海迪士尼乐园对本土乐园类产业的引导主要包括如下几方面:

(1)鲜明的乐园主题。主题乐园的建设应围绕着一个能够满足顾客需求的主题来进行开展。在此方面,迪士尼乐园树立了一个很好的榜样。正是因为有了鲜明的动画主题,迪士尼乐园才形成了较强的吸引力。但国内的乐园产品有不少在主题上多样驳杂、重点模糊,因此吸引力不强。所以确立一个鲜明生动的主题,是本土乐园类产品首先应该向迪士尼学习的地方。

(2)项目的定期更新。项目是乐园类产品体验营销实现其宗旨的载体。在主题公园中,项目的内容和设备无疑不是"体验"最有力的表现方式。迪士尼乐园有一条规则,那就是每年淘汰三分之一的项目。此规则使迪士尼乐园成为一座"永远建不完的迪士尼",大大提高顾客的兴趣和体验质量。而上海及上海周边的其他乐园,在项目与设施的更新周期方面与迪士尼差距较大,无法满足游客的长期体验需求,吸引力自然较低,因此应该尽快形成园内项目的定期更新制度。

(3)游客参与度的提升。在迪士尼乐园,游客的参与度非常高,体验营

---

① 鲶鱼效应是一个经济学概念。在装满沙丁鱼的鱼槽内放入一条鲶鱼。鲶鱼的游动使沙丁鱼感到威胁而紧张起来,加速游动,促使沙丁鱼活着到达港口。医学认为人们受到惊吓或者刺激时,肾上腺素会分泌出大量的激素,使人产生前所未有的生存意念,迸发出超常的能量。

销人员抓住游客进入到主题公园后的每一刻,调动游客参与各种活动的积极性。但在本土大多数乐园类产品中,游客的参与仅局限于游玩娱乐项目设备的过程。本土乐园应该将游客对活动的参与视为增加体验质量的有效手段,以游客的全程参与为目标,用"以游客为核心"的理念进行相关活动的策划。

（4）游客反馈体系的完善。在上海迪士尼乐园建设初期,迪士尼公司就建立起一套调查平台和体系,其中就包括游客反馈监测、社交媒体倾听等反馈体系。开园运营以后,乐园启动了游客满意度反馈监测机制,每天、每周、每月都有针对游客开展的调研,实时了解游客的游玩体验、意向以及期望等。乐园定期对反馈进行分析整理,并有目的性的对乐园项目与设施进行调整、改变和完善。游客反馈体系可以使主题公园的工作人员更准确地掌握游客的需求,使经营者有据可依的改善现有的产品与服务。但大多数本土乐园并未建立游客反馈体系,即使是那些已经采取措施的乐园,其游客反馈体系也有待成熟完善。在这方面,迪士尼乐园为我们树立了很好的榜样。

3. 启发文化产业领域的创业实践

迪士尼乐园是将欢乐转化为经济效益的最佳案例。有人将迪士尼的这种盈利方式概括为"快乐=money"这一公式,也就是从游客的欢乐中赚钱。在2014年9月的夏季达沃斯论坛上,李克强总理提出要掀起"大众创业"的浪潮,形成"人人创新"的新势态,希望激发民族的创业精神和创新基因。大众创业的最佳领域是在第三产业,也就是服务业,而大多数服务业是从直接满足顾客的需求中取得利润。"快乐=money"这一模式为大众创业提供了很好的思路,如何尽可能地为顾客提供快乐,这应该可以成为一部分创业实践的出发点。因此在大众创业、万众创新的时代背景下,"快乐=money"这一公式将对上海文化市场产生重要影响。上海迪士尼的成功运营,将引导更多潜在的创业者实践这一公式。

4. 让更多参与方分享迪士尼乐园的红利

迪士尼乐园的开园无疑加剧了上海文化市场的吸引力,除了迪士尼乐园及其周边文化产业将迎来前所未有的发展机遇之外,与旅游、文化服务相关的长三角市场也将迅速扩大。国务院《长江三角洲地区区域规划》中提出"发挥上海的龙头作用,努力提升南京、苏州、无锡、杭州、宁波等区域性中心城市国际化水平"的要求。迪士尼项目将为长三角实现这一目标提供强大"助推力"。"迪士尼红利"将带动整个长三角城市群产业结构升级和发展方式转变。上海迪士尼运营带动了旅游业、文化产业等上百个产业,也会带动一批新型服务经济兴起,这些都将辐射到长三角地区。比如上海迪士尼将激发出国内各地至上海的旅游热,可能不仅是上海,整个华东地区的主题乐园行业和旅游业都会得到提升。上海的某旅行社已经针对迪士尼开发了上百条相关的线路和产品,并将参考迪士尼的模式,开发周边的本土乐园与迪士尼进行搭配的旅游产品。这是分享迪士尼红利的案例。

5. 吸引更多的投资方对上海文化市场的关注

除了上述几点之外,迪士尼文化转化与传播模式还将从思想上影响文化市场意识。在迪士尼的文化转化与传播模式中,以动画人物的塑造为核心,以主流价值观为引导,以引起人的愉悦为主要手段的原则体现的相当明显。这是迪士尼文化在世界各国文化市场中几乎通行无阻的重要原因。这些原则也将在未来深刻影响上海的文化市场意识。

迪士尼乐园在上海的落户和开园,对上海乃至长三角的影响力持续发生。在迪士尼开园的同年 10 月,全球又一有影响的重要主题乐园——乐高乐园宣布选择上海兴建主题乐园。目前在全球已有 6 家乐高乐园,最早的是 1968 年在丹麦建成的乐高公园。此外,英国、美国、德国、马来西亚等国家都拥有乐高公园。乐高主题乐园与迪士尼主题乐园有较大差别,它倡导的动手、互动、分享精神,将吸引包括儿童、少年、青年等不同群体的关注。乐高乐园选择中国上海落户,不能不说是受到了上海迪士尼的影响。

结语:迪士尼文化转换方法与上海文化产业"走出去"

在 2017 年 11 月 11 日华特迪士尼公司 2017 年 Q4 财报会议中,迪士尼公司宣布上海迪士尼度假区已经在第一个完整运营财年获得盈利。其实，早在2017年7月，上海迪士尼度假区高层在接受《财经》记者采访时就称，上海迪士尼是首个开园后就实现收支平衡的迪士尼乐园，也是全球最快盈利的迪士尼乐园。从迪士尼动画的成功到上海迪士尼乐园的成功，迪士尼公司将美国文化散播到了几乎世界每一个角落。迪士尼在全世界畅通无阻的原因正是它对文化转换模式的成功使用。可以说，迪士尼的文化转换模式所引导的正是文化走出去的经典案例。以建设国际文化大都市为目标的上海，不仅要将各国文化引入，更重要的是将自己的文化推向国际文化市场。在这方面，迪士尼的文化转换方法将给我们以深刻启发。

首先，要获得文化转换的成功，首先要求取得受众对文化产品的认同。因此在上海文化"走出去"的过程中，我们的文化产品必须要能吸引域外受众的目光。我国拥有丰富的民族文化资源，有许多脍炙人口的作品流传至今。上海地区也拥有悠久的历史和丰富的文化资源，早在西周时期，周康王东巡大海就曾在上海的金山地区修建起了一座军事堡垒；三国时期，在今天的松江华亭地区出现了较为成熟的庄园经济；两晋大文豪陆机、陆云就出生在这里。这些资源是上海实施文化走出去战略的重要基础，但只有这些富有民族特色和地域特色的文化资源还远远不够，我们还必须深入研究域外文化特点和域外受众心理，必须迎合当前的文化消费趋势，创作、设计出既能彰显中华民族文化与精神，又能受到域外受众欢迎的文化产品。

第二，要获得文化转换的成功，要建立外向型和国际化的文化企业和机构。迪士尼文化转换策略的顺利实施，与迪士尼公司是一个享誉全球的著名企业密切相关。海外受众对于迪士尼品牌的信任度很高，更容易接受迪士尼的文化产品。这就提示我们，上海文化走出去，需要培养一批具有国际知名度的文化企业。上海有众多文化企业，涉及到影视、视听、出版、演艺、文化装备、创意设计等众多门类。我们必须帮助其中的一些企业成为行业领头羊，树立良好的国际形象。比如上海的动画产业曾处于全国领先的位置，上海美术电影制片厂曾是中国动画的高地。但从上世纪90年代开始，上海动画产业逐渐衰落，上海美术电影制片厂的名声不再响亮。但对于这种有着光辉历史，在海外曾享有一定知名度,并且拥有优秀的技术团队的企业,完全可以采用多种方法扶助他们再次走上业界的高峰,帮助他们成为上海文化走出去的排头兵。实践证明:上海文化"走出去"需要经过文化转换以后,保留民族特质和地方特色,又能得到域外受众认同的优秀文化产品,这就必须培育一批具有国际知名度和竞争力的本土文化企业集团。

11

上海特展产业的发展现状及新趋势

贾 布[*]

内容提要 2017年的上海特展产业总体上呈现健康良性的发展趋势：特展数量增多，展览质量明显提升，成为上海建设国际会展之都的重要内容。从上海特展的运营主体来看，原有的特展主办机构逐步形成各自明确的办展思路；数量可观的国企开始布局特展产业。从展览内容和质量来看，上海特展在主题选择、展陈、宣传推广等各个方面都有稳步提升。从消费者一侧来看，观众的观展行为和态度更加成熟理性，对价格、内容以及性价比都有了较成熟的判断，同时，看展览的新型社交模式以及异地看展的消费行为模式，也都已经形成了一定的规模。

关 键 词 特展 文创 产业

导言：上海特展产业的总体发展趋势

作为展览的一种类型，特展在国立的博物馆、美术馆系统中早已存在。在上海，由企业主导、商业化运营的特展最早可以追溯到2002年，由一家民营广告公司主办的特展"狂想的旅程——大师达利互动展"在上海城市规划展示馆举办。在当时，这种商业运营的特展只是以偶发的单个案例出现，远未形成大

---

* 贾布，策展人，特展产业研究者，上海市会展行业协会文创特展专委会副主任，编著有《特展时代2.0》。

规模的市场气候。

2010 年以后，随着各类民营美术馆、民间资本介入，特展的数量以缓慢的速度逐年增多，"特展"一词也开始出现。经过采访与梳理后，我们将文创特展定义为：在文化创意相关的领域中，以普通公众为目标观众，在事先策划的特定主题下，由主办方组织展览内容与各类产业资源，以门票、衍生品和赞助为主要运营模式，以巡展和异业合作为辅助运营模式，在一定场所内举办的有时间期限的展览。

2014 年，在上海举办的"印象派大师·莫奈特展[①]"与"草间弥生——我的一个梦[②]"分别创造了 40 万和 33 万的观众参观量，并在微信等新兴社交媒体上形成了传播热点。这两个商业化运营的特展所获得的市场成功，激发了民营资本投资特展的热情，上海特展的数量开始进入快速增长阶段。2015 年，上海有大约 20—30 个特展，出现了十余家中小型举办特展的民营公司，特展的内容和举办场地都呈现明显的多样化趋势。在这个快速增长的过程中，出现了展览品质良莠不齐、主办机构鱼龙混杂的情况，需要有一个逐步沉淀的过程。

在之后的两年里，上海每年举办特展的数量持续增加，在 2017 年，约有 80 个左右的特展在上海举办。数量增加的同时，上海特展产业出现了新的发展趋势：办展主体的专业化程度、行业经验和实力都比之前有明显提高；展览的内容、策划、展陈也都有稳步提升，特展观众也稳步成熟起来，形成了相对固定的看展偏好和看展行为习惯。

本文将从运作主体、项目内容和观众行为等三个方面对上海文创特展在 2017 年的一些明显变化进行论述。

一、上海特展运作主体的充实与调整

从展览主办方来看，经过这 2—3 年的实践，上海形成了一批包括特展公

---

① 2014 年 3 月 8 日~6 月 15 日，上海 K11 购物艺术中心。
② 2013 年 12 月 15 日~2014 年 3 月 30 日，上海当代艺术馆。

司、民营美术馆，以及商业地产管理方在内的特展主办机构。其中一些较为成熟的主办机构，在特展的项目选择、办展思路上都逐渐形成各自的特色。同时，一批实力雄厚、拥有展览产业相关资源的国有企业开始布局特展产业，这为特展在未来的持续发展奠定了基础。而2017年在上海市会展行业协会之下成立的文创特展专委会，则为特展的发展提供了一个交流、研究和学习的平台，起到了良好的促进作用。

（一）特展主办机构逐渐形成各具特色的办展思路

在诸多特展公司中，作为上海民营企业举办特展较早的实践者，上海天协文化发展有限公司在特展领域坚持至今，并仍然在行业中占有举足轻重的地位。在2014年成功举办了"印象派大师·莫奈特展"之后，天协又在2016到2017年间先后举办了"印象派大师雷诺阿特展[①]"、"蓬皮杜现代艺术大师展[②]"等重量级的艺术特展。再结合天协更早之前举办的"2011毕加索中国大展[③]"等展览可以清晰地看出，天协致力于引进国际高端艺术展览的办展思路已经相当明确。

民营美术馆的大量兴起，是上海最近几年间最值得关注的文化现象之一。西岸——徐汇滨江文化创意产业集聚带，逐步成为重要的特展集聚区，特色是产业集群、完整链条、滨水岸线。位于徐汇西岸地区的龙美术馆和余德耀美术馆在2014年先后开幕。这两个美术馆都是由收藏家创办的美术馆，本身拥有大量藏品。两家美术馆所举办的展览，除了馆藏作品的展示以外，也都持续引进其它特展，均已形成了清晰、稳定的展览思路。

龙美术馆（西岸馆）的展览包括依托于美术馆自有收藏，不断举办中国传统艺术展览，如"永乐大帝的世界——御制唐卡暨永宣文物特展[④]"；引进国际

---

① 2015年11月20日~2016年3月6日，上海展览中心西二馆。
② 2016年10月7日~2017年1月15日，上海展览中心西二馆。
③ 2011年10月18日~2012年1月10日，上海世博园中国馆。
④ 2017年4月29日~2017年8月27日，龙美术馆（西岸馆）。

现当代艺术名家的大展,如"安东尼·葛姆雷:静止中移动[①]"、"詹姆斯·特瑞尔回顾展[②]"以及"奥拉维尔·埃利亚松:无相万象[③]"等,此外,还积极举办国内一线艺术家的作品发布展或回顾展,如"展望:境象[④]"、"向京:没有人替我看到[⑤]"。

西岸的另一个重要民营美术馆余德耀美术馆,在这几年的办展实践中也逐步明确了选择展览项目的思路:一方面是重要的现当代国际艺术大师回顾展,如"安迪·沃霍尔:影子[⑥]"、"阿尔贝托·贾科梅蒂回顾展[⑦]"等,另一方面是强调互动和娱乐性的跨界展览,如引进的兰登国际"雨屋[⑧]",以及"KAWS:始于终点[⑨]"等。

位于浦东滨江地区的艺仓美术馆在 2016 年年底开幕后,迅速成为上海活跃的特展举办机构。艺仓美术馆的做法是同时举办不同类型的 2—4 个展览,可以满足不同看展偏好的观众。在过去的一年中,艺仓美术馆先后举办了古典艺术主题的"米开朗基罗艺术大展[⑩]",现代艺术领域的"基里科 & 莫兰迪——意大利现代艺术的光芒[⑪]",以及时尚领域的"Hello, My Name is Paul Smith[⑫]"。

(二)国有企业布局特展产业

上海文创特展在最近几年的爆发式发展,最初得益于民营机构、民间资本的积极参与。从 2017 年开始,大量国企布局文创特展,这成为又一股强大的动力。

---

① 2017 年 9 月 9 日~11 月 26 日,龙美术馆(西岸馆)。
② 2017 年 1 月 22 日~5 月 21 日,龙美术馆(西岸馆)。
③ 2016 年 3 月 20 日~6 月 26 日,龙美术馆(西岸馆)。
④ 2017 年 6 月 25 日~年 8 月 22 日,龙美术馆(西岸馆)。
⑤ 2017 年 12 月 16 日~2018 年 2 月 25 日,龙美术馆(西岸馆)。
⑥ 2016 年 10 月 29~2017 年 1 月 15 日,余德耀美术馆。
⑦ 2016 月 3 月 22 日~7 月 31 日,余德耀美术馆。
⑧ 2015 年 9 月 1 日~2016 年 1 月 3 日,余德耀美术馆。
⑨ 2017 年 3 月 28 日~8 月 13 日,余德耀美术馆。
⑩ 2016 年 12 月 28 日~2017 年 4 月 9 日,艺仓美术馆。
⑪ 2017 年 6 月 17 日~9 月 10 日,艺仓美术馆。
⑫ 2017 年 10 月 10 日~2018 年 1 月 7 日,艺仓美术馆。

2015 年,上海自贸区国际文化投资发展有限公司主办了"米罗制造——梦幻版画体验展[①]",这是国企举办特展的一个早期案例。到 2017 年,国企举办特展的数量开始明显增加,包括上海贸促展览展示有限公司主办的"奇幻魔方——探寻奇幻电影的秘密[②]"、华茂国际展览(上海)有限公司主办的"创世纪·米开朗基罗[③]"、上海美术设计有限公司主办的"APPLE+[④]"等。此外,淮海集团、衡山集团旗下的相关企业也都在涉足文创特展。

近年来进入上海特展行业的国企,大多原本就是在展览展示领域扮演重要角色的企业,拥有丰富的行业资源和执行经验,有特展所需的专业人才和雄厚的资金。如上海贸促展示设计工程有限公司,是上海市国际贸易促进委员会下属的国有企业,其传统业务主要集中在展馆展示和商业展示两大市场,参与过世界互联网大会(乌镇)、上海车展、世博会 5 大主题馆等超大型的会展项目。

在数量增加的同时,国企进入上海特展领域的心态也从"试水"逐渐过渡到"布局"。以上海美术设计有限公司为例,这是一个拥有 60 年历史的老牌国企,主要从事陈列展示、建筑装饰等方面的业务。在博物馆展陈领域,上美最著名的案例包括上海自然博物馆、上海玻璃博物馆以及上海电影博物馆等。从 2017 年开始,上美将文创特展定为重要的新增业务版块,并对特展业务进行了品牌化的整体设计,将其特展品牌定名为 DNA(取 Design and Art 之意),并提出了以设计、创意为主要方向的特展业务。

(三)上海市会展行业协会文创特展专委会成立

2017 年 9 月,上海市会展行业协会文创特展专委会正式宣布成立,在首届文创特展专委会的主要组织成员中,有包括特展主办方、场地方和学术研究等在特展中重要参与方的代表,有利于整合各方面的资源,推动上海成为国内外

---

① 2015 年 10 月 31 日~2016 年 1 月 3 日,上海芮欧百货。
② 2017 年 7 月 15 日~9 月 17 日,长宁来福士户外大草坪。
③ 2017 年 6 月 8 日~10 月 7 日,上海环球金融中心 4 楼。
④ 2017 年 10 月 13 日~12 月 4 日,上海当代艺术馆。

的特展中心城市。

文创特展专委会以促进特展行业健康发展为目标,确立了交流、研究、培训等几项主要工作任务:一是定期组织论坛、沙龙以及同行交流会等活动,促进行业的良性发展;二是组织针对上海"文创特展"市场进行调研分析,编制相关"文创特展"发展趋势报告和标准,向协会及社会提供专业研究成果;三是组织联络,逐步吸收相关企业为本专业委员会的成员单位;四是为专委会会员单位提供相关技术咨询,支持与引导市场实践活动;五是组织开展"文创特展"培训,培养专业从业人员。

文创特展专委会的成立对于文创特展产业在上海的发展具有重要意义,这标志着文创特展已经拥有一定的行业规模,拥有了相当数量的相关企业,这些企业有互相交流,并且提升展览质量、提高行业声量的共同诉求。

二、上海特展项目内容的亮点与趋势

根据不完全的统计,上海在 2017 年度举办的具有特展性质的展览大约在 80 个左右(2015 年是 30 个左右)。那些学术性或实验性较强的展览,以及画廊中举办的当代艺术展均不在统计之列。这些特展在内容上分为以下几类:艺术相关、历史文化相关、电影相关、音乐相关、时尚相关、娱乐相关、科学亲子相关等。从展览的内容分类来看,艺术相关内容占到所有展览的 6—7 成。从展览来源来看,进口展览占到所有展览总量的 9 成以上。与 2015 年的相同指标对比,上海的特展市场中,艺术为主、进口为主的总体特征并无太大变化。

在展览总量大幅增加的同时,高品质的展览也持续涌现,整体上看,2017年的特展质量比之两年前有非常明显的进步。这种进步一方面体现在展览本身的主题和内容,同时也体现在展览方对观众需求的准确把握。

(一)进口艺术展热点集中

进口艺术特展的内容,比较集中地分布在文艺复兴、印象派和当代艺术三大类型中。

2015—2017 年间,有多个与文艺复兴相关的展览先后出现,如在虹桥天地演艺中心的"天才达芬奇①",在新天地的"早期蒙娜丽莎发现之旅②",月星环球港的"庞贝末日③"等。单是在 2017 年,就有环球金融中心的"创世纪·米开朗基罗",艺仓美术馆的"米开朗基罗艺术大展",和喜玛拉雅美术馆的"奇迹:贝利尼家族与文艺复兴特展④"和"神话与较量:李奥纳多·达·芬奇与米开朗基罗和拉斐尔⑤"(喜玛拉雅美术馆的这两个展览是展中展,持同一张门票参观)。

另一个热门主题是印象派,在"印象派大师·莫奈特展"(真迹展)大热之后,2015 年有"不朽的梵高——感映艺术大展⑥"(影像展),2016 年有"印象派大师雷诺阿特展"(真迹展)和"印象莫奈:时光映迹艺术展⑦"(影像展)等。

文艺复兴和印象派的艺术,都有存量少、价值高、展品来源受限等共同特征,为了满足世界各地的展览需求,就出现了复制衍生展。复制衍生展是指:在获得艺术品(或文物)的物主或版权方许可的前提下,对原艺术作品进行实物复制或影像复制,并将这些复制品组织成展览。出现在上海的文艺复兴和印象派展览中,有相当一部分就是这种性质的展览。从观众的反应来看,近年来,上海观众对这类复制衍生展,尤其是对影像的复制衍生展的兴趣正在逐步下滑。

文化艺术类展览的第三类内容集中在当代艺术领域,数量相对较多。过去一两年中,引起较大反响的这类巡展包括"宣言:朱利安·罗斯菲德⑧"、"詹姆斯·特瑞尔回顾展"、"安东尼·葛姆雷:静止中移动"等。

（二）展览质量明显提高

在展览数量大幅增加的同时,特展的质量也比之前有明显地提高。无论

---

① 2015 年 12 月 8 日~2016 年 4 月 7 日,虹桥天地演艺中心。
② 2016 年 4 月 28~8 月 28 日,新里新天地。
③ 2016 年 7 月 9 日~10 月 9 日,月星环球港。
④ 2017 年 9 月 28 日~12 月 23 日,喜玛拉雅美术馆。
⑤ 2017 年 9 月 28 日~12 月 23 日,喜玛拉雅美术馆。
⑥ 2015 年 4 月 29 日~7 月 15 日,上海新天地。
⑦ 2016 年 9 月 15 日~12 月 25 日,合生国际广场。
⑧ 2017 年 9 月 20 日~12 月 31 日,昊美术馆。

是展览内容的选择,还是进口展览的本地化改装,再到展陈设计、现场管理等,上海特展整体上都在朝着成熟、规范的方向发展。

2015 年,上海特展市场上一度大量出现文不对题、过度宣传甚至是虚假宣传的例子。其中激起较多负面评论的有龙美术馆举办的"伦勃朗的时代——重要十七世纪荷兰素描作品展①",这个展览虽然在标题中出现了伦勃朗,但展品中只有一件伦勃朗的素描小稿。另一个是在月星环球港举办的"传奇·毕加索艺术大展②",号称作品价值 10 亿欧元的展览中,主要的展览内容是版画和陶器。

到 2017 年,上海特展的展览质量有了明显的提高,这主要体现在内容和推广两个方面。随着主办方的办展经验的丰富,对观众口味偏好的把握度也越来越准确,主办方在选择展览项目时能够选择那些既有专业品质,又较容易被观众接受的展览内容。而在对展览进行推广时,也能够以更加务实的态度,深入研究展览内容,从中挖掘亮点和价值。

2017 年上海最为热门的展览应该是上海博物馆举办的"大英博物馆百物展:浓缩的世界史③",每天限流 8 000 人,观众最长排队达到 5 个小时。在上海当代艺术博物馆举办的"爱马仕'奇境漫步'"虽然是一个品牌宣传展,但整个展览流畅的策展思路、浸入式的观展体验以及精致的展陈,都能给人留下深刻的印象,成为 2017 年上海特展领域的一个重要收获。

(三)观众的自拍与分享需求得到充分重视

在 2017 年的展览中,主办方开始高度重视观众自拍以及在社交平台上分享观展经验的需求,这是伴随着观众将看展行为社交化、日常化之后,所必须产生的一个变化。可以说,在展览中设置观众可以直接参与的简单互动游戏,以及拍照留影场景,已经成为上海特展主办方在策划展览时必须考虑的观众服务项目。

在为观众设置的自拍场景中,比较简单的有在 KT 板上打印的平面图像,

① 2015 年 4 月 16 日~5 月 10 日。龙美术馆(西岸馆)。
② 2015 年 10 月 28 日~2016 年 1 月 31 日,月星环球港。
③ 2017 年 6 月 28 日~10 月 8 日,上海博物馆。

或是用玻璃钢制作的立体形象等,观众可以完全自助式地与这些自拍场景完成合影动作。复杂一些的则是利用了形象识别、动作捕捉等技术手段,这类拍摄通常需要工作人员的协助,而观众获得照片的方式,除了手机拍摄以外,还会有扫二维码将照片发送至用户手机终端,或是直接现场打印等方式。

从结果来看,展览中提供自拍场景是对观众和主办方双方都有好处的双赢设置。自拍可以为观众提供朋友圈的分享内容,起到社交分享的作用;而分享本身也可以视为对展览口碑宣传,并帮助进一步提升票房。

三、上海特展市场观众的行为与变化

（一）上海特展观众的人口学特征

在2016—2017年的上海特展观众的调研数据中,观众的人口学特征以及观众行为与态度相较于2014—2015年度均没有大的变化,高学历、年轻化、女性主体等仍然是特展观众最为典型的特征。

在受教育程度方面,大学本科及研究生以上学历的观众占总看展观众的67%,女性是看展观众的主体,占到观众总量的70%左右。此外,20—39岁的青年观众占总量的62%。

德国柏林自由大学持续针对22家柏林主流艺术机构进行观众研究,以这项研究的结果为例,可以看到柏林与上海展览观众在年龄分布上的巨大差异。对比结果显示:在观众总量中,20—29岁的观众,在上海为35%,在柏林是18%;30—39岁观众,上海是27%,柏林是15%;40—49岁观众,上海是21%,柏林是19%;50岁以上的观众,上海是12%,柏林是43%。

虽然这两项观众研究的统计方式有所不同,但上海的展览观众以20—39岁之间的年轻人为主体,占到观展总人数的62%,这迥异于欧洲以中老年观众为主体的状况。

（二）中高频看展观众更多选择 IP 类展览

在2016—2017年度的上海特展观众行为与态度调查中,我们增加了观众看展频次的研究维度,将每年看展 1—2 次的观众定义为低频观众,这类观众占看展观众总数的 90%;将每年看展 3 次以上的观众定义为中高频观众,占观众总量的 10%。这两类观众在观展行为和态度上都有一些比较明显的不同。

在各类展览内容中,大师级的、著名艺术家的作品展览仍然是最受欢迎的展览门类,在低频观众中,这种选择占 41%,在高频观众中占 58%。此外,低频观众对以高互动性体验为主的娱乐性展览认同度更高,而高频观众则对喜欢的动漫、小说、游戏、电影等 IP 衍生出的展览有着自己更为明确的偏好。

(三)100 元票价是消费态度拐点

调查显示,大部分观众的价格心理舒适区间是 30—50 元/人,观众的价格敏感度在 100 元/人时是个拐点,学生群体的价格敏感拐点是 50 元。当价格达到 100 元/人以上时,观众的购票障碍会明显增大,对展览内容会以更加审慎的态度进行评判。单人通票定价在 120 元、150 元或更高价格水平,只有当展览 IP 及内容保持在一个相当高的水准时,或者展览能提供非常独特的互动体验时,高价票才有可能获得较好的销量。

(四)看展社交模式逐步形成

在电影、戏剧、音乐等文娱活动中,展览的社交属性是最强的,因为其它文娱活动的过程中观众都无法进行沟通交流,只有看展的过程是可以边看边聊,进行实时交流的。

在观众看展行为调查中,双人出行是最为常见的模式。而同行对象的选择上,情侣或夫妻占 23%,好朋友占 58%,亲子出行占 11%,集体出行和自己看展都只占极少的比例,其中,一个人看展的只占 6%。有的观众表示,如果没有找到合适的看展同伴,则很有可能会放弃看展。

亲子出行所占的比例虽然不高,但调查结果还显示,会带孩子一起去看展览的家长更容易成为每年看展 3 次以上的高频观众。亲子观众的看展种类非常丰富,除了那些专为亲子市场打造的展览之外,其它偏知识性的、艺术性的,或者是只要没有色情暴力场面的展览,家长都愿意带孩子去观看,在家长看来,这比待在家里玩手机看动画片要好多了。

当观众无法在身边找到合适的同行伙伴时,他们会在一些热门的文娱资讯网站上发贴约人同行看展,比如豆瓣上,展览相对应同城活动下经常会有观众自发的约展群,提议看展时间,在线召集同行伙伴,这已经成为年轻人间一种新兴的社交模式。

(五)城际看展观众渐成规模

随着上海特展的兴起,"上海特展"已经在全国范围内形成了一定的知名度,逐步形成正面的品牌效应,向周边地区进行辐射。

在一项专门针对城际观众的调查中我们发现,一些大热展览,以及国定假期中,特展的城际观众已经占到观众人数的1/3。在这些城际观众中,来自浙江和江苏省这两个临近省份的观众占42%,也就是说,每5个城际观众中就有2人是来自江浙两省。有约10%的观众来自北广深,国内其它城市的观众占到城际观众的一半左右。另一个值得关注的现象是,在这些城际观众中,有约1/5是专程来上海看展的,这类观众的观展决策也更为提前,通常是在展览刚刚开票时,或者提前两周做出看展的决策(相比之下,本地观众通常是提前一周做出观展决策)。

随着长三角城市群一体化发展的不断深化,上海特展对长三角城市形成了越来越大的影响力。无论是专程看展,还是借出差、旅游、探亲访友之机顺便看展,城际观众在看展时的消费意愿都明显高于本地观众,这包括城际观众愿意支付百元以上门票的比例更高,预留的看展时间更长,对于衍生品的消费意愿以及对于展览中提供的导览等增值服务,都有更高的接受度。这也启发了上海特展的运营方要更多的从长三角一体化发展的角度,扩大上海特展的辐射范围和影响力。

栏目四　培育新业态：推动产业的升级

12
"互联网+"与上海音乐产业的新动力

陈　洁[*]

内容摘要　在"互联网+"时代，音乐产业不再追求单一依靠实体市场的运行方式，而是充分利用互联网信息技术的成本低、互动性强、传播率高的优势，在网络信息平台开展音乐内容的传播与营销。上海的音乐产业发展正经历着"互联网+"的转型。本报告阐述"互联网+"音乐的概念及内涵，剖析互联网环境下的音乐产业链及其发展趋势，以及如何利用互联网的平台效应与音乐行业自身的专业特点紧密结合，从而提出促进上海音乐产业发展的对策思考。

关 键 词　"互联网+"　音乐产业　对策思考

* 陈洁，上海艺术研究所助理研究员，研究领域：音乐基础理论、音乐文化艺术和音乐产业等。

在现代社会中,音乐既是一门古老而年轻的艺术,也是一种影响广泛的文化消费方式。随着数字技术、网络技术和器材设备的更新发展,音乐领域的生产方式和消费模式也发生着重大改变。在网络化、数字化的时代,"互联网+"的概念已深入人类生活的各个行业领域,在音乐行业具体表现为"互联网+音乐"。2015年12月1日,国家新闻出版广电总局发布了《关于大力推进我国音乐产业发展的若干意见》提出,要推动互联网的创新成果与音乐产业深度融合,到"十三五"期末,整个音乐产业将实现产值3 000亿元。《2016年中国音乐产业报告》的数据显示,2015年我国数字音乐产业的总产值为人民币498.18亿元,同比增长1.42%,位居中国音乐产业总产值第二,仅次于音乐教育培训产业。其中,在线音乐产值为58.06亿元,同比上涨13.4%;无线音乐产值为41.50亿元,同比增长22.08%。2017年9月5日,按"2017上海网络视听季暨第九届中国网络视听产业论坛"的数据公布,截至2017年6月,中国网络视听用户规模达5.65亿,比去年增长9.92%,网络音频用户规模达到5.24亿,视音频应用用户使用率分别达到了75.2%与69.8%。由此可见,互联网与人类生活紧密关联,互联网与音乐的结合,将为音乐产业注入新动力,为音乐产业的发展增加全新的机遇和挑战。

一、"互联网+"音乐的概念及特点

(一)"互联网+"音乐的概念

"互联网+"是采用云计算、大数据、移动互联网、物联网等通信技术以及相关的各种服务平台进行运营的一种经济范式。[①]"互联网+"的环境与音乐产业产生联动效应,使得实体经济和虚拟经济相结合,从而形成"跨界融合"的现象。但是,业界普遍认为"音乐+互联网"和"互联网+音乐"有着根本的区别:前者是将互联网作为音乐产品分销的一种工具,是实现音乐产品经济收益多元化的手段之一;而后者更侧重于通过互联网思维,改变音乐的内、外部

[①] 黄德俊:《"互联网+"环境下音乐产业的困境与发展策略》,《音乐传播》,2017年第2期。

环境,从而达到提高产值、优化结构,实现可持续性发展的目的。因此,"互联网+"环境下的音乐产业是对传统音乐产业的一种根本性变革。

2015年3月,在第十二届全国人民代表大会第三次会议上,李克强总理提出制定"互联网+"行动计划。7月4日,国务院颁发《关于积极推进"互联网+"行动的指导意见》(以下简称《指导意见》)进一步解读,要把互联网的创新成果与经济社会各领域深度融合,推动技术进步、效率提升和组织变革,提升实体经济创新力和生产力,形成更广泛的以互联网为基础设施和创新要素的经济社会发展新形态。2015年12月,在第二届世界互联网大会上,国家主席习近平发表主旨演讲,强调互联网是人类的共同家园,"打造网上文化交流,共享平台促进交流互鉴"是习主席提出五点主张之一。在"互联网+"行动的指引下,上海2016年政府报告中指出,音乐文化发展将围绕音乐与科技深度融合的发展现状,把互联网作为一种工具和手段,积极推动音乐行业不断发展。

由此可见,从国家层面到地方政策,提出"互联网+"概念是顺应时代发展的重要决策,同时,更强调"互联网+"概念在艺术领域的作用体现,在音乐行业具体表现为"互联网+"音乐。

(二)"互联网+"音乐的主要特点

互联网的技术成果与音乐行业的紧密融合,导致音乐行业发生巨大的变化,在某些方面,可以说形成了颠覆性的变革,具体表现为以下特点。

1. 多样性

互联网时代,科技打破以往传统音乐时代固有僵化的局面,为音乐行业注入新鲜的视角和多样的功能,同时,也为音乐消费者提供了选择的多样性。从数字音乐的格式来说,共有 WAV、MIDI、MP3. MOD、RA、CDA、HIFI 等七种不同类型,它们各有各的用途和出处,同时,也为不同领域的操作功能提供支持。

从音乐传播方式来看,有诸如黑胶、磁带、唱片等等传统实体音乐消费品,也有以数字音乐的虚拟音乐消费品为代表的网络音乐模式和流媒体,为不同人群的欣赏习惯和消费需求提供选择余地。

2. 开放性

互联网为各种数字化音乐资源提供了开放性的平台,包括乐谱、唱片、著作论文、网络音乐课等音乐资料,还有音乐作品的音频和视频呈现等等。网络平台海量的音乐资源,不受任何时间和空间的限制,便于有不同需求的人群各取所需,打破了原先相对封闭的音乐专业学术氛围和有限的音乐传播渠道。

3. 共享性

互联网时代,音乐资源以数字化形态存在,实现了全球范围内的资源获取和共享。音乐作品网络音乐的迅速传播,颠覆了传统唱片行业的营销方式和手段,网络下载成为新型的音乐消费方式。当然,网络音乐传播是一把双刃剑,一方面,大大降低了爱乐者听音乐的消费成本,另一方面,对整个音乐产业造成了不小的打击。美国唱片工业协会(RIAA, Recording Industry Association of America)为保护音乐唱片行业知识产权,经常对非法侵权的网络音乐共享提出诉讼;然而,国内版权保护制度尚未健全,绝大多数网民仍然习惯于免费下载网络音乐,这些现象都反映出互联网时代音乐传播的共享需求和生态现状。

4. 交互性

互联网作为一种信息传递的手段,使音乐的传播与接受环节变得方便和快捷,并催生出一种积极有效的交互体验。具体表现在,互联网时代的音乐传播与接受,无需经过专门的音乐制作部门和媒体单位的过滤就可以被接受,化被动为主动,让自我欣赏、自由挑选、个人审美得到充分释放。欣赏者还可以利用网络平台,在音乐内容的评论区域发表个人的意见和喜好,形成群体互动与交流,推动音乐传播与接受环节的交互性展开。

5. 服务性

基于以上互联网带给音乐领域的转变特征,"互联网+"音乐产业必须明确自身的行业属性,即服务性。互联网是一门技术手段,它带给人们音乐生活的颠覆性转变,同时它可以服务于整个音乐产业链。利用互联网技术,打造音乐内容加平台的生态闭环,基于为用户体验而提供专业的音乐服务,是"互联网+"音乐产业的关键考量。

（三）"互联网+"音乐的表现形态

互联网时代给人们的生活带来巨大的改变和影响,有一句话可以充分体现:"只有你想不到,没有你做不到。"音乐领域亦是如此,以互联网作为平台支持的"互联网+"音乐具有丰富多样的表现形态。

1. "互联网+"音乐创作与表演

传统的音乐创作与表演,是一项强调专业性、技巧性与高度个性的艺术行为。互联网时代,网络上拥有丰富音乐资源,除了专业的音乐作曲软件之外,还有某些操作相对比较简便的音频剪辑和音效处理软件。这些音乐资源和软件不仅可以为音乐专业人士提供创作的素材和灵感,还可以为普通的音乐爱好者提供自主创作的机会和可能。更有甚者,某些可供自娱自乐、卡拉OK 式的伴唱伴奏 APP,为音乐专业人士和音乐爱好者提供音乐表演的机会和展现自我的平台。

正如,数码相机和 P 图软件盛行之后带来大众对摄影的狂热追捧一样,音乐创作与表演已不再是音乐专业人士的专利。互联网背景下的音乐创作与表演,"用户生产内容"在数量上已经大大超过"专业生产内容"。传统的音乐创作门槛被降低,"互联网+"音乐创作的参与度明显提高,创作表演的音乐新作品数量也大幅度增加,大众创造能力得到进一步释放。

2. "互联网+"音乐传播

互联网技术彻底颠覆了传统意义上的音乐传播方式,从传统的黑胶、磁带、唱片等为主要传播载体,到电脑 PC 端,再到手机移动端无线音乐模式——音乐传播正经历着从 PC 端到移动端,从本地下载到在线流媒体的转型。

除了以音频格式的各种媒介传播以外,在线音乐会直播成为近期逐步火热的一种网络音乐传播方式。通过互联网技术平台的应用,观众可以在电脑、手机和平板电脑等移动设备上观看现场音乐会及演唱会的盛况。

3. "互联网+"音乐教育及培训

近年来,互联网音乐教育领域已经被视为掘金之地,诸多"互联网+"音乐概念的应用平台竞相出现,分别有专注线上音乐课堂、线上乐器陪练、线上师资培训、音乐智能游戏等等不同功能,它们以全新的科技手段和快捷的体验方式对传统艺术教育市场造成影响与冲击。

4. "互联网+"音乐研究与交流

在专业的信息门户网站,有各种音乐论文库、音乐理论资料、音乐乐谱等专业资源,为音乐研究者提供了空前便捷的材料准备;电子邮箱、网络论坛、视频工具以及微信等即时通讯工具,使专家学者之间的联络交流更为紧密无间;博客、微博和微信公众号等网络自媒体的出现,让研究者的学术成果和学术见解得以即时公开发布,比传统媒体和纸质刊物更快捷,受众更广泛。因此说,互联网的平台效应和应用功能,促进了音乐知识的广泛传播和资源共享,打破了专业垄断的学术堡垒,打开了全球化音乐专业领域的交流局面。

5. "互联网+"音乐社交与造星

互联网音乐时代,凭借先进的视频合成技术和内置混响技术,结合新颖的交互方式,即可为爱好歌唱表演的群体搭建社交娱乐平台。人们若想一展歌喉,可以通过手机K歌软件点击下载歌曲的伴奏带,经软件自带的同步录音与音色修饰功能,保存合成为音画一体的音乐作品上传到个人主页,接受送花、评论、回复等方式进行互动,还可以绑定自己的社交账号,同步分享到个人朋友圈。至此,完成了一次完整的"互联网+"音乐分享——K歌从自娱自乐的行为,转变为线上群体共享的社交体验,满足普通大众追求明星般受关注的心理。

除了音乐社交以外,某些音乐移动应用不仅搭建原创音乐视频的内容共享,同时,整合门户媒体推广资源,为用户获得超级流量曝光,通过交互模式和变现模式,打造互联网造星体验。线上音乐和科技的融合,为新一代造星模式开启崭新通道。

二、"互联网+"音乐产业的发展趋势

互联网技术带给音乐行业颠覆性的变革,行业内部的生产、传播、销售和消费等各个环节受到互联网的洗礼,其产业链的上游、中游、下游要实现跨界整合、协同创新,其本质体现在线上与线下的拉锯和互补。

(一)互联网音乐产业链

1. 上游环节——音乐版权方

音乐版权方,是互联网音乐产业链的上游环节,其中"唱片公司与文娱公司"和"音乐综艺与制作机构"等机构是音乐版权的主要供给方。(图1)

图1 上游环节——音乐版权方 *

*《2016 中国互联网音乐产业生态图谱》,https: //www. analysys. cn/analysis/trade/detail/1000373/

唱片公司与文娱机构通过签约、包装、培训艺人,为其制作、宣传和发行歌曲来输出音乐,是最为传统的音乐内容提供方。近几年,音乐综艺成为较火热的音乐制作形式,通过录制音乐类主题的综艺节目实现既有音乐的二度创作和传播,形成新的音乐版权。独立音乐人与合唱团没有签约任何唱片公司,完全独立创作表演音乐,比如民谣歌手乐队、合唱团等,受众群体较为小众。除此之外,选秀艺人与网络主播为另一个独立提供音乐内容的个体,通过翻唱或创作等形式进行表演,但音乐专业性上较前者更弱。

2. 中游环节——平台运营方

平台运营方,是互联网音乐产业链的中游环节,作为连接上游音乐版权提供方和用户的重要节点,经历了 PC 时期基于网页形式开展音乐门户服务到移动互联网时期基于 APP 开展音乐客户端服务的转变。(图2)

图 2　中游环节——平台运营方 *

*《2016 中国互联网音乐产业生态图谱》，https：//www. analysys. cn/analysis/trade/detail/1000373/

综合音乐、移动 K 歌和演艺直播是开展互联网音乐服务的主要平台，其中综合音乐平台成型时间最早，聚集了从 PC 端转移过来的大部分用户；移动 K 歌平台则精准地击中了用户的"唱"的需求；演艺直播平台则满足了用户对"视听演唱"的音乐需要。手机内置播放器和运营商增值服务因终端和渠道优势把控一部分用户流量；MV 视频与教学提供 MV 欣赏与视频教学服务；粉丝娱乐平台则是围绕粉丝群体的社区运营；用户音乐平台则是网页端音乐服务的维系。

3. 下游环节——服务支撑方

服务支撑方，位于互联网音乐产业链的下游环节，为平台运营提供技术支撑，主要包括音乐票务、音乐众筹、支付、版权管理与交易、硬件设备以及应用商店等参与角色。（图 3）

音乐票务和硬件设备通过提供现场体验的机会和更好的播放设备来满足用户对音乐"二次消费"的需求，也是互联网音乐服务商业变现的主要方式；音乐众筹为音乐发烧友提供探索新音乐机会的众筹服务；版权管理与交易保证了音乐资源流通过程中的合法性和可追溯性，随着各个音乐平台对正版音乐资源的争夺，版权管理的重要性越发显著。应用商店则为平台运营方提供了

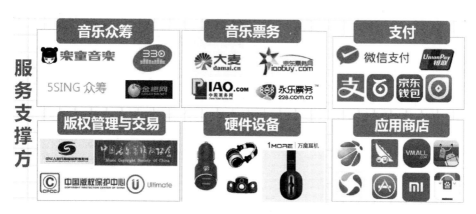

图3 下游环节——服务支撑方 *

* 《2016 中国互联网音乐产业生态图谱》https：//www.analysys.cn/analysis/trade/detail/1000373/

连接用户的渠道和输出音乐服务的平台；而支付辐射到整个产业链的交易环节，保证整个行业的资金流转。可见：互联网音乐的整个产业链都发生了深刻的变化。

（二）中国互联网音乐市场现状

1. 总体规模

据《2016 中国音乐产业发展报告》数据显示，2015 年，中国数字音乐的市场规模达 498.18 亿元。其中 PC 端音乐市场规模为 58.06 亿元，同比增长 13.4%；移动端音乐市场规模为 41.5 亿元，同比增加 22.8%；电信音乐增值业务为 398.62 亿元，同比略有下降。网络音乐用户规模达 5.01 亿，同比增长 4.8%。音乐版权保护环境的持续改善，技术的不断创新，音乐服务的完善化，使得未来移动端数字音乐市场规模有望持续快速增长，数字音乐市场整体规模呈稳步上升的趋势。

2. 市场分析

2015 年中国音乐产业市场总规模达 3 018.19 亿元，同比增长 5.85%，增速较 2014 年提高了 19.4%，其中，音乐教育培训产业和数字音乐产业分别以 666 亿元和 498.18 亿元的市场规模，占据中国音乐产业市场的大部分比重。（表1）

表1　中国音乐产业细分行业的市场规模估算 *

行 业 类 别	细 分 行 业	市场规模（亿元）
核心层	实体唱片	5.59
	音乐演出	1.50
	音乐版权经纪（管理）	3.25
	数字音乐	498.18
	音乐图书出版	8.3
关联层	乐器	370.81
	音乐教育培训	666
	专业音响	419.46
拓展层	广播电视音乐	44.96
	卡啦OK	846
	影视剧游戏动漫音乐	5.64
合计		3 018.19

*《2016中国音乐产业发展报告》，http：//www.chinambn.com/show－3949.html

从消费群体来看，2015年数字音乐用户达5.01亿，同比增长4.8%，其中移动互联网音乐用户为4.16亿，同比增长13.7%，占手机网民的67.2%。音乐演出产业2015年接待观众2 241万人次，同比增长10.26%。以上数据表明，现场和数字音乐消费有着巨大的潜在消费市场，版权保护环境的改善、付费意识的提高、优质原创音乐内容的生产，是刺激潜在消费者、实现巨大产值和商业利润的重要推手。（图4）

（三）中国互联网音乐市场未来趋势

1. 正版音乐政策促进行业良性发展

2015年7月，国家版权局下发《关于责令网络音乐服务商停止未经授权传播音乐作品的通知》。自通知颁发以后，国内互联网音乐市场已步入正版推动的良性发展道路。

这些政府的扶持政策，有力地促进我国数字音乐市场版权规范化。近年

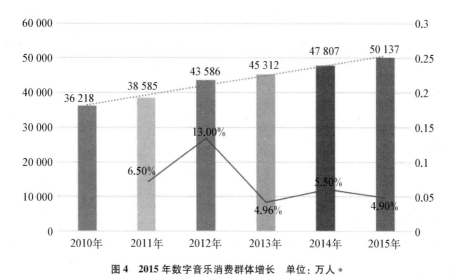

图4　2015年数字音乐消费群体增长　单位：万人*

*《2016中国音乐产业发展报告》http：//www.chinambn.com/show-3949.html

来,国内音乐版权竞争格局基本形成,腾讯音乐已集齐环球、华纳、索尼三大国际顶级唱片公司,与200多家唱片公司有正版合作,形成1 800万以上的正版曲库。网易云音乐获日本最大娱乐集团爱贝克思(Avex Group)的大陆独家版权代理,太合音乐与全球最大流行音乐曲库 The Orchard 达成独家合作、收购亚神音乐、旗下百度音乐握有滚石唱片版权。

2. 业务形态驱动多元化服务平台共生

如今,互联网音乐服务已超越单纯的播放器工具范畴,出现了综合音乐平台的"听"服务、移动K歌平台的"唱"服务、演艺直播平台的"看"服务以及粉丝游乐的"玩"服务的平台衍生。平台运营方围绕用户的音乐需求,提供集听、看、唱、玩等音乐需求为一体的多元化产品和服务,基于业务形态推动的多元化服务平台获得互赢和共生。

3. 基于正版音乐内生增长的商业模式升级

正版音乐政策引领在线音乐良性发展,付费收听与下载、数字专辑、演艺直播以及音乐类智能硬件产品等创新模式出现。在线音乐市场规模将持续获益于正版音乐的内生驱动,赢得较高增长空间。

2016年7月,腾讯宣布旗下的QQ音乐与中国音乐集团(CMC)合并,成立一个新的音乐集团——"腾讯音乐娱乐集团",合并之后,QQ音乐、酷狗、酷我等音乐平台品牌保持独立发展。2017年5月,腾讯音乐启动上市计划,并盛传预计估值超100亿元。2017年4月,网易云音乐对外宣布完成7.5亿元的A轮融资,由上海广播电视台领投,芒果文创基金、中金佳泰基金参投,融资后网易云音乐估值达到80亿元,形成了比较大的投资规模。

4. 用户规模的平稳化引发平台竞争愈加激烈

目前,移动互联网的人口红利已经结束,根据国内数据服务商QuestMobile最新发布的《移动互联网2017年Q2夏季报告》显示,截止到2017年第二季度,我国移动活跃设备数已达10.51亿,移动音乐的每月活跃用户规模已达到6.29亿,包括在线音乐平台以及在线K歌、电台等。(图5)

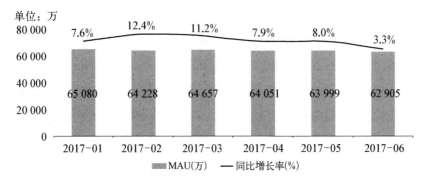

图5 移动音乐行业用户规模及同比增长率 *

* 《在线音乐现状及未来趋势分析》,http://www.sohu.com/a/165009885_481443

在线音乐的用户规模和新增趋势已经呈现平稳化,各家音乐平台对用户的争夺愈加激烈。在激烈的竞争面前,只有推出更人性化的运营手段、提供更多样化的服务和有价值的内容,才是吸引用户的核心竞争力。

三、上海"互联网+"音乐产业的发展

上海作为国际文化大都市,在积极推动智慧城市建设的大背景下,对于发

展"互联网+"音乐产业显示出高度的敏感性和积极性,在数字音乐创作、数字音乐网站、音乐短视频直播等方面都有积极的探索。

目前,在互联网技术和资本的双重催化下,上海音乐产业在"互联网+"的转型中积极应对、稳步发展,以音乐内容产品为核心的"互联网+音乐"产业融合生态体系初步形成,尤其表现在线上音乐教育、在线音乐信息智能平台和在线音乐会直播等领域,通过充分利用互联网平台的优势,为行业自身的发展找到转折点,未来更有许多拓展空间。

(一)"互联网+"音乐教育体量将超千亿

随着互联网新技术的开发,音乐教育与互联网的联系越来越广泛,音乐教育和音乐生活全产业链的互动融合更加密切,金融资本也更为关注在线音乐教育市场。上海在"互联网+"音乐教育方面明显凸显出特有的优势。

自2014年中下旬开始,围绕"互联网+"概念的音乐教育软件层出不穷,分别专注于线上课堂、线上陪练、乐谱分享、智能游戏等不同需求领域。目前,在上海创业的线上音乐教育平台主要有VIP陪练、于斯课堂和弹吧等,另外还有流行音乐类产品"牛班"(New Band),这些产品主要以O2O类平台居多,以弥补教育资源不均,提供行业优质咨询和内容服务,以及品牌推广等为主要功能。据业内人士分析,"互联网+"音乐教育尚有无限的发展空间,未来将有千亿级的体量。

1. 弥补教育资源分布不均

从全国范围来看,传统音乐教育的资源分布是极不平均的。以器乐学习为例,目前国内的钢琴保有量约为613万台,钢琴几乎占据了所有乐器销量的三分之一。中国拥有1 400万至1 800万琴童,他们需要在4至18岁期间接受专业的音乐教育,而全国音乐老师数量大约为76万,教师资源远远落后于学生数量。

目前全国共有103所高校招收音乐专业学生,其中上海、北京的数量最多,占到全国总数的近45%。据统计,全国约有14 000家音乐培训机构,其中上海、北京占到近42%,其他地区的音乐培训机构基本集中在省会城市。由于地区经济和文化发展的不平衡，国内最优质的音乐资源大多集中在上海和北京，二三线城市的优质师资极为稀缺，所以导致音乐资源的分布极为不均。因此，在线音乐课堂、在线音乐陪练等线上平台——通过互联网技术联动老师和学生之间的供求关系，活跃教育市场的师资力量，弥补音乐教育资源分布不均的现状。

2. 提供优质的内容咨询和服务

目前，上海各家线上平台根据自身不同的发展目标和行业定位，为目标客户提供优质的内容咨询和服务，形成了互联网+音乐的辐射服务网络。

"VIP陪练"，是一款从辅助、监督学生练琴的纠错软件开发，到可以由主课老师线上批改学生弹奏的作业，经过不断研发调整，主要定位于提供真人"一对一"在线陪练服务。针对孩子回家不练琴、或者练琴效率低下、浪费时间的问题，为主课老师配备异地陪练老师，通过共享乐谱、画圈指正的方式，有效解决孩子练琴的错误问题。目前，"VIP陪练"连获顶级风投，已完成多融资，估值近亿元。拥有15个陪练老师基地，签约8所大学（其中，1所全国重点大学，1所省重点大学，5所普通本科学院，1所普通专科学院），在线陪练老师数量突破1 000，每天课时数突破2 000节，平均每位用户每周陪练为2.3次。同时，"VIP陪练"开发团队还利用微信平台提供在线音乐教育课堂和线下音乐交流等活动。微信公众号关注数量突破20万，网络微课历次平均参与3 000余人，峰值达到8 000多人，平均每周5节微课，针对钢琴老师与学生家长等不同人群开设。创业者通过不断挖掘与整合优秀师资力量，提高对平台用户的服务质量。

"于斯课堂"，是专注于提供艺术类视频在线互动教学平台，学习内容涵盖钢琴、吉他、古筝、声乐、舞蹈、小提琴等多种艺术品类在线课程。产品覆盖智能电视、手机、平板设备、电脑等常用终端，满足不同场景的学习需求。它颠覆了艺术学习领域里传统的贵族式"一对一"线下培训模式，开启互联网大众化艺术学习时代。于斯课堂根据学员学习的实际需求，提供相对应的初学或提高课程；汇集权威名师，采用科学新颖的教学模式给予每个用户实用的教学内容；所有课程均采用高清录制，完整记录课堂全部教学内容，超清格式播放，自带弹幕功能。用户通过付费买课进行网上授课,以丰富多样的"课程内容+专业完整的教学体系+视频学习"的完美体验,突破时间和地域的限制,为所需人群提供学习服务。

"弹吧"钢琴软件兼具教学和陪练功能,基于 LBS 的教师匹配系统形成特有的学琴地图,与所在地众多名师达成合作,促进名师上门授课,除此之外,学生也可在弹吧选择赴体验点学习等多种学习方式。弹吧创始人李峥曾在 2015年 6 月表示,累积用户数已过百万,在全国 275 个城市有超过 6 000 名老师、1 500 余个琴行入驻平台学琴地图,APP 月活跃超过 30 万。

此外,沪籍歌手兼音乐制作人胡彦斌带领的全明星导师在线教学平台"牛班"(NewBand)于 2015 年 1 月强势上线,这是一款提供教学视频和练习模块的流行音乐类产品。该应用软件包括明星课程、曲谱辅助练习、分轨调音系统、录制分享以及课程伴奏等功能特点。截至 2017 年 10 月,自频道"牛班—明星音乐教室"在优酷(视频网站)已有 6 282 万次播放量,拥有粉丝 9.3 万。"牛班"配有强大的线上线下互动教学系统,牛班音乐学校即为其线下课程。除自带音乐明星效应外,联合创始人汤佩弦表示未来将为平台上优质的学员与各类音乐公司牵线,以打造一条音乐的产业链。

3. 在线音乐教育平台与传统音乐教育模式比较

在线音乐教育产业化的特点,在于它是以买断经营的方式来进行的,如同健身房、美发卡一样。用户购买课程之后,教育方难以把握用户的学习成果,也难以进行考证和追踪。这形成了互联网+音乐教育与课堂音乐教育的很大不同。

其次,音乐艺术的特殊性,意味着音乐教育非常强调专业性和个性化。有些互联网+音乐教育平台大力鼓吹音乐学习的娱乐性,忽略教学上的专业追求,是不符合音乐教育客观规律的,这不利于互联网+音乐教育的长远发展。

再有,目前在线教育的授课方式,在音乐学习的实际效应方面有很多不足。相比较而言,一般文化课程的学习,只需要注重概念阐述和解题思路的讲解;而在乐器(或声乐)学习的过程中,涉及到演奏状态、演奏手型、音色处理、节奏掌握、作品分析等等,这些环节无不强调面对面、手把手的教学方式,教师需要对学生是否正确理解与掌握教学目标做出实时判断,并通过现场示范来纠正学生的演奏或演唱;更何况,面对面的音乐教育,还能够发挥教师在人格、修养、姿态、情感等方面对学生的示范和引领作用,这更是不可忽略。所以说,传统艺术教育的模式是一对一的精英式教学效果,是在线音乐教育平台难以企及的。这也是造成很多学员在购买课程之后,难以达到预期的学习效果选择放弃再次购买的原因,降低了用户粘性。

根据各家平台经营的方向和理念不同,有些音乐教育软件日益强大,获得到更多关注,有些则面临资金断裂、迅速下线淘汰的命运。这些现象反映了艺术教育,尤其是注重个性化体现的音乐教育,要注重艺术教育的客观规律和技能培训的专业特点,单纯追求娱乐化的开发只能满足一般人群的最低需求,盲目追求产业化的扩张是违背市场规律的行为。

(二)"互联网+"音乐智能信息平台助推格局转型

互联网加快信息传递朝着方便快捷发展,各大门户网站、微博、微信公众号、朋友圈和微信群等等信息化网络社交平台,促进各类音乐相关信息的沟通交流,为音乐传播格局的互联网化转型;传统剧院推出智能化平台,为音乐演艺市场提供大数据,从而对市场营销和剧院服务起到提升效果。

1. 新媒体触发音乐信息传播

依托互联网技术的发展,新媒体已经逐渐超越传统媒体,成为信息传播的主要渠道。随着与音乐相关的传统媒体版面纷纷消失,相反,与音乐普及相关的微信公众号日益增多起来,阅读量也大大超过传统纸质媒体。许多专业院团、演艺剧院、音乐专业人士纷纷开设微信公众号或者微博平台,利用社交媒体转发音乐演出的讯息,撰写普及音乐的文章,制作音乐鉴赏的音频节目,有些还拓展到网络电台等其他领域,成为全媒体。这些自媒体和全媒体的涌现,增添了音乐知识和音乐信息的传播维度,触发音乐信息的传递与交互。

此外,微信群的垂直传播效应也不可忽视。比如,在一个热爱古典音乐的微信群里,音乐领域的话题和演出信息都会成为微信群里讨论的日常。微信群里资深乐迷的顶级推荐和群友们的广泛传播,还有呼朋唤友的号召,无形中刺激了艺术消费,增加了音乐演出的购票力度,也强调了社会组织中的集体归属感。这种垂直传播的效果较于传统的纸媒和电视广播渠道的扁平化传播更为突显。

随着新媒体的出现,大量信息涌入网络平台,产生大量专业信息的偏差、文章抄袭、或者无授权转载等问题。如何建立一个原创性和专业性的新媒体公众号已经引起了各方面的高度关注。比如"橄榄古典音乐",是一家创立于上海,致力于古典音乐推广的全媒体,拥有一本全国发行、具有人文历史情怀的古典音乐纸质杂志;3个网络电台频道,总播放量超过500万;组织线下古典音乐沙龙活动;以及音乐周边商品的电商。让经典走进普通人的生活,是"橄榄古典音乐"努力的方向。主办方重视为阅读人群分层,分别以"浅阅读"为主的公众号,和深度阅读的纸质杂志,收获了不同需求的阅读人群。微信公众号"橄榄古典音乐"自2013年7月创立以来,拥有超过30万粉丝,成为目前国内最大的古典音乐公众号,也为更多互联网+优质音乐资源的新媒体公众号,提供了有益经验。

2. 智能化平台优化剧院服务

在互联网+的时代,剧院作为艺术生产展演的中枢平台,积极通过创新的手段适应"互联网+"时代发展需求,提高智能化的运营能力,成为分享经济的平台,为产业链提供智能服务。

比如,2016年9月,上海文化广场推出的"剧院智能化平台",为带动传统剧院行业的互联网转型,全面升级观演模式,优化剧院服务。该平台由两个系统(泛会员CRM系统,内容发布CMS系统)以及一个手机官网共同组成。泛会员CRM系统籍由挖掘大数据的价值,建立会员画像,将营销信息推送到比较准确的受众群体中,从而既节省营销成本,又能起到最大化的营销效果,为会员提供更多个性化服务;内容发布CMS系统则可以通过优化内容发布流程,大大降低工作成本,提升工作效率。

手机官网带动剧场消费模式由"重"到"轻"的转变。过去,观众观看演出需要通过电话或窗口订票,经过纸质检票,现场服务人员引导,最后通过购买节目册等线下方式完成观演体验。现在,通过手机官网连接线下的剧场艺术与线上的生活形态。从手机在线选座、电子扫码入场、手机导航领位到电子卡司表(演职人员名单)、电子节目册等,手机官网将以移动互联网时代的思维方式,全力营造以用户体验为中心的全新观剧模式。

利用互联网的优势,通过渠道整合+终端整合+数据整合,使传统的平台思维转化为互联网思维的终极形态。未来,智能平台将进一步解决剧院运营数据碎片化、会员管理低效、推广营销低频、观众行为模式交互原始等问题,未来更期待通过 LBS 技术,方便用户查找周边餐饮等商户,更好地安排观演前后空白时间的休闲娱乐需求,实现智能服务一体化,让古老的艺术形式焕发新时代的光彩,带动商旅文共同发展、周边区域经济和人文建设、形成社区生态,优化经济发展格局,实现从传统型经营模式向智能化建设平台转型。①

(三)"互联网+"音乐直播尚处于服务推广阶段

对于音乐产业来说,现场演出是音乐生产与销售的重要环节。但由于某种客观原因,比如演唱会(或音乐会)场地的座位有限、票价过高、座位区域不佳和异地阻隔等客观原因,也由于观众时间上不一定允许等主观原因,往往影响到观众对音乐演出现场的体验感受和观演机会。

随着技术层面的提升和发展,线上直播音乐会悄然兴起。与此同时,线上售票的商业模式以其方便、快捷的优势得到了广大乐迷和歌迷的瞩目和追捧,主办方也因此获得令人惊喜的收益,实现了内容提供方和消费方的"双赢"。2014 年 8 月 2 日,北京的乐视音乐率先推出在线付费直播汪峰"峰暴来临"鸟巢演唱会,当晚有 4.8 万人同步在线,直播收入超过 200 万。此后,在线直播音乐会成为一种时尚与潮流,也形成音乐产业发展中一股锐不可当的趋势。

1. 网络直播为音乐推广服务

上海多家国有艺术院团紧跟时代的脚步,开通网络直播以此来普及高雅艺术。2016 年 8 月,上海交响乐团主办首届艾萨克·斯特恩国际小提琴大赛,

---

① 参见上汽上海文化广场官网。

作为大赛官方互联网合作伙伴,乐视音乐对半决赛全程进行全球直播。这项转播,一方面,为首届小提琴国际大赛增加跨越国界的、广泛的关注度;另一方面,也为古典乐界积极输出优秀的小提琴演奏家。直播中开放的弹幕形式,令乐迷在观看比赛中可以及时沟通,彼此交流对选手的演奏评价和对曲目的理解,这个形式解决了聆听音乐会现场无法交头接耳的尴尬。据笔者统计,每场半决赛在线人数通常为3.5万人次,累计在线观看人数将近30万人次。不过,在直播过程中暴露出网络直播镜头切换失控、音乐与镜头内容不匹配、镜头内容单一化、有遮挡等等令人遗憾的技术失误。2017年7月,同样由上海交响乐团主办的上海夏季音乐节再次通过乐视音乐实现四场网络直播,在电视端、网络端和移动端等多个平台上,《长恨歌——黄自声乐作品专场音乐会》收获35万观众在线观看。

无独有偶,2017年7月8日,上海歌剧院首次试水网络直播,利用手机镜头带领观众们走进上海歌剧院舞剧团的排练厅——直播《卡门》选段的现场排演。在将近一个小时的直播里拥有6万多次的点击率,为该剧的剧场演出作了很好的造势宣传,显示了网络直播音乐的影响力和吸引力。

可见,在互联网技术的冲击下,音乐会直播平台实现了"音乐+科技+互联网"的产业模式。开展网络直播音乐会,是音乐产业发展中一项长远、有效的输出形式——它突破了音乐传播的地域局限,激发了新时代的造星模式,加强了音乐会现场的互动与交流,培育了音乐现场的潜在观众。

2. 缺乏有影响力的品牌效应

云播客网络演出直播平台,是由上海新汇文化娱乐集团创立,上海唯一的一家网络演出试点单位。曾在美国麦迪逊全球直播美国知名摇滚乐队演唱会、上海大剧院的美国费城交响乐团音乐会等。作为与上海国家音乐产业基地的合作项目,云播客依托产业基地的Livehouse综合性演出平台进行网上宣传推广和直播。但是,从仅有的几次直播经历来看,与国内的多家有用户量、有影响力的音乐直播平台相比,云播客显然没有强大的竞争力。可以说,上海的网络直播平台品牌效应尚未建立。

四、促进上海"互联网+"音乐产业发展的对策思考

在国家积极推动文化产业发展的大背景下，"互联网+"成为音乐产业发展的关键词。曾几何时，一些业内人士纷纷表示互联网是音乐产业的"仇敌"，似乎互联网导致国内网络音乐免费下载，是音乐产业停滞不前的罪魁祸首。经过一个阶段的潮起潮落，音乐产业的发展越来越理性和健康。我们可以更加冷静地思考：如何利用互联网的特点促进上海音乐产业的发展？如何正确发挥"互联网+"音乐的优势，树立上海文化产业的优势，同时规避"互联网+"音乐产业的弊端？

（一）加大政策支持力度，培育优秀市场环境

上海在未来发展"互联网+"音乐产业的过程中，需要继续加大对其发展的支持力度，以改善在线音乐产业整体的创业环境和发展环境。通过相关政策的扶持和引导，不断提高上海国有互联网音乐平台的创造力、竞争力、原创力，建立具有一定影响力和竞争力的领军品牌。通过完善相关市场竞争规则，保证社会公平竞争环境。通过加强对非国有互联网音乐企业的政策完善，提高"互联网+"音乐产业整体市场竞争力。

同时，政府部门应适当降低互联网音乐企业的准入门槛，让民营企业有公平的竞争机会，在形成市场化规模效应的同时，建构公平合理的市场竞争机制，进一步提升上海"互联网+"音乐产业在全国的地位。

（二）树立以内容为本，强调服务为核心的主导思想

"互联网+"的本质是建立一个为更好服务于现实生活的虚拟世界。小米科技董事长雷军说，"互联网+"包含两个关键词：第一是用户体验，互联网行业比任何一个传统企业和传统行业都在乎用户体验；第二是效率，互联网是诞生于 IT 的基础设施，它的整个效率要远超任何一个传统行业。其中，对于"互

联网+"音乐产业而言,"用户体验"体现在从用户需求角度出发,以高质量、高品质的音乐内容输出,并提供尽可能精致完善的服务,通过更完善的体验培育进而撬动更多的消费需求。"效率"则是指这一服务形态所产生的惊人速度和巨大影响。无论是在线音乐播放平台,还是音乐直播平台,必须基于音乐消费和互联网技术的服务体系,注重音乐的内容品质源和提供高清的转播技术,从而将线上和线下打通,建立全新的音乐和商业模式。建立以优质的内容提供为主,以优质服务为核心,围绕用户需求的"IP+互联网+硬件+增值服务"的音乐产业生态体系,应该是上海增强"互联网+"音乐平台的核心竞争力和提升"互联网+"音乐产业发展的主要目标和核心内容。

(三)建立完善"互联网+"音乐传播模式的付费机制

音乐行业的繁荣,必须建立在这样的基础上,即拥有可以保证公平竞争的完善制度,能够最大限度确保收入与市场反应成正比,提升整体音乐品质,促进更多消费,吸引大批优秀的人才进入音乐行业,由此形成良性循环。随着国家政策大幅度推进在线音乐行业正版化进程,在线音乐行业的版权保护逐渐到位。"互联网+"音乐行业内部应该尽快完善行业标准与有效的盈利分成模式,制定并实施一套合理的付费机制,逐步养成用户付费习惯,早日停止"烧钱游戏"的怪圈。

(四)在线音乐教育平台应该遵循艺术教育的规律

艺术教育尤其是音乐教育的本质,是讲究个体的个性化发展,即以一对一的精英模式教学。学员学习和掌握一门器乐或声乐的过程,一定是充满反复、机械、痛苦和枯燥的过程体验,但又是充满豁然开朗和喜悦收获的成果体验。所谓"痛并快乐着",正是音乐技能学习的真实写照。把传统的音乐教育模式商业化,致使大批量的琴童被艺校、琴行以统一模式地大规模"生产"出来,是近年来艺术教育市场急于求成、走下滑趋势的根本原因。在线音乐教育平台利用互联网的自身特点,以"一对多"的教学模式,集中贩卖打包课程,背离了艺术教育的客观规律,过分强调娱乐性的教学理念,并不是最为合理和科学的教学体验。特别是,有些在线平台并非真正从事音乐教育,打着"互联网+"音乐教育的旗号,实质是卖一个空泛的商业概念,和一些可操作性较差的相关音乐软硬件,是需要引起音乐教育行业相关部门和音乐产业相关职能部门重视的。在线音乐教育平台不能只看到资本涌入的快感,还应该遵循艺术教育的客观规律,避免艺术教育过度商业化,从而损害了互联网+音乐的优质服务。

（五）培养新媒体和在线平台"复合型"专业人才

新媒体与传统媒体的功能效应的差异性,给在线平台的实际操作提出更多、更高的技术要求,特别是需要将扎实的专业知识和基础理论渗透到互联网平台的各个技术细节之中。新媒体服务类平台所需要的人才储备大致有两类,一类为文字编辑,如新媒体平台的音乐类文案推送编辑、数字音乐博物馆的音乐编辑、数字音乐资料检索的编辑等等;另一类为在线音乐播放平台的技术人员,如音乐流媒体的音乐编辑和音乐筛选技术服务人员,网络音乐直播的导播、摄像、平台维护等技术人员。由于新媒体和传统媒体的相互渗透和影响,音乐编辑和音乐传播的专业培养、与新媒体技术有关的实践操作——两者同等重要。因此,注重培养新媒体传播的"复合型"专业人才,确保他们在"互联网+"时代有足够的适应性和长远发展,同时有效发挥在线平台的特殊功能与实际效应。

结 束 语

在 21 世纪数字化、网络化的大背景,互联网成为人类生活密不可分的生存环境。虽然"互联网+"建立了一个虚拟的世界,但是,在人类生活中接触的互联网概念越来越真实地存在和服务于人类生活。技术创新快速迭代、平台生态茁壮成长、优秀内容层出不穷,是"互联网+"音乐产业面临良好发展契机。"十三五"规划期间,作为国际化大都市的上海,应积极推动音乐产业与新技术、新业态、新模式、新媒体有机融合:以数字化技术为先导,积极推动文艺创作生产方式的变革和进步,不断增强艺术表现力、核心竞争力;深入开展网络直播音乐会,探索"互联网+"音乐教育平台,加强数字音乐的传播途径和付费规范;利用大数据手段为音乐产业各个领域进行数据分析,为产业资金进驻音乐产品融资提供可靠依据;充分利用音乐行业的经验与资源,进行有效的"互联网+"音乐的结合,让互联网技术真正成为推动音乐产业发展的新动力。

参考资料:

[1]《2016 中国互联网音乐产业生态图谱》,易观智库,https://www.analysys.cn。

[2]《2016 中国音乐产业发展报告》,http://www.chinambn.com/show-3949.html。

13

建设全球会展之都

——上海会展产业的升级之路

秦迎林*

摘　要　会展业具有市场营销、品牌推广的强大功能,是最具影响力、全方位、多层次、立体化的城市形象广告。在全球经济复苏乏力、中国经济进入新常态的背景下,上海明确将建设"国际会展之都"列为城市功能定位之一。加快会展业升级,将成为上海未来培育经济增长点,提升城市品牌与国际影响力的重要举措。本文基于国际文化大都市视角下上海会展业发展趋势的研判,提出打造高端会展峰会,凸显国际会展之都实力;培育优秀会展企业,夯实国际会展之都基础;打造新型会展业态,拓展国际会展之都优势的对策和建议。

关 键 词　国际文化大都市　上海会展业　建设全球　会展之都

一、国际文化大都市视角下的
上海会展业发展趋势

(一)会展产业与国际大都市具有内在联系

会展业是现代服务业的战略先导性产业,是市场交易的纽带和信息交流的平台,汇聚人流、物流、资金流、技术流、信息流,能够促进就业、拉动消费、降低交易成本、优化资源配置、促进创新发展,具有低投入、高产出、低污染、高附

---

* 秦迎林,上海工程技术大学副教授,东北财经大学博士研究生。

加值等特点,也是典型意义上的都市型产业。

在全世界的城市体系中,位于顶端的国际大都市具有较强的政治、经济、科技和文化实力,并且与全世界的城市保持着密切的经济、政治、科技和文化联系。国际大都市是举办各类会展,尤其是国际性会展活动最为集中的城市,可以依托会展业的延伸经济效益,提升城市的综合承载力和国际影响力。同时,会展产业属于典型的知识型和服务型经济,是技术、资金、品牌、人才交流互动的重要平台,因而受到国际大都市发展的高度重视。有鉴于此,世界著名的会展之都几乎都是国际化大都市。国际化大都市以发达的产业体系、活跃的各类市场、广泛的国际联系、总部经济的能量以及大量的旅游人口等,为会展产业提供了强有力的支持,显示出国际大都市与会展中心之间有一种深刻的共生共荣关系。

(二)上海位居世界会展城市综合实力前列

上海发展会展业具有得天独厚的优势,这是与上海作为江海交汇的长三角城市群的核心密切相关的。2016 年 4 月国务院颁布的《长江三角洲城市群发展规划》强调要创造联动发展新模式,首次提出"一核五圈",即发挥上海中心城市作用,推进南京、杭州、合肥、苏锡常、宁波等五大都市圈同城化发展。长三角高度密集的文化资源包括世界遗产、东方巨港、历朝古都、工商名镇、湖山胜景、海岛明珠等。上海将在长三角城市群联动发展的背景下,把江南文化、海派文化、都市文化、创新文化、时尚文化、金融文化等相结合,成为"一带一路"战略中新丝绸之路经济带与海上丝绸之路经济带的交汇点,作为中国经济最发达的城市群,长三角以仅占全国 2.1%的国土面积,集中了全国约 20%的经济总量,被视为中国经济发展的最重要引擎。而会展业恰恰是体现上海对长三角地区乃至整个长江流域和海内外辐射的重要领域。

2015 年,上海共举办各类展览 851 个,展览总面积 1 513 万平方米,平均每天举办 2.3 个展览,单个展览规模约 1.78 万平方米。其中,国际性展览 292个,展览总面积 1 124 万平方米,占上海展览总规模的 3/4。[①] 到了 2016 年,上

---

① 《"十三五"期间上海规划建设"国际会展之都"》,《新华社》,2016 年 01 月 12 日。

海的会展业又有新的增长。2016 年上海共举办展览会项目 816 个,总展出面积 1 604.8 万平方米,数量和规模比去年分别增长 8.95% 和 6.05%。其中国际展 307 个,展出面积 1 211.2 万平方米;国内展 509 个,展出面积 393.6 万平方米。其中,大型展览会增长明显,20 万平方米以上项目展出面积合计 401 万平方米,占总规模的 1/4;国际展 307 个,展出面积 1 211.2 万平方米,占比达 3/4。[①]

《中外会展业动态评估研究报告 2016》首次公开发布中国会展城市实力排名:上海、广州、重庆位居全国前三。其中,位于上海的国家会展中心拥有 40 万平方米的室内展厅和 10 万平方米的室外展场,是目前世界上最具规模、最具水平、最具竞争力的会展综合体。该报告首次提出并运用会展指数(SMI)综合评价对世界会展城市进行综合实力的全面排名,我国共有十个城市入围世界会展城市,上海位列第 3 位。在世界十大顶级场馆排名中,中国国家会展中心(上海)入围全球第二名,[②]显示了上海会展业拥有的强大实力。

(三)迈向卓越全球城市的目标和推动力

上海发展会展业以整体的经济实力作为基础。2016 年,上海市的生产总值增长 6.8%,超过 2.7 万亿元人民币,这是近年来,上海的经济增长幅度首次超过全国平均水平。上海拥有较强的综合服务功能,这首先是上海拥有全国最为发达和完善的金融市场体系,2016 年上海金融市场交易总额超过 1 300 万亿元,位居世界前列。上海拥有较高的对外开放水平。2016 年,上海口岸货物进出口额超过 1 万亿美元,占全国的 28%、全球的 3% 以上;拥有跨国公司地区总部和功能型机构 1 300 多家,是全国拥有跨国公司总部和功能性机构最多的城市之一。[③]

上海 2040 年城市总体发展规划推出:上海的未来将建设卓越的全球城

---

① 上海市会展行业协会秘书处:《上海市会展行业协会工作报告》,《上海会展业发展报告(2017)》,上海科学技术文献出版社 2017 年 3 月版。
② 上海会展研究院:《中外会展业动态评估研究报告 2016》,社科文献出版社出版 2016 年版。
③ 张晓鸣:《上海加快迈向卓越的全球城市》,《文汇报》,2017 年 09 月 18 日。

市,打造一座创新之城、生态之城、人文之城。在 2020 年基本建成"四个中心"的基础上,到 2040 年将上海建设成为综合性的全球城市,国际经济、金融、贸易、航运、科技创新中心和国际文化大都市。^① 从这样一个战略目标出发,上海打造两翼引领,多点互动的展览业空间新布局,有利于上海传承优秀的文化传统,营造具有全球影响力的文化、艺术和博览空间,加强上海对全球文化创意产业的引领作用。经过 2010 年上海世博会,上海逐渐形成以延安路—世纪大道为主轴,两翼引领,多点互动的会展产业集聚带,提升了城市的文化传播和文化交流水平,吸引了大批国际性、综合性的会议、展览项目,有利于提升上海全球城市影响力。

二、打造高端会展峰会,凸显
国际会展之都实力

(一)高端会展成为国际会展之都的标志

从历史的角度看,工业化时代和后工业化时代的国际大都市,具有不同的特色。"工业化推动下的大城市更加追求城市的规模和物质财富,而后工业时代的全球城市更加追求城市的全球影响力,上海跨越了这两个时代,将在拥有中国最大城市的规模和物质财富之基础上,造就一个兼备物质财富、实物投资和全球影响、知识投资的全球文化之都^②"。有鉴于此,上海明确提出要把国际会展之都列为城市功能定位之一。^③ 会展业具有市场营销、品牌推广的强大功能。在目前世界会展城市实力排行榜上,根据展馆面积、展会项目和组展商营业额三个维度,上海综合排名位居全球第三,仅次于巴黎和法兰克福。上海会展业的最大优势是硬件。^④ 上海主要的展览场馆中,2016 年展出面积排名前

① 上海市城市总体规划编制工作领导小组办公室:《上海市城市总体规划(2015—2040)纲要概要》,2015 年 12 月。

② 花建:《迈向 2040:上海城市文化战略的前瞻视野》,载荣跃明主编:《城市叙事——世界城市文化论坛 2016》,上海人民出版社 2017 年 11 月版。

③ 《"十三五"期间上海规划建设"国际会展之都"》,《新华社》,2016 年 01 月 12 日。

④ 《中国会展城市实力排名首次发布上海居首》,《新民网》。

三的分别为新国际博览中心（649 万平方米）、国家会展中心（426 万平方米）、世博展览馆（184 万平方米），合计 1 259 万平方米，比 2015 年增长 13.7%，占比 78.5%，提高了 5.3 个百分点，其中国家会展中心世界第二，新国际博览中心世界第 18。2016 国际会展业 CEO 峰会在上海浦东嘉里大酒店举行。全球建筑面积最大的天文馆上海天文馆（上海科技馆分馆）2016 年在临港新城开工兴建，预计 2020 年建成开放，也将成为吸引天文领域国际会展的重要载体。①

高端会展是国际会展之都的重要标志，具有强大引领性和国际公认的高端会展代表了会展之都的实力。会展业是现代贸易实现的途径和形式之一，对于商业贸易发挥了巨大的促进作用。从历史的角度看，英国成为世界市场中心，以 1851 年举办的万国博览会为标志；德国战后走向世界制造业强国，是 1949 年汉诺威工业博览会奠定的基础；美国在成长为超级大国的进程中，一共举办了 13 次世博会、4 次奥运会。为加快上海作为国际会展之都的建设，2016 年 5 月，上海市政府印发《关于促进本市展览业改革发展的实施意见》。意见指出，展览业是引导和促进投资贸易发展的重要载体，是提升国际贸易中心集聚辐射能力和资源配置功能的重要平台。② 目前，上海拥有可供展览面积超过 100 万平方米，是全球展览场馆面积最大的城市。上海会展产业还需要培育更多具有世界影响力的名牌展会和顶级展商。③

（二）精彩的国际展览业协会 UFI 年会

一个城市能否成为国际会展之都的重要标志，是它拥有的国际展览联盟认证项目和机构 UFI 的数量。上海是中国拥有 UFI 认证项目最多的城市，其数量遥遥领先于其他城市。有鉴于此，第 83 届 UFI 全球年会由上海市会展行业协会承办，于 2016 年 11 月 9 日至 I2 日在国家会展中心（上海）举行，来自 50 个国家的行业领袖、CEO、青年领袖和国际业界资深专家聚会申城，聚焦行

---

① 《上海天文馆开建》，《东方早报》2016 年 11 月 14 日。
② 上海市会展行业协会秘书处：《上海市会展行业协会工作报告》，《上海会展业发展报告（2017）》，上海科学技术文献出版社 2017 年 3 月版。
③ 《上海稳步迈向"国际会展之都"》，商务部网站，2017 年 02 月 13 日。

业发展特点,共同探讨快速发展中的展览业。这清晰地表明:国际展览联盟高度认可上海建设国际会展之都的成就。参加该次年会的有595名正式注册代表,36名随行人员,近100名展会工作人员。与会人员围绕"连锁反应——展览业的转型"的主题,举办大会、专题会议、宴会、参观活动共计32场,就全球经济及行业形势、数据化发展、行业最佳实践、人力资源、协会发展、区域经济等议题进行了广泛深入的交流。[1]

第83届UFI全球年会,是上海进一步提升"国际会展之都"的重要机遇。上海已逐渐走到了国际展览业的舞台中心。广阔的市场、开放的营商环境、巨大的场馆设施、完整的产业链、强有力的政府支撑构成了"上海会展"作为一个产业品牌的基础。本次年会进一步提升了"上海会展"的知名度,为上海建设国际会展之都拓宽了国际交流渠道,扩大了上海市会展行业协会的国际影响力。协会的工作能力得到了UFI的认可,也得到了国内外业界、政府机构的普遍好评,为后续业内交流和国际合作营造了良好的开局。

(三)打造上海会展论坛——国际会展CEO峰会

2016年1月11日至12日,上海市会展行业协会与上海会展业促进中心在上海浦东嘉里大酒店联合主办了2016上海会展论坛——国际会展业CEO峰会(简称"上海峰会")。有来自17个国家和地区的代表参会,注册总人数为282人。其中,来自政府/协会59人,展览主办方101人,场馆方34人,服务商61人,媒体14人,其他13人。70%以上的与会人士为行业组织、企业高层管理人员或负责。与会人士围绕"市场化和国际竞争力"的主题,进行了广泛、深入的交流和探讨。本次峰会共设5个议题:[2]

第一,借鉴国际经验,加快本土企业"走出去"与国际化。该项议题旨在借鉴跨国企业的优秀经验,遵循展览业发展规律,在全球化的大背景下,探讨中

---

① 上海市会展行业协会秘书处:《连锁反应,展览业的转型——第83届UFI年会报告》,《上海会展业发展报告(2017)》,上海科学技术文献出版社2017年3月版。

② 上海市会展行业协会秘书处:《中国展览业的市场化和国际竞争力——2016上海CEO峰会报告》,《上海会展业发展报告(2017)》,上海科学技术文献出版社2017年3月版。

国展览企业认识全球展览业发展趋势，走出国门，迈向国际市场的路径。

第二，经济"新常态"下，展览主办机构战略目标的再造。该议题旨在探讨国有、民营、外资、行业协会等不同组展机构在中国经济发展"新常态"时期，通过聚焦自身优劣势、明确市场定位、制定中长期战略规划的成功经验。

第三，中国消费类展览会的机遇与挑战。该议题旨探讨消费驱动日益成为中国经济新增长点的关键时期，消费类展会的主办方通过树立以终端消费者需求为办展理念，应用差异化策略，和 B2C 商业模式，促进展会发展等议题。

第四，聚焦中国二、三线城市的会展业发展。该议题以讨论会的形式分享了主办方和城市会展主管部门在非一线会展城市的实践案例，探讨会展业在当代中国一线城市展会资源日趋饱和的严峻条件下，在二、三线城市通过新蓝海战略，扩展会展产业市场份额，打造经济增长点的策略和手段。

第五，创新传统展会与信息技术融合的升级版。该议题讨论在互联网和大数据的时代背景下，会展企业将展会与信息技术跨界融合，通过技术应用，理念升级、商业模式创新等方法提升竞争优势的成功经验和相关议题。

上海峰会自 2014 年 1 月创办以来，一直以国际化、专业化为定位，本次上海峰会为上海建立国际会展之都提供了有效国际交流平台，为行业发展研究提供了良好的平台，同时也为第 83 届 UFI 全球年会的筹办作了成功的热身和预演。峰会获得了国际国内业界人士的认可和支持。有多家媒体共计组织 18 篇文章专题报道了上海会展业发展和峰会的情况，通过传统媒体和新媒体的广泛报道，上海峰会的品牌价值获得进一步的传播和认可。

三、培育优秀会展企业，夯实
国际会展之都基础

一个城市能否成为国际会展之都的另一个重要因素，是它集聚的会展企业数量和能级，也就是它掌握的会展市场主体实力。上海拥有全国专业

组展商 100 强中的 25 家,上海会展企业集群实力强大。根据中央两办《行业协会商会与行政机关脱钩总体方案》关于开展"行业协会商会组织论坛、评比、达标、表彰等活动"的精神,为了树立良好的会展行业行风行规,推进上海会展业健康有序发展,2016 年,上海市会展行业协会开展了年度行业评选活动。

(一)上海会展行业承办机构十强

上海市会展行业协会自 2002 年成立。通过协会的不断努力,上海会展行业在体制、动力、环境等方面均有众多突破,2016 年 4 月 12 日,上海市会展行业协会举办协会四届三次会员大会,大会评定上海东浩兰生国际服务贸易(集团)有限公司、中国对外贸易广州展览总公司、上海市国际展览有限公司、上海博华国际展览有限公司等十家会展企业为 2015 年度上海市会展行业展览主(承)办机构十强,以表彰十强企业在"互联网+展览业"、产业链融合发展、资源配置及运行、品牌与诚信体系建设等重点领域取得的优异成果。

表 1　2015 年度上海市会展行业展览主(承)办机构十强单位①

序号	单 位 名 称	简　　介
1	上海东浩兰生国际服务贸易(集团)有限公司	2013 年成立的大型现代服务业国有骨干企业集团。主营业务是人力资源业务、会展传播业务、现代贸易等,名列中国企业联合会中国企业 500 强第 133 位。2015 年集团举办各类展览和活动面积超过 100 万平方米,实现营业收入约 12 亿元,业务覆盖场馆运营、展览会议和活动主承办、展示工程、展览运输、广告传播等会展多产业链
2	中国对外贸易广州展览总公司	国家商务部下属中国对外贸易中心(集团)的直属全资国有企业,成立于 1985 年,2015 年,它承办国内展览 7 个,国外展览 2 个;代理组团参加国外展览 23 个,包括中国(广州)国际家具博览会、中国(上海)国际家具博览会、中国(广州)国际建筑装饰博览会等

① 上海市会展行业协会秘书处:《组织开展优秀企业评比表彰活动》,《上海会展业发展报告(2017)》,上海科学技术文献出版社 2017 年 3 月版。

续表

序号	单位名称	简 介
3	中国国际贸易促进委员会纺织行业分会	成立于1988年,现有员工80余人。主要业务涉及国内和境外举办各种形式的纺织服装行业国际展博会并组织专业技术交流活动;组织中国纺织服装界的国际贸易、技术代表团组出国访问,开展各种商务活动,拓展国际市场,扩大出口贸易和向境外投资;提供经贸投资咨询服务
4	上海市国际展览有限公司	上海市国际展览有限公司是上海贸促会的直属企业,成立于1984年,是上海成立最早的从事国际会展的国资公司,公司拥有一批国际展览业协会认证的模具、汽车、染料等大型专业展会。上海国际汽车工业展览会已跻身世界顶级车展之列;中国国际模具技术和设备展览会是亚洲规模最大、世界第二的专业展等
5	上海博华国际展览有限公司	成立于1992年,是国内领先的专业展会、大型会议以及B2B在线贸易采购平台的主办机构,是位于伦敦交易所上市的博闻集团(UBM pic)在中国的中外合作企业。它从事展会项目涉及家具、酒店、装饰设计、休闲与游艇、清洁、药品与食品、智能产业以及照明灯饰等八大领域,承办了62个国际性展览活动,总展出面积达到90万平方米
6	北京金海群英网络信息科技有限公司	集展会、网站、杂志为一体的020一站式结婚服务平台,成立于2009年,总部位于北京,现已在上海、广州、武汉、天津设立分公司,拥有近500人的工作团队。自2016年公司已启动"家芭莎"家博会、"婴芭莎"母婴展两大消费展,形成中国最大家庭大宗消费服务平台
7	汉湛威米兰展览(上海)有限公司	德国汉诺威展览公司在上海的子公司,1999成立,具有在中国成功举办国际一流展览会的丰富经验,主要业务包括展馆规划、设计、建造和运营等,主要的展会包括:亚洲国际动力传动与控制技术展览会、亚洲国际物流技术与运输系统展览会、工业自动化展、北京国际工业智能及自动化展览会、成都国际汽车展览会、广州国际旅游展览会等
8	上海万耀企龙展览有限公司	欧洲荷兰皇家集团与企龙展览合资成立,是国内最早的展会企业之一,每年主办近20场国内顶级展览和会议,展览总面积超过30万平方米。其中,中国国际地面材料及铺装技术展览会、亚洲门窗遮阳展、亚洲宠物展览会在国内外都具有较高知名度和影响力。它是国际展览业协会(UFI)会员、上海市会展行业协会主(承)办一级资质单位

序号	单 位 名 称	简 介
9	上海环球展览有限公司	成立于1994年,是一家组织、策划、主办各类国际性大型展览会、展示会、贸易洽谈会、学术交流会等活动的专业会展企业。是上海市第一家获批举办展览、第一家于2006年获得市外经贸委有申报国际展资质的民营企业。举办展览涉及工业、电子、通信、计算机等近40个行业
10	慕尼黑展览(上海)有限公司	成立于2001年,慕尼黑博览集团唯一在华全资子公司。专业展会覆盖机械、物流、环保、电子、激光、生化、酒和饮料制造、建筑建材、体育等各大领域

(二)上海会展行业展览展示工程企业二十强

2015年以来,我国会展业发展获得了顶层设计的强有力推动。国务院颁发了有关展览业发展的顶层设计指导文件——国发〔2015〕15号《关于进一步促进展览业改革发展的若干意见》。国家商务部建立促进展览业改革发展部际联席会议制度,展览业成为引导和促进我国投资和贸易发展的重要引擎。在这个背景下,2016年上海市会展行业协会举办的协会四届三次会员大会,评选了上海风语筑展示股份有限公司、上海美术设计有限公司、德商优尼博览咨询(上海)有限公司等企业为2015年度上海市会展行业展览展示工程企业二十强单位,以表彰十强企业在展览展示服务、文化传播、展览策划及设计、展示工程项目服务、展览配套服务、建筑装修装饰工程施工等方面的显著成绩。

表2　2015年度上海市会展行业展览展示工程企业二十强单位①

序号	单 位 名 称	简 介
1	上海风语筑展示股份有限公司	成立于2003年,是中国数字文化展示产业领导企业,专注城市体验馆装饰及展示设计施工一体化工程。代表性项目有:天津市规划馆、沈阳市规划馆、西安市规划馆、兰州规划展览馆等

---

① 上海市会展行业协会秘书处:《组织开展优秀企业评比表彰活动》,《上海会展业发展报告(2017)》,上海科学技术文献出版社2017年3月版。

续表

序号	单位名称	简　　介
2	上海美术设计有限公司	成立于 1956 年 5 月,专业从事行销传播和文化传播的综合型国有服务企业。主营业务涉及广告传播、陈列展示、建筑装饰和商业会展。代表性项目包括:井冈山革命博物馆、宋庆龄纪念馆、中国航海博物馆等
3	德商优尼博览咨询（上海）有限公司	1960 年在德国成立的全球领先的体验式营销传播国际公司。上海公司成立于 2005 年,主要从事品牌形象塑造、活动、商业展览会、展厅设计、陈列路演等项目。服务客户包括阿迪达斯、奥迪、亚洲国际博览馆等
4	金明展示工程（上海）有限公司	成立于 2002 年的台港澳独资企业,目前有员工 80 人以上。金明的主营业务范围包括展台展厅承建,展览展示设计咨询及展览服务,建筑装饰装修工程设计与施工,提供相关资讯及技术服务等
5	德马吉国际展览有限公司	致力于全球展览设计、制作和搭建事业的民营企业,拥有一批高素质的专业人员,在英国、法国、印度、巴西、南非、迪拜、西班牙等 32 个国家 118 个地区设有服务网点,为客户提供"专人、专项、全球一站式"展览配套服务
6	上海笔克展览展示有限公司	上海笔克现拥有逾 350 名员工。代表性项目包括:为利丰集团打造创新的全渠道商业研究实验室"利程坊";连续 6 年为"汇丰高尔夫冠军赛"提供临时设施搭建服务;连续 8 年为上海大师赛提供服务等
7	灵通展览系统股份有限公司	建于 1986 年,是中国最早从事展览器材开发、研制和生产的专业化公司,是中国展览馆协会副理事长单位、中国展览工程专业委员会主任委员单位、IFES 中国区主席,2010 年上海世博会设备租赁类推荐服务供应商,并有服务达沃斯论坛、青奥会、中国花博会等大型项目经验
8	上海形家广告设计有限公司	成立于 1995 年,专注于大型展会、展馆活动,多媒体实施、商业终端等领域的规划设计、制作管理的民营企业。拥有 25 年展览展示行业服务经验,参与 2012 年世博盛装巡游花车、芬兰馆、世博青年高峰论坛展示设计等活动
9	上海励展展览设计工程有限公司	成立于 1998 年,中国展览馆协会理事单位、展览展示一级资质企业。提供博物馆、规划馆、科技馆等大型展馆及展览展示项目全方位解决方案。主要项目有:2010 年上海世博会台湾馆,2015 年中阿绿博园主题馆等

续表

序号	单位名称	简介
10	上海康监建筑装饰工程有限公司	成立于1994年,注册资本人民币壹亿零贰拾万元。公司具有展示工程一级、国家建设部核准的建筑装修装饰工程专业承包一级、建筑装饰装修专项设计甲级等资质。承担了上海世博会主题馆、葡萄牙国家馆、汉能清洁能源展示中心装饰装修工程等展项工程
11	上海现代国际展览有限公司	隶属东浩兰生集团,是全国首家通过ISO9000质量管理体系认证的展览主办企业,担任亚洲广告联合会理事长、上海市会展行业协会副会长,于2004年加入UFI。主营业务分为展览主办和展览展示,拥有3个UFI认证展会项目
12	上海乃村装饰工艺有限公司	成立于1998年,现有员工158名,是上海市会展行业协会副会长单位。2010年世博会推荐服务商和援助项目指定服务供应商,2013年成功签约,是该上海迪士尼项目宝藏湾的主要主题装饰公司
13	上海司马展览建造有限公司	上海司马成立于1993年,承建多项当地及海外各大型展台搭建工程,上海纺织品展览会官方搭建商;上海国际汽车展览会官方搭建商;中国国际橡塑展官方搭建商;BAUMA Machinery Show官方搭建商;2010年世博会期间,参与设计、建造和管理了16个重要场馆等
14	安宝示展览展示工程(上海)有限公司	成立于2004年10月,目前员工180人。代表性项目包括:2005年H赛事季末派对;2007年蒂森克虏伯科技周;2010年上海世博会上海馆、不莱梅展馆和瑞典馆等
15	万达信息股份有限公司	成立于1995年,是国内智慧城市建设的领军企业,在医疗健康、社保养老、文化教育等领域建立了多个行业信息化标杆,服务范围覆盖全国3.6亿人群
16	建同会展服务(上海)有限公司	2006年成立,注册资金为170万美元,是会展策划、展台搭建、市场策划于一体的专业公司。在奥运会、世博会、车展、航空展、酒店展等领域中,提供产业链服务
17	名唐展览服务(上海)有限公司	集团现有员工380多名,下辖10个办事处。成功案例有:国际食品及酒店设备展览会(FHC),国际橡塑展(Chirm plas)、国际船艇及其技术设备展览会(CIBS)等
18	上海贸促展示设计工程有限公司	于2011年成立,是上海市国际贸易促进委员会下属的国有企业,并先后承接陈云纪念馆、中医药博物馆以及多届世博会、上海国际汽车展、世界互联网大会等项目

续表

序号	单位名称	简　　介
19	上海复旦上科多媒体有限公司	2003 年,注册资本 5 800 万。从事各类展示场馆的策划、设计、工程管理及展项展品的设计制作。提供包括内容策划、展项展品设计、布展空间设计、媒体设计等业服务
20	上海飞来飞去新媒体展示设计有限公司	成立于 2005 年,打造包括微软创新展示中心、联想控股展示厅、上海云计算创新展示中心、紫竹创意园展示中心、上海中心大厦观光厅、2010 上海世博会中国国家馆等 55 个展馆

（三）上海主要展览馆客户满意度五强

展览业是提升上海国际文化大都市聚辐射能力和资源配置功能的重要平台。会展场馆是会展经济发展的载体,展馆服务是会展活动的重要环节。作为城市活名片的展览馆,客户满意度与参与度成为评价展其优秀与否的重要因素。在 2016 年 4 月举行的上海市会展行业协会四届三次会员大会上,上海新国际博览中心、上海国际展览中心、上海世博展览馆、上海展览中心和上海世贸商城展览馆在服务质量、人性化设计。被评为上海主要展览馆客户满意度五强,以表彰五家企业在推动上海成为一流的国际会展中心城市中做出的突出贡献。

表 3　2013—2014 年度上海主要展览场馆客户满意度五强①

序号	单位名称	简　　介
1	上海新国际博览中心	于 2000 年 2 月 1 日成立,SNIEC 共有 17 个单层无柱式展厅,室内展览面积 20 万平方米,室外展览面积 10 万平方米。SNIEC 每年举办 100 余场知名展会,如华东商品交易会、中国国际家具展、国际太阳能产业及光伏工程（上海）展暨论坛等

---

① 上海市会展行业协会秘书处:《组织开展优秀企业评比表彰活动》,《上海会展业发展报告（2017）》,上海科学技术文献出版社 2017 年 3 月版。

序号	单 位 名 称	简　　　　介
2	上海国际展览中心	成立于 1995 年,它的三大主营业务如下。场馆租赁——1.2 万平方米的展览空间;自办展览——成功主办中国国际养老、辅具及康复医疗博览会,中国(上海)国际乐器展览会等十几个展览会项目。管理输出——参与投资及受托经营管理宁波国际会展中心和郑州国际会展中心
3	上海世博展览馆	上海世博展览馆由上海东浩兰生国际服务贸易(集团)有限公司投资建造。展馆占地 11.5 公顷,总建筑面积 15.1 万平方米,管理团队 50 人。每年承办近 90 场展会活动项目,出租率达 36%,接待客流 800 余万人次,并于 2013 年正式成为国际展览业协会成员
4	上海展览中心	建成于 1955 年 3 月。主营业务涵盖展览会、会议、商业活动,以及商业楼宇租赁业务。举行过重大政治、外事活动,组织和举办过国内外知名展览会和许多国际著名品牌的商业推介活动,成为全市主要的会议中心和展览场馆
5	上海世贸商城展览馆	成立于 1993 年,总建筑面积 28 万平方米,由国际常年展贸中心、上海世贸展馆、上海世贸大厦等主体建筑构成,是亚洲规模最大,集展示、交易、办公、资讯于一体的经贸交易市场,是上海作为国际贸易中心的重要承载区

四、打造新型会展业态,拓展 国际会展之都优势

随着中国崛起成为全球第二大经济体,中国日益走向世界舞台的中央,这为上海深度融入全球城市网络打开了更广阔的空间。上海作为具有全球竞争力和影响力的国际大都市,正在全球城市网络体系中发挥枢纽功能。[①] 正因如此,上海大力发展高端会展业项目,以此作为提升上海会展业竞争力的重点。

(一)工博会:引领"智能制造"的国家级展会

1999 年首届中国国际工业博览会(以下简称"中国工博会")举办,历经多

---

① 肖林:《上海迈向卓越的全球城市》,《科学发展》,2016 年 12 月。

年的发展创新,中国工博会通过专业化、市场化、国际化、品牌化运作,已成为我国装备制造业最具影响力的国际工业品牌展,是中国工业领域面向世界的重要窗口和经贸交流合作平台。2016 年由国家工信部、发改委、商务部、科技部、中国贸促会、工程院和上海市人民政府等部市单位主办,联合国工业发展组织、中国机械工业联合会协办,上海东浩兰生集团有限公司承办的第十八届中国工博会,11 月 1 日在国家会展中心(上海)开幕,演绎了一场中外装备制造业顶级盛会。它的规模、水平、影响力在中国工博会的历史上再创新高。该次工博会超过 27 万平方米的展览面积、八大专业展、28 个国家地区 2 556 家参展商,83 个国家地区 15.5 万人次的专业观众。共有各类论坛活动 52 场,吸引上万名行业专业人士交流。其中“创新与新兴产业发展国际会议”论坛,由中国工程院和上海市人民政府共同主办;第五届机器人高峰论坛汇集国内外 20 家知名机器人展商 CEO、业内专家,互动交流机器人产业发展趋势;第四届智慧城市产业发展论坛,聚焦工业互联网的快速智能化发展;2016 节能与新能源汽车产业发展高峰论坛,中国制造 2025 与工业电源技术论坛等行业论坛也引起业内共鸣。①

随着中国工博会品牌、影响力的日益提升,工博会及旗下各专业展已成为行业技术交流,企业品牌传播,市场销售覆盖的年度盛会。中国工博会已实现“网上工博会”功能,参展商可通过“网上工博会”发布展品,专业观众登录后能自动配对感兴趣的展品。展商可通过在线服务进行网上报名、展位申请、资格审查、证件办理等。观众可在网上在线快速登记,打印参观证,邀请同行参观、选择感兴趣的展商等。本次工博会以“创新、智能、绿色”为主题,聚焦《中国制造 2025》,设数控机床与金属加工展、工业自动化展、节能环保技术与设备展、信息与通信技术应用展、新能源与电力电工展、节能与新能源汽车展、机器人展、科技创新、新材料展,策应国家战略性产业,强化高端制造,新一代信息技术与制造业深度融合,智能制造,助力中国制造由大到强,构建国家级展示

---

① 周正:《工博会—引领“智能制造”的国家级展会》,《上海会展业发展报告(2017)》,上海科学技术文献出版社 2017 年 3 月版。

交易平台,成为国家制造业政策解读、制造业技术发展前沿平台。

(二) 中国美容博览会 CBE:打造会展品牌航母

当前,我国已进入消费需求持续增长、消费拉动经济作用明显增强的重要阶段,上海会展业适应这一大趋势,积极推动消费类展览等,开拓新的展览业市场。2016 年 5 月 18 日,第 21 届中国美容博览会 CBE 在上海新国际博览中心开幕。它包括 15 个场馆、40 个小馆,展览面积达到 20 万平方米,总规模为 9 677 个国际标准展位,同比增长 22.7%,国际化程度达到 30% 以上。来自中国、韩国、日本、法国、德国、西班牙、新加坡、澳大利亚、新西兰,以及中国台湾等 26 个国家和地区的 2 568 家企业参展,覆盖产业链上下游日化、供应和专业三大主题。吸引到来自 70 个国家和地区 38 万人次到会,还举办了 50 多场行业高峰论坛和主题发布会,形成会展交融的态势。本次 CBE 荣获并保持"上海名牌""上海国际品牌展""全球最著名的 TOPIOO 大专业展会"等荣誉,奠定 CBE 作为亚洲第一大美容展的地位,成为覆盖美容化妆品产业链的国际贸易平台。[1]

在全球化发展的今天,一个高端的展览会必须吸引到大量的国际参展商和国内外观众。CBE 突出了国际展商和进口代理商之间的贸易配对会,体现了交易配对有效性和针对性。在展会之外的区域活动,也不断推动 CBE 卖家巡回展示、交易、洽谈,使交易在展会之外、展会之中,在线上、在线下,都能够得以实现。CBE 针对不同主题的买家市场,构建买家组织架构,并将其建立到各省市。CBE 的品牌历程,见证了其互联、互通、互动的展会社团化的发展之路。CBE 依靠现代沟通技术,微信、微博、专业网站以及几十个超大微信圈等等,构成了互联、互通、互动平台,大量的行业信息,汇聚了巨大的商机。CBE 与 30 多个国家及地区的政府、行业协会、主办机构以及国际组织保持紧密联系,整合英富曼等国际资源及行业资源,扩大了 CBE 的国际网络。同时,CBE

---

[1] 上海百文会展有限公司:《装点此关山,今朝更好看》,《上海会展业发展报告(2017)》,上海科学技术文献出版社 2017 年 3 月版。

商业联盟、美容商家服务中心，在全国各省市建立了分支机构，分别覆盖百货、商超、化妆品连锁、电商、美容院、美甲店等会员单位达 2 万家之多，使 CBE 成为全国美容化妆品行业的最大交流平台之一。

（三）上海车展：不一样的"创新·升级"

上海是中国汽车产业的重镇，汽车产业是上海主要的工业支柱之一，也面临着进一步变革与升级的重大课题。在数字化时代，我国汽车产业结构调整和能力提升越来越迅速，生产效能持续提高。未来，上海如果能够借助数字化机遇，打通汽车研发、制造和服务全产业链和全生命周期，充分挖掘汽车全寿命周期的生产和使用效率，上海就能够创造汽车产业发展的中国方式，实现由汽车大国向汽车强国的迈进。有鉴于此，上海国际汽车工业展览会（以下简称"上海车展"）成为中国汽车产业发展的重要风向标，也成为上海会展业的品牌标杆。

2015 年，上海车展在新落成的国家会展中心（上海）举办，成为首个启用全馆的展会。本次上海车展，无论从展出规模、展出质量还是品牌效应，各项数据再创新高。来自 18 个国家和地区 2 000 家中外汽车展商参展；展出总面积超过 35 万平方米；展出整车 1 343 辆，其中全球首发车 109 辆，新能源车 103 辆，概念车 47 辆，亚洲首发车 44 辆。各大汽车厂商合计召开 104 场新闻发布会，有来自 44 个国家和地区的 2 150 家中外媒体，和 1 万余名记者竞相报道该次车展。这个展览期间吸引观众 92.8 万人次。[1]

本次上海车展呈现出鲜明的特色：（1）"不一样"的创新、升级——取消车模、回归车展本义，主办方通过引导展商摒弃"人车"战术，由单一的产品展示，向注重互动体验、强调技术革新、诠释了品牌文化等转移，争取到了更多的成熟型消费者。（2）"不一样"的宣传报道——在巩固传统主流媒体宣传的基础上，主办方充分利用新媒体和自媒体影响，结合微博、微信公众号，微信朋友

---

[1] 上海市国际展览有限公司：《车如流水人似龙—车展成功的背后》，《上海会展业发展报告（2017）》上海科学技术文献出版社 2017 年 3 月版。

圈、热门 APP 应用等进行多渠道、全方位、立体式宣传。(3)"不一样"的现场运营——主办方成立运营团队制定大客流应急预案、设置合理排队等候区域、引入数十种中西式餐饮和连锁超市、定制硕大的人性化标示等,为车展的有序运营提供了强有力的保证。(4)"不一样"的主题呈现——"演绎科技创新"和"感爱汽车艺化"是 2015 年上海车展新技术的体现和人文情怀的传递。位于展馆中央数千平方米的圆形广场,被打造成了休闲娱乐区域,为观众提供雅致的观展氛围。

(四)笔克:借力"会展互联网+",优化产业生态圈

上海笔克展览展示公司是笔克远东集团在上海投资成立的公司。笔克远东集团有限公司于 1969 年在新加坡成立。笔克远东集团 1992 年在香港上市,2004 年,其关联子公司在泰国上市。目前在北美洲、中东、东南亚及北亚等 40 个市场设有办事处,受雇专业人士多达 2 500 名。如今已发展成为提供"全方位品牌激活"一站式服务的展览与项目管理公司。笔克集团的发展注重创新、拥有长远目光,以及注重人才培养。笔克在中国市场的发展,起步于国际大型活动;又从线下(BTL)到线上(ATL),转型成为全方位品牌激活营销机构;再把创新触角延伸到创客中间,联动产业生态圈协同发展,建立专注于会展业上下游生态圈所打造的创新平台——P3 梧桐创新,设立的首个"文创+科技"主题的孵化器——P3 梧桐空间。[①]

结 束 语

随着中国经济进入更加注重质量、效益和协调发展的新常态,发展现代服务业成为推动实体经济、促进中国经济转型的新支点。顺应这一大趋势,中国文化对外开放的升级版正在逐步显示,即以培育文化新业态为契机,依托负面

---

① 上海笔克展览展示有限公司:《注重长远,节节发展》,《上海会展业发展报告(2017)》,上海科学技术文献出版社 2017 年 3 月版。

清单管理模式等举措,培育充满创造活力的文化生产力主体;以服务业开放为重点,推动贸易和投资自由化和便利化,使我国进入全球文化生产价值链、文化资源供应链、文化品牌服务链的中高端,为中国和世界创造更多的文化财富。[①] 上海明确将建设"国际会展之都"列为城市功能定位之一,加快会展业升级,将成为上海未来培育经济增长点,提升城市品牌与国际影响力的重要举措。目前,上海会展业态发展良好,但是有待于引入和培育国际的顶级会展和展商,同时适应数字化时代的挑战,进一步优化整个会展产业链。

[①] 花建:《打造中国对外文化贸易升级版》,《光明日报》,2015 年 9 月 30 日。

14

推动上海话剧演出市场健康发展

——深度分析与对策建议[*]

吴丹妮[**]

内容提要 2017 年的上海话剧演出市场,不仅显示了本埠话剧演出团体的创演活跃,而且以优质规范的演出市场,吸引了来自海内外的优秀话剧演出团体赴沪交流演出。而中国上海国际艺术节、上海当代戏剧节、上海国际喜剧节等戏剧节庆的举办,更为上海观众引介了众多国际一流的戏剧作品。然而,在话剧市场快速发展的同时,仍有众多问题为业界、观众所诟病,诸如话剧原创力匮乏,娱乐化发展倾向明显,沉浸式戏剧野蛮生长等等。本文采用抽样调查、数据呈现的方法对 2017 年上海的话剧演出市场做初步描绘,在数据分析的基础上对上海话剧演出市场的发展现况和趋势作出研判和探讨。

关 键 词 话剧演出市场 原创与沉浸式戏剧 戏剧影像放映

一

　　本文采用产业化视角对上海话剧演出市场进行分析,即把培育话剧演出市场作为推动演艺产业不断升级的重要举措来研究。从宏观角度看,包括话

* 本文系国家社科基金艺术学青年项目"话剧艺术产业化:现况、困境与对策调查——以长江三角洲地区为例"阶段性成果,立项批准号:14CB102。
** 吴丹妮,上海艺术研究所助理研究员,研究方向为戏剧研究。

剧在内的演艺产业是上海文化产业的重要组成部分，发展上海话剧产业的基础是多层次、有活力的演出市场。这一市场正面临着内容、门类和结构等方面的诸多变化。另外，话剧艺术本体在产业化过程中也发生着改变。动漫、网络、手机等新媒体艺术快速发展，对话剧这一较为传统的舞台艺术样式产生了深远的影响。同时，文化地产的兴起、院线制的演出模式等也为话剧的也经营结构模式带来了新的契机。在这些多种因素作用的大背景下，话剧的运作方式逐渐发生改变——传统的创作办法、运作模式与宣传策划都面临着挑战，其中所蕴含的深层文化意蕴，需要政府主管部门和话剧从业人员共同来敏锐把握。

为了更加客观、具体的展示上海 2017 年话剧演出市场的构成情况，笔者通过收集票务平台"话剧·音乐剧"栏目的在售剧目相关信息，对数据进行清洗、整理、提取和分析，结合长期的行业观察和思考，得出本文。

2017 年 1 月 1 日至 2017 年 9 月 30 日，共检索、收集获得活动地在上海的"话剧·音乐剧"类演出活动信息 490 条[①]，其中话剧演出信息 367 条，"NTLIVE""系列戏剧影像"等戏剧影像放映活动信息 47 条，音乐剧演出信息 72 条，脱口秀、击打秀等秀类演出信息 4 条。

以下内容的重点是提取话剧演出信息和高清放映戏剧活动信息相关数据加以分析。在 367 条话剧演出信息中，国内机构演出信息 337 条，国外机构演出信息 30 条。经过去重筛查后可知，2017 年前三季度国内机构在上海演出剧目 253 台，场次为 3 430 场；国外机构在上海演出剧目 29 台，场次为 95 场。

253 台由国内演出机构演出的话剧作品中，本埠机构演出共计 146 台，2 467 场。另外，良好的演出运营机制和不断扩大的市场需求吸引了包括香港、台湾在内的众多兄弟省市话剧演出机构赴沪交流演出。本次抽样数据显示，全年共有 12 个省市的话剧演出机构赴沪演出，演出剧目共计 107 台，963 场。

---

① 有关"条"的计数原则说明：本报告中涉及的"条"，指的是在票务平台上的售票信息，一则信息记为 1 条，若同一演出机构一个剧目在本次抽样调查周期内进行 2 轮演出，票务平台上显示二则售票信息，则记为 2 条，以此类推。

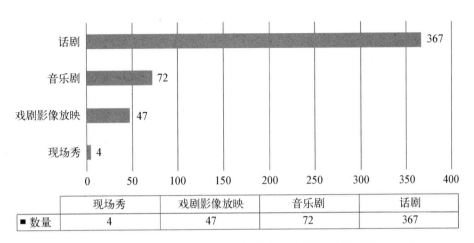

图 1-1　2017 年前三季度票务平台话剧·音乐剧栏目在售剧目概览 (单位 : 条) ① *

* 数据来源 : 作者编制

同时 , 随着中国上海国际艺术节、上海国际喜剧节、上海当代戏剧节等艺术节庆的稳步发展与持续推进 , 上海国际艺术节中心、上海话剧艺术中心、上海文广演艺集团等机构邀请了众多优秀外国戏剧作品来沪巡演。本次抽样调查数据显示 , 本年度 , 来自美国、英国、加拿大、日本等 15 个国家的演出机构为上海观众带来共计 29 台 , 95 场风格各异的优秀剧作。

按照演出内容的不同 , 笔者将 2017 年前三季度在上海演出的话剧分为严肃经典、喜闹剧、悬疑剧、职场情感剧和其他等五大类。

2017 年前三季度上海话剧演出市场演出超过 30 场剧目一览表② *

	剧　名	场次	出　品　方
1	《不眠之夜》	1 017	上海文广演艺 (集团) 有限公司
2	《谋杀启事》 (A Murder is Announced) (2017 中文版)	120	上海现代人剧社

---

① 本文使用数据、图、表 , 如非另行注明 , 均为作者编制 , 特此说明。
② 由于若干驻演剧目的单轮演出场次数过高 , 可能对类型占比造成较大影响 , 为更准确的表述 2017 年前三季度上海话剧演出市场的演出构成情况 , 以下数据去除单轮演出量超过 30 场的剧目。

	剧　　名	场次	出　品　方
3	《捕鼠器》(2017 经典版)	100	上海现代人剧社
4	《谋杀启事》(A Murder is Announced) (2018 中文版)	58	上海现代人剧社
5	中国首部全息音乐舞台剧《龙》	43	上海锦辉艺术传播股份有限公司
6	边吃边看的都市癫狂音乐喜剧《疯狂约会》	40	精英剧场　缪时文化

* 数据来源:作者编制

由上海演出机构出品的 141 台(1 089 场)话剧作品中,严肃经典戏剧作品台数占比 33.33%,为 47 台(362 场);喜闹剧台数占比 25.53%,为 36 台(270 场);悬疑剧台数占比 19.15%,为 27 台(198 场);职场情感剧台数占比 13.48%,为 19 台(165 场);其他类型话剧台数占比 8.51%,为 12 台(94 场)。

由外省市演出机构(含港、澳、台地区)在上海出品和演出的 107 台(963 场)话剧演出中,严肃经典戏剧作品台数占比 37.38%,为 40 台(155 场);喜闹剧台数占比 32.71%,为 35 台(503 场);悬疑剧台数占比 3.74%,为 4 台(16 场);职场情感剧台数占比 25.23%,为 27 台(287 场);其他类型话剧台数占比 0.94%,为 1 台(2 场)。

由外国演出机构在上海出品和演出的 29 台(95 场)话剧作品中,严肃经典戏剧作品台数占比 51.73%,为 15 台(48 场);喜闹剧台数占比 31.03%,为 9 台(26 场);职场情感剧台数占比 10.34%,为 3 台(13 场);其他类型话剧台数占比 6.90%,为 2 台(8 场);悬疑剧占比 0。

按照创作方法的不同,本文将 2017 年前三季度在上海演出的话剧分为原创话剧、改编话剧和改译话剧等三类。

由上海演出机构出品的 141 台(1 089 场)话剧作品中,原创话剧作品台数

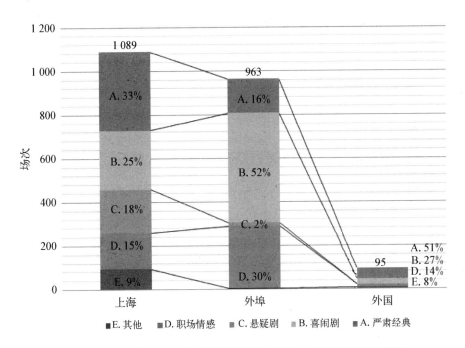

图1－2　2017年前三季度上海话剧演出市场构成概览：按剧目内容分类（抽样）

（单位：场；百分比为场次百分比）*

* 数据来源：作者编制

占比51.06%，为72台（438场）；改编话剧作品台数占比16.31%，为23台（192场）；改译话剧作品台数占比32.63%，为46台（459场）。

　　由外省市演出机构（含港、澳、台）出品的107台（963场）话剧演出中，原创话剧作品台数占比51.40%，为55台（510场）；改编话剧作品台数占比24.30%，为26台（170场）；改译话剧作品台数占比24.30%，为26台（283场）。

　　由外国演出机构出品的29台（95场）话剧作品中，原创话剧作品台数占比48.28%，为14台（47场）；改编话剧作品台数占比41.38%，为12台（41场）；改译话剧作品台数占比10.34%，为3台（7场）。

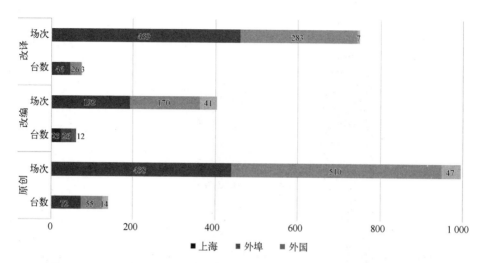

图 1-3　2017 年前三季度上海话剧演出市场构成概览：按创作创作方法分类（抽样）*

* 数据来源：作者编制

二

　　首先值得注意的是，上海话剧演出市场中，有关原创话剧体量和质量的相关问题。根据抽样调查的数据，可以发现：

　　第一，喜闹剧和严肃经典类话剧是上海演出机构较为青睐的原创方向。图 2-1 较为清晰地展示了本次抽样调查样本中 72 台（438 场）上海演出机构出品原创话剧的内容构成情况。2017 年前三季度，喜闹剧和严肃经典类话剧等两类原创话剧作品共演出 48 台，316 场，在由上海演出机构出品的原创话剧中占比 72.15%（场次比），占原创话剧演出市场市场份额的 31.76%（场次比）。

　　第二，由上海演出机构出品的改编作品，演出场数总体分布较为均衡。喜闹剧、职场情感类话剧和严肃经典类话剧的演出场次较多，2017 年前三季度平均演出量为 8.64 场/台。图 2-2 则较为清晰地展示了本次抽样调查样本中共计 23 台由上海演出机构出品改编话剧的内容构成情况。其他类话剧的演出场次为五类话剧中最多的，10 台剧目共演出 88 场。其他类话剧主要为《盗

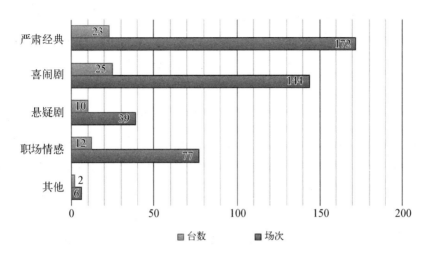

图 2 - 1　2017 年前三季度上海出品原创话剧内容构成柱图（抽样）＊

＊数据来源：作者编制

墓笔记》系列话剧、《仙剑奇侠传》系列话剧和《第八号当铺》等由热门小说、网
络游戏等改编而来的、具备 IP 属性的 3D 多媒体话剧。由于此类话剧无法按
照内容简单划分入严肃经典类话剧、职场情感类话剧、悬疑剧、喜闹剧等话剧
类型中，因此划入"其他"类别。

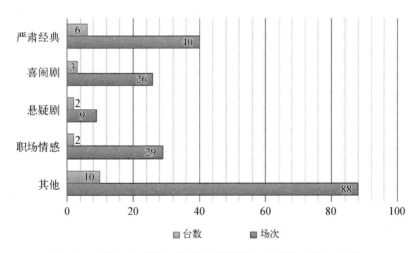

图 2 - 2　2017 年前三季度上海出品改编话剧作品内容构成柱图（抽样）＊

＊数据来源：作者编制

与 2016 年相比,2017 年前三季度,《盗墓笔记》系列、《仙剑奇侠传》系列等 3D 多媒体话剧在上海话剧演出市场上的演出量有所下降。这两部系列 IP 话剧在经历了 3—5 年的剧目打磨之后,系列剧发展较为完整,内容打磨也已趋于成熟,并开始赴 2、3 线城市进行交流巡演。

第三,由上海演出机构出品的 46 台改译作品,演出场次共计 459 场,为由上海演出机构出品的原创、改编、改译等三类话剧作品中演出场次最高的,场次占比 42.15%。严肃经典类话剧和悬疑剧是上海话剧演出机构较为青睐的改译话剧类型,也受到了上海话剧市场观众的广泛认可。本次抽样调查结果显示,这两类话剧共计完成演出 33 台,演出场次 300 场。在由上海演出机构出品的改译话剧中合计占比 65.36%(场次比),占改译话剧演出市场份额的 40.05%(场次比)。

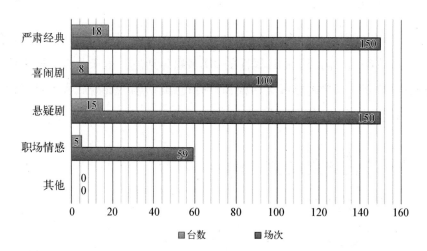

图 2-3　2017 年前三季度上海出品改译话剧作品内容构成柱图(抽样)＊

＊数据来源:作者编制

由以上数据剖绘可知,:

1. 由演出体量方面看,改译剧是上海话剧演出机构最主要的创作方向,其次是原创话剧,第三为改编话剧,这与上海作为开放型的国际文化大都市密切相关,适应了上海话剧观众比较开阔的国际化视野。

2. 由创作内容方面看,上海话剧演出机构最青睐的创作内容为严肃经典类话剧,其实是喜闹剧。这说明上海话剧观众对严肃经典类话剧认可度比较高。

3. 应正确看待改译剧排演体量较大的问题。与改编话剧相比,改译剧的排演体量较大是客观事实。依赖外国文学戏剧等艺术作品为上海话剧的素材来源,不是长久之计。一方面,应该学习、吸纳优秀外国文学戏剧作品,为上海原创话剧的发展提供给养。另一方面,应当深入发掘中国传统文化中的优秀创作素材。珍视、传承中华上古神话、民间传说、诗词歌赋等中华传统文化,让更多的中国优秀传统文化进入到现代人的精神生活中。

第四,职场情感类话剧具有较高的市场需求,悬疑话剧具有较高的市场认可度,发展较为成熟。

为了较为具体地展示本次抽样调查样本中由上海演出机构出品的话剧中,各类型话剧的各自发展现况和市场认可程度,笔者尝试引入"台均场次"①作为一个新的观察参数。

"台均场次"即某类型演出的台均贡献场次数。这一参数来源于商业数据分析中的"人均贡献购买量"。在商业数据分析中,这一数值越高,在表明该客人自身价值越高,对品牌贡献越大的同时,亦表明该类产品的品质越好,并且受消费者欢迎程度越高。而在演出市场,也有类似的情况:由本埠演出机构出品的戏剧作品,有着比外地/外国演出机构出品的交流巡演作品更加充裕的场期,如果作品质量优秀,有着较高的市场认可度,那么,该作品将会获排较高的演出场次。基于此,"台均场次"这一观察参数,可以在客观展示各类型话剧的自身发展现况的同时,反映出各类型话剧所占上海话剧演出市场的市场份额,以及各类话剧的市场潜力。

图2-4展示了原创话剧和改编话剧作品中,严肃经典、喜闹剧、悬疑剧、职场情感剧和其他话剧等五类话剧的台均场次情况。由该图可以直观看出:

---

① 为了更准确的展示"台均场次"这一维度,此处笔者对数据做了加和:将前文中分类阐述的"改编"和"改译"两个维度进行了加和处理,新数据组统称"改编",改动数据仅用于此维度,特此说明。

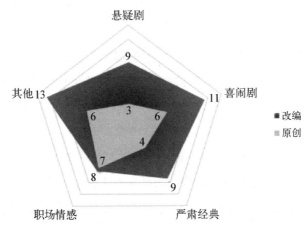

图 2-4 2017 年前三季度上海出品话剧台均场次（抽样）*

*数据来源：作者编制

严肃经典类话剧：改编的严肃经典类话剧作品台均场次为 9，在所有类别中居中。而原创的严肃经典类话剧台均场次为 4，与改编剧间存在较大差距。这说明，严肃经典类话剧是本次抽样调查的五类话剧中较受市场欢迎的话剧类型，具有较大的市场潜力。同时，原创严肃经典类话剧的发展乏力，质、量均不能够满足观众的观演期待，应引起关注。

喜闹剧：原创剧和改编剧的台均场次有一定差距，分别为 6 和 11。这说明喜闹剧具有一定的市场潜力，且与改编喜闹剧相比，原创喜闹剧的质量仍有待提高。

悬疑类话剧：原创剧和改编剧的台均场次差距较大，分别为 9 和 3。这说明在上海话剧演出市场上，悬疑剧是颇受观众认可的话剧类型，并且改编悬疑剧的创排成熟度较高，而原创悬疑剧的发展不充分。

原创悬疑剧缺乏品牌影响力（指的是由某著名编剧创作或由某著名主营悬疑剧的话剧演出团体出品）就难以获得市场关注。改编悬疑剧的改编排演工作则需要获得版权方授权，而高昂的版权费又将一众小型民营话剧演出团体挡在了"悬疑剧"的大门外。换言之，能够获得具有相当"粉丝"数量的悬疑小说、电影等其他艺术样式的话剧改编、演出版权的，都是具有相当实力的大中型演出机构。而当这些演出机构获得授权后,通常会通过高场次排演达到获得盈利、磨练演员业务水平和吸引市场关注等多重效果。本次抽样调查结果显示,2017 年前三季度上海话剧演出市场的悬疑剧,主要由上海现代人剧社(共上演 7 台,演出 309 场)上海话剧艺术中心(共上演 5 台,演出 79 场),上海锦辉艺术传播股份有限公司(共上演 6 台,演出 47 场)等三家演出机构出品。

下表列举本次抽样调查中演出场次排行前五位的悬疑剧。

序号	剧　　名	出　品　方	改编蓝本	演出场次
1	《谋杀启事》2017 中文版	上海现代人剧社	谋杀启事	178 场
2	《捕鼠器》(2017 经典版)	上海现代人剧社	捕鼠器	100 场
3	《无人生还》十周年庆　四百场纪念	上海话剧艺术中心	无人生还	29 场
4	心理惊悚话剧《危情十日》	上海话剧艺术中心	Misery	22 场
5	阿加莎·克里斯蒂经典法庭大戏《原告证人》	上海话剧艺术中心	原告证人	18 场

＊数据来源: 作者编制

而前述三家话剧演出机构 2017 年前三季度各有一部原创悬疑剧演出,详见下表。

序号	剧　　名	出　品　方	演出场次
1	话剧《狐狸的一击》	上海话剧艺术中心	10 场
2	搞怪悬疑剧《哎呀！直了～播我》	上海锦辉艺术传播股份有限公司	4 场
3	话剧《分庭抗争》	上海现代人剧社	4 场

＊数据来源: 作者编制

原创悬疑剧的发展需要多方共同努力。尤其是大中型话剧演出机构,掌握着更加多元的创作和市场资源,拥有更加丰富的悬疑剧创排、运作经验,具备更独到的剧目挑选眼光,在享受悬疑剧的市场红利之外,更应肩负起创排、推广原创悬疑剧的市场使命。

职场情感类话剧：原创剧和改编剧的台均场次差距较近，分别为 7 和 8。这说明在上海话剧演出市场上，职场情感类话剧是比较受观众认可的话剧类型，并且原创职场情感类话剧的创排成熟度较高。

总的来说，上海出品的改编话剧发展较为均衡，五类话剧的台均场次基本都在 11 左右，稍显乏力的是职场情感类话剧，发展较好的是其他类话剧（主要为 IP 改编的 3D 多媒体话剧）。上海的原创话剧发展则较不均衡，五类话剧的台均场次出现了较大差异，发展的最好的是原创职场情感类话剧，较为薄弱的是原创悬疑剧，应当引起业界关注。

三

2017 年上海话剧演出的新兴市场，集中在"沉浸式戏剧"和"戏剧影像放映"两部分的热点方面。它们引起了演艺界和社会比较广泛的关注。

沉浸式戏剧（Immersive Theatre），又译作浸没式戏剧、浸入式戏剧等。这一戏剧形式近两年来在上海风靡一时，引发了业界的关注与热议。2015 年，孟京辉执导了中国首部沉浸式戏剧《死水边的美人鱼》。2015 年 12 月 27 日—2016 年 1 月 8 日，导演何念携手北京环球百老汇文化发展有限公司在上海推出了一部名为《消失的新郎》的沉浸式戏剧。2016 年 12 月 10 日，在北京的蟹岛度假区的一个被命名为"彼得潘的冒险岛"的近 8 000 平米的演出空间内，上演了中国首部童话主题超维度（即沉浸式）戏剧《彼得潘的冒险岛》。

实际上，近年来在国内戏剧演出市场，沉浸式戏剧正呈现快速蔓延的发展势头。仅 2016 年在上海演出的 417 台话剧作品中，以"交互式""体验式""沉浸式/浸没式""超维度"等命名的作品就多达 11 台，演出场次更高达 86 场。并且《不眠之夜》《彼得潘的冒险岛》等浸没式戏剧正以其"新奇""烧脑""奇妙的戏剧体验"等观演感受，俘获了大批拥趸者。

与 2016 年沉浸式戏剧在上海"试水"不同的是，2017 年前三季度的在上海演出的沉浸式戏剧，具备了相当的演出规模。《不眠之夜》一剧于 2016 年 12 月开始中国版首演。"据主办方提供的数据，演出信息在 2016 年 7 月正式发布后不到100小时,1万张预售票全数售罄。彼时距离12月的正式演出还有5个月时间,《Sleep No More》①预售票房已经超过600万元。"②而2017年前三季度,仅本次抽样调查覆盖的,该剧演出场次高达1017场。

以电影《泰坦尼克号》(导演:詹姆斯·卡梅伦,上映时间:1997年)为蓝本改编而成的沉浸式戏剧《梦想之船"泰坦尼克"》正式上演(上海平方文化主办,缔梦文化出品)。本次抽样调查数据显示,该剧于2016年11月1日至11月25日在上海演出,本轮演出共计16场。演出介绍称,该剧在一艘"泰坦尼克号"复制船上上演,所售票价依据仓位等级不同而定位680元、880元、5 000元和20 000元4档,观众被要求"在抵达船上之前要打扮得类似1912年时人们的穿着"以增加真实感。

以上仅列举5个较为典型的沉浸式戏剧案例,试图对近年来较为成功的沉浸式戏剧作品做出展示,并尝试着归纳出它们的共同特征:

特征1,演出场所:为戏剧作品度身定制演出空间。

特征2,艺术性与商业性:作品在艺术性上有颇高的追求,并且与商业性能够很好的融合。

特征3,戏剧结构上遵循多线程叙事。

特征4,不为观众设置固定的观演区域,而是尽可能的引导他们参与到剧情发展中去。

总之,沉浸式戏剧的"沉浸"讲求的是参与、互动和体验,即观众参与戏剧,与演员有互动交流,并且从中得到戏剧体验。而究其本质,仍旧是戏剧,"沉浸"只是此类戏剧的外部表现形式,以及此类戏剧所追求的观演关系的达成手法。

然而,目前演出市场上的一部分所谓"沉浸式戏剧"呈现过分注重环境设置,轻视文本和表演的情况。观众的成熟速度远比戏剧工作者想象的要快,并且,观众的忠诚度是非常低的。他们只会为自己认为优秀的戏剧作品买单。

---

① 即前文提及《不眠之夜》一剧,作者补注。
② 魏嘉毅:《对于中国戏剧演出市场,〈Sleep No More〉意味着什么?》,《第一财经周刊》,2017年2期。

上海是交流巡演的大码头，由前述数据可知，仅 2017 年前三季度，外埠/外国赴上海的巡演剧目就有 136 台。因此，观众并不是无戏可看，也不是没有渠道接触到国际一流的戏剧作品。所以，能够获得观众认可并且可以长期演出的，一定是在艺术上达到较高美学追求的优秀作品。而如果一味地追求环境营造，而放弃了对于文本的雕琢和对表演的琢磨，最终将会失去观众的青睐，而沉浸式戏剧也终将沦为商业噱头。

毋庸置疑，沉浸式戏剧具有商业化属性。但是这不意味着要使对艺术的追求屈从于商业选择。某些沉浸式戏剧看似有着后现代的影子，而实际上既非改编也非解构，仿佛采用了沉浸式戏剧这一戏剧样式，就是为了表达某些碎片化的情绪、状态。毫无疑问，打破观演关系是沉浸式戏剧最响亮的噱头。然而，我们必须注意到，在沉浸式戏剧广泛吸引注意力的同时，观众对目前国内沉浸式戏剧的诟病主要集中在"形式酷炫，内容空洞"。沉浸式戏剧这一新的戏剧呈现方式可以轻易与多种商业元素发生勾连，进而产生新的盈利点。那么，我们更应重视沉浸式戏剧的文学性与艺术性。只有是艺术的，才有可能是商业的。

本文建议：上海话剧界要加强沉浸式戏剧与儿童剧结合的相关实践。儿童剧演出市场近年来的快速发展引起了业界的广泛关注。与话剧、音乐剧等其他舞台艺术门类不同，儿童剧受众主要是儿童、少年。因此，在作为一种亲子活动、课外娱乐的同时，儿童剧更肩负着一定的美育、德育责任。

2015 年 9 月，国务院印发《关于全面加强和改进美育工作的意见》（国办发〔2015〕71 号）文中指出，要"开设丰富优质的美育课程。学校美育课程主要包括音乐、美术、舞蹈、戏剧、戏曲、影视等。各级各类学校要按照课程设置方案和课程标准、教学指导纲要，逐步开齐开足上好美育课程。义务教育阶段学校在开设音乐、美术课程的基础上，有条件的要增设舞蹈、戏剧、戏曲等地方课程。"

笔者认为，在校内开设戏剧相关课程，教授戏剧基础知识是校内美育教育重要的第一步。少儿观众如何运用校内学习到的戏剧相关知识和观剧礼仪，在剧场内完成儿童剧欣赏之外，能够"看懂"儿童剧，感受儿童剧的艺术魅力，则是对于学校美育教育提出的更高要求。

2016 年，在上海艺术研究所《2016 年上海艺术发展报告》项目的支持下，笔者对当年上海儿童剧演出市场进行了初步研究。研究发现：

1. 原创儿童剧主打 3—7 岁儿童市场，并且同质化倾向明显；

2. "按年龄分级"的举措应当得到更加科学严谨的落实；

3. 适合 7 岁以上儿童观看的儿童剧较为匮乏，适合 13 岁以上少年观看的儿童剧的数量严重不足；

4. 儿童剧存在一定的西化倾向，应当注重中华传统文化（传说、故事等）的儿童剧创作、推广，以形成更加均衡的题材结构

笔者之所以建议沉浸式戏剧与儿童剧融合发展，主要是针对当前儿童剧的"同质化倾向明显"和"适合 7 岁以上儿童观看的儿童剧较为匮乏，适合 13 岁以上少年观看的儿童剧不足"提出的。

儿童的认知方式以体验、感知为主。儿童年龄越小，依赖感知获取信息的程度越高。因此，沉浸式儿童剧将有利于儿童的参与、体验，并藉此理解、领会剧情。这是"沉浸式戏剧与儿童剧融合发展"可行的先决条件之一。

鉴于此，如果可以将沉浸式戏剧与儿童心理剧结合起来——采取沉浸式戏剧的戏剧形式，结合教育戏剧的疗愈功能——寓教于乐，创排适宜具有一定教育意义的、能够关照到某些儿童群体的、可能解决或是缓解儿童的某些成长中的问题的儿童剧，将具有相当重要的社会意义。

四

戏剧影像放映，是一种新的戏剧传播方式，指的是将戏剧的演出现场进行高清多维拍摄后，制作成高清拷贝，在外地/外国的剧场中放映。通常来说，戏剧影像放映的内容不局限于戏剧的现场表演本身，还会在片头片尾和幕间插播相关排演花絮和该剧的创作介绍。

这一全新的戏剧传播方式由英国国家剧院于 2009 年率先尝试，旨在通过高清放映的形式向全球呈现当今世界最优秀的戏剧作品。这就是现今为广大

戏剧爱好者所熟知的"NT LIVE",即 National Theatre Live 的缩写,中文译为"英国国家剧院现场"。随后,皇家莎士比亚剧院(2013 年),布拉纳剧团(2015年),阿尔梅达剧院(2016 年)先后涉足高清戏剧影像领域。

2012 年,英国国家剧院制作的戏剧影像作品《弗兰肯斯坦》第一次来中国放映。"英国国家剧院现场"戏剧影像在中国的系列放映活动则于 2015 年正式推出。该项目由中国国家话剧院与英国国家剧院联合出品,北京奥哲维文化传播有限公司独家运营,并得到了英国文化教育协会的鼎力支持。目前,"英国国家剧院现场"已经在包括北京、上海、广州、杭州、成都、西安、台北等18 个城市的 26 个影院先后落地放映 400 场,吸引观众超过 8 万人次。①

2016 年,是上海试水戏剧影影像放映活动的第一个整年。当年共放映 50余场戏剧影像,涉及的放映演出场馆有上海话剧艺术中心、黄浦剧场、上海电影博物馆、上海大剧院等 4 个。

本次抽样调查数据显示,2017 年前三季共计 47 条戏剧影像放映活动信息,共计 34 台戏剧影像放映,放映场次计 108 场。

按照戏剧影像的演出机构国别对上述作品进行分类描绘,可得:

英国:29 台戏剧影像作品,共计 87 场放映活动;

日本:4 台戏剧影像作品,共计 19 场放映活动;

俄罗斯:1 台戏剧影像作品,共计 2 场放映活动。

再按照戏剧影像的演出机构对上述作品进行进一步分类描绘,可得:

日本新感线剧团:4 台戏剧影像作品,共计 13 场放映活动;

苏联莫斯科高尔基模范艺术剧院:1 台戏剧影像作品,共计 2 场放映活动;

英国阿尔梅达剧院:1 台戏剧影像作品,共计 2 场放映活动;

英国国家剧院:17 台戏剧影像作品,共计 55 场放映活动;

英国皇家莎士比亚剧团:8 台戏剧影像作品,共计 22 场放映活动;

英国肯尼斯·布拉纳剧团:3 台戏剧影像作品,共计 8 场放映活动。

---

① 英国国家剧院现场中国官方网站。

由以上数据剖绘可知,英国为最主要的戏剧影像制作出品国家,优秀的戏剧艺术作品与纯熟的高清戏剧影像制作手法和完善的营销渠道为英国戏剧影像作品的输出奠定了基础。日本的戏剧影像作品于 2016 年首次在上海放映,放映的两部作品为《苍之乱》和《蛮幽鬼》,均为日本新感线剧团出品。相较于上一年度,2017 年的日本戏剧影像放映活动更为丰富。俄罗斯戏剧影像作品今年则是首度来沪放映。

按照戏剧影像的放映场馆特点,对上述作品进行进一步分类描绘,可以获得如下的结论:

上海话剧艺术中心:6 台戏剧影像作品,共计 6 场放映活动;

黄浦剧场:19 台戏剧影像作品,共计 80 场放映活动;

上海大剧院:2 台戏剧影像作品,共计 4 场放映活动;

上海共舞台 ET 聚场:3 台戏剧影像作品,共计 14 场放映活动;

上海喜玛拉雅中心——大观舞台:4 台戏剧影像作品,共计 4 场放映活动。

黄浦剧场为上海最主要的戏剧影像放映场馆,放映戏剧影像作品台数占总台数的 55.88%。上海共舞台 ET 聚场和上海喜玛拉雅中心——大观舞台均为今年新增的戏剧影像放映场馆。

据上述数据剖绘可知,戏剧影像放映这一新的戏剧传播方式正在上海快速发展。不论放映剧目的数量还是放映场馆的数量都处于高速增长中。但是,笔者同时也观察到,观众对于这一新兴戏剧传播方式的认可度还有待提高。

以戏剧作品《罗森格兰兹和吉尔登斯吞死了》的演出和放映活动为例。

2016 年 10 月 28 至 11 月 6 日,上海话剧艺术中心艺术剧院上演了《罗森格兰兹和吉尔登斯吞死了》一剧(上海话剧艺术中心出品,汤姆·斯托帕德[英国]编剧,蒋维国导演)。虽然该剧系首度登上上海的话剧舞台,但是这丝毫不影响观众们的观剧热情。据了解,该剧的出票情况非常好,几乎可以用"场场爆满"来形容。

2017 年 8 月 25 日至 10 月 12 日,黄浦剧场放映了 5 场戏剧影像作品《罗森格兰兹和吉尔登斯吞死了》。该剧由英国国家剧院出品，汤姆·斯托帕德［英国］编剧，大卫·勒沃执导。这是该剧的"英国国家剧院现场"版上海首映。

笔者原本以为这样一部当代经典戏剧作品的原版放映，会引起更大的轰动。更不必说该剧主演丹尼尔·雷德克里夫（Daniel Radcliffe，系列电影《哈利·波特》中哈利·波特的扮演者）巨大的明星效应会为该剧的上海首映带来多少粉丝票房。然而，笔者所观看的一场（8月25日，首映场），上座率仅4成左右。

如果说仅对《罗森格兰兹和吉尔登斯吞死了》一剧的两种演出形式进行观察比较就得出"戏剧影像放映在上海没有赢得广大话剧观众的青睐"的论断太过武断，那么，戏剧影像放映活动进入上海的三年来所表现出的"放映场所从主要话剧演出场所向其他话剧演出场所迁移"这一现象，应当能够佐证笔者的这一观点，也值得我们进一步进行跟踪和研究。

2015年，"英国国家剧院现场"戏剧影像系列放映活动放映初入上海。当时率先开展放映活动的是上海大剧院和上海话剧艺术中心。2016年，上海话剧艺术中心是戏剧影像放映活动的主要放映场所，年放映量逾34场。而到了2017年，黄浦剧场成为开展戏剧影像放映活动的最主要场所。因此，如何能够让更广大的观众群体接受并认可戏剧影像放映活动这一新的戏剧传播方式，成为摆在项目合作诸方面前的一个新问题。笔者认为，要在这个领域不断有新的开拓，可以尝试从以下几方面着手：

1. 明确受众

通过仔细梳理分析近三年来在上海上映的戏剧影像作品可知，这些戏剧影像作品主要是艺术性高、思辨性强的严肃经典类戏剧作品。那么，愿意为这类作品买单的观众，应当与热衷于观看现场话剧演出中严肃经典类话剧作品的观众高度重合。因此，戏剧影像作品的宣传推广，就应当瞄准此类观众，以及主要上演此类话剧作品的剧场进行精准营销。

2. 精准营销

利用现有观众会员系统，按照会员的检索特征、购票特征等为其素描画像,得出观众会员的观演习惯特征。并且将之与戏剧影像放映剧目的关键词相匹配。如名团(著名院团)、名导(由著名导演执导的)、名角(由著名演员担纲主演的)、严肃经典类戏剧影像、悬疑类戏剧影像,等等。从而实现上映信息的精准推送。另外,在上海主要严肃经典类话剧演出场所,如上海大剧院、上海话剧艺术中心、东方艺术中心、上海保利大剧院等,要扩大投放戏剧影像放映活动的宣传单页、活动信息等广告,加强对观众和话剧爱好者的宣传。

3. 构建大数据平台

该大数据平台的建立,旨在为话剧演出市场提供更有效的观众群体划分和更准确的市场情况研判。一方面,要求票务方公开上传在售剧目的相关信息,为剧目和演出市场的构成细分夯实剧目相关的数据基础;另一方面,要求有票务会员制的机构(剧场、票务平台)在加密情况下向大数据平台上传会员信息,便于平台为观众进行精准标签,为未来的大数据营销和市场研判做充分的数据准备。

总　　结

目前上海的话剧演出市场较为活跃,演出内容较为丰富,演出形式多元,观众群体的培养工作也已初步完成。在这样的业态情势下,要谋求上海话剧演出市场的更大发展,就要求从业者冷静审视业态的发展现况,由供给侧入手,认清短板。推动原创话剧的创排、推广工作应当是未来一个阶段内上海话剧发展的着力点与突破点。与此同时,业界更应重视不同观众群体的观剧需求,自媒体时代剧目的精准推广、营销渠道,以及大数据背景下的受众研究工作。

由此,笔者提出的发展对策建议如下:

1. 加强话剧演出市场的主体培育,增强话剧演出机构的竞争力。良性发展的话剧演出市场需要具有相当原创能力、演出项目输出能力的大型话剧演出机构,具有一定品牌特色的中型演出机构和具有创意性、实验性的小微型演出机构均衡发展、共同发展。加强大型话剧演出机构的企业影响力和品牌竞争力,发挥其在新剧研发、品牌培育和市场推广等方面的带头作用。开拓营销渠道,为中小型话剧演出机构的发展壮大和营销推广提供渠道便利。中小型话剧演出机构则应当明确自身创作优势和品牌特色,着力打造高艺术品质剧目,培育优秀创演团队。

2. 打造产业联盟,引导中小话剧演出机构组团发展。依托上海市文化广播影视管理局、上海市演出行业协会和上海市文化发展基金会的协调和导向优势,在培育竞争力强、特色鲜明的、具有行业影响力的话剧演出机构的同时,不断为上海话剧演出机构开拓发展的新空间:整合创演资源,打造产业联盟,引导中小型话剧演出机构集聚发展。

3. 建立大数据平台,把握受众需求与话剧供给之间的关系。建立上海话剧演出大数据平台,搜集和获得海量的数据信息,旨在为上海话剧演出市场提供更有效的观众群体划分,有助于形成更准确的市场情况研判,也可以推动优质资源向话剧行业集聚,把握话剧市场的需求端和供给侧的内在联系。

15

打造上海电视产业新机制

蒋莉莉[*]

内容提要　电视产业一直是上海文化产业的重要领域。近几年来,上海电视产业综合效益稳步提升,重点是构建电视产业目标体系。推出一批价值内涵与艺术品格相统一的优秀作品,打造优质的电视内容,开辟技术创新之路,推动管理向更高层次发展,适应受众消费升级,推动了上海电视产业的新发展。

关 键 词　上海电视产业　构建目标体系　推动产业升级

上海是中国电视产业的摇篮和重镇,具有良好的电视产业发展基础。2017 年,中共上海市委、上海市人民政府印发《关于加快本市文化创意产业创新发展的若干意见》,明确提出上海要建设全球影视创制中心。要努力将影视产业作为上海文化创意产业发展的着力点,振兴上海影视产业,推进全球影视创制中心建设。其中的重点是构建影视产业目标体系。推出一批价值内涵与艺术品格相统一的优秀剧本,加强影视剧本扶持,着重扶持重大革命和历史题材、现实题材、农村题材,着重扶持原创,着重扶持计划在重要时间节点播出的选题项目;要创造和推广一批代表性影视作品,争取"上海出品"作品数量位列全国前茅;要集聚一批制片、后期制作、发行等领域标杆性企业,根据现代影视产业的规律,建成一个现代化、前瞻性、支撑影视生产链的影视制作基地,催生

* 蒋莉莉,上海社会科学院应用经济研究所助理研究员,产业经济学博士生,研究方向为文化创意产业。

一系列创新技术，占领影视制作技术高地，发挥重大载体带动作用；要凝聚一批领军性人才，孵化一批新生代人才；引入一批国际性教育机构，加快产学研用一体化发展。搭建一系列国际性平台，做大做强专业节会。朝着这样的目标，2016年以来，上海电视产业不断迈出新的步伐。

一、上海电视产业新气象——
综合效益稳步提升

1. 积极开拓新项目

作为上海电视产业的主力军团，上海文广集团在经济新常态的背景下，破解发展困局，不断开拓新项目和新业态，转型发展成了必然选择。比如，东方传媒集团百视通 OTT 及智能电视业务用户规模在不断扩大；看看新闻网全力打造全媒体内容集成分发平台；广电制作公司打造全新业态、推动公司多元化发展。东方明珠与复地集团再度合作，连续获拍宁波湾头和南京秦淮区双龙大道地块项目建设，两个项目都获得了可观收益。

2. 深耕现有增长点

上海电视产业的主要营收来源之一是广告。在当前经济新常态的背景下，上海 SMG① 创新广告营销模式，加强开拓力度，2016年全年完成广告营收 60.7 亿元，占集团总营收 26%。在 SMG 的业务板块中，东方购物、尚世影业、炫动传播、真实传媒、《第一财经日报》、亚洲联创等继续保持较好发展势头。

3. 加快国际合作步伐

在中国首倡"一带一路"的大背景下，上海电视产业不断加快"走出去"的步伐。电视产业要做到"更高的战略眼光、更新的战略思路、更强的战略手段"，必须要讲求实效、计划周密，必须有国际视野，从而达到更快更新的

---

① SMG 即上海东方传媒集团有限公司（原上海文广新闻传媒集团）由上海广播电视台发起出资成立，是台属、台控、台管的控股企业集团公司。

目标。① 比如,上海电视台外语频道与美国中文电视联手创立的《动感都市绘》,2016 年形成了上海、纽约、墨尔本和洛杉矶的四家媒体共同制作播出的合作模式;同长期合作伙伴 NHK 积极联络,保持交流;为央视英语频道新的海外播出平台定期提供财经报道;上海广播电视台授权黎巴嫩电视台播放电视节目;SMG 在印尼、克罗地亚成功举办上海电视周;百视通与印尼电信合资开展 TMT 新媒体技术的产品化与产业化合作。

上海文广集团大型活动办公室继续发挥综合性影视节的文化推广功能、产业集聚功能和经济带动功能,努力使两节成为展示中国文化、中国发展、中国梦想的窗口。2016 年上海电视节的权威性、国际性和前瞻性进一步加强。在 2016 年度上海市重大文化活动评估中,电影节电视节再次蝉联总分第一和第二名。

4. 借力自贸区发展契机

2013 年以来,上海文广集团积极贯彻国家自贸区战略,所属单位在中国(上海)自由贸易试验区共成立了 6 家公司,以抓住自贸区机遇,实现产业的快速发展。目前,6 家公司的业务不断发展。它们包括百视通与微软合作成立"上海百家合信息技术发展有限公司",SMG 与国家电网上海电力公司合资成立的"广视通网络通信传媒有限公司",五岸传播公司与索贝数码合资成立"上海五翼文化传播有限公司",东方网成立"上海东方网电子商务有限公司",东方明珠成立"上海东方明珠文化发展有限公司"等,在电视节目制作、电视科技研发、电视版权营运等方面发挥了自己的特色。

5. 促进和其他产业融合发展

所谓产业融合是指在技术创新和管制放松的推动下,发生在产业边界和交叉处的技术融合,改变了原有产业产品的特征和市场需求,导致产业的企业之间竞争合作关系发生改变,从而导致产业界限的模糊化甚至重新划分产业界限②。产业融合是包括技术、产品、业务、市场等多方面的综合性融合。在上

---

① 李萍等:《后蓝海时代的创新策略—感悟上海电视节"白玉兰论坛"》,《新闻记者》,2007 年第 7 期。

② 马健:《产业融合理论研究评述》,《经济学动态》,2002 年第 5 期。

海电视产业领域，跨界融合体现在以下两方面：

第一，电视产业和文化贸易融合：东方明珠与索尼中国签约在自贸试验区成立两家合资公司——上海东方明珠索乐文化发展有限公司和索尼电脑娱乐（上海）有限公司，负责 PlayStation4 的设备生产营销，游戏软件的营销、授权与批发，网络服务咨询及一般商业性咨询服务，游戏开发相关技术咨询与服务。

第二，电视产业和科技服务融合：建成上海立鼎影视后期制作中心。中心采用世界一流的电影后期制作技术，通过形成完整的国际一流影视制作产业链，打造技术高端、要素聚集、服务完善的一站式影视后期制作基地。这个中心代表了目前国内影视后期制作的最高水准，弥补了国内影视后期制作关键环节技术空白。

二、上海电视节目新潮流——
打造优质内容产品

1. 助推大型活动，力主海派风格

上海深厚的文化底蕴和丰富的文化资源，成为上海电视产业开发的良好基础。上海开埠以来形成的海派文化，又在江南文化的基础上融入世界文化的新元素，终于成就独特的海纳百川、大气谦和的气魄与精神。为体现海派文化，SMG 大型活动中心围绕政府项目和重大节庆活动，打造了上海市民文化节合唱大赛、系列城市景观交响音乐会、上海市各界人士春节团拜会、上海市庆祝"五一"国际劳动节大型歌会等系列主题活动，同时围绕上海"旅游节"、"记者节"、"教师节"和"艺术节"等，推出多台富有海派特色的晚会。上海电视产业逐步形成了一批品牌节目，包括，《上海"平安英雄"颁奖典礼》、《蓝天下的至爱——"2017 爱心全天大放送"慈善活动》、《常回家看看——上海市 2017 年重阳主题活动》、影视双节系列活动等。特别是《梦圆东方——2017 东方卫视跨年盛典》创意融入倒计时 4D 灯光秀，在海内外获得广泛的影响，对树立和推广上海乃至中国的良好形象起到积极作用。

2. 连推影视佳作,丰富百姓生活

2017 年 9 月 4 日,国家新闻出版广电总局、发展改革委、财政部、商务部、人力资源和社会保障部等五部委日前联合下发了《关于支持电视剧繁荣发展若干政策的通知》。《通知》分为十四条,包括：加强电视剧创作规划;加强电视剧剧本扶持;建立和完善科学合理的电视剧投入、分配机制;完善电视剧播出结构;规范电视剧收视调查和管理;统筹电视剧、网络剧管理;支持优秀电视剧"走出去";加强电视剧人才培养;保障电视剧从业人员社会保障权益;明确新的文艺群体职称评审渠道;加强电视剧宣传评介;完善支持电视剧发展的财政投入机制;引导规范社会资本支持电视剧繁荣发展等。①

上海电视产业积极贯彻国家部委的文件,发挥上海作为国际文化大都市的优势。东方卫视梦想剧场突出了"都市气质"定位,先后推出六部独播剧,获得市场认可。《辣妈正传》、《小爸爸》、《妯娌的三国时代》。它们在全国的收视均超过 1%,而《天真遇到现实》、《新恋爱时代》、《到爱的距离》、《千金归来》也取得了较为理想的收视成绩。其中,《妯娌的三国时代》、《断奶》均夺得全国同时段冠军宝座。上海的电视剧频道,积极发挥两档剧场"3+3"的编排优势,在竞争激烈的电视剧市场中获得了较大的市场份额。

3. 打造"真人秀"节目,强化品牌效应

真人秀的特点是以纪实拍摄的手法,拍摄地参与者在规定情境中的真实表现,并以素材剪辑和特效运用、数字加工等后期制作方式实现节目的完整呈现。电视真人秀的制作,普遍采取旁白解说来实现节目的完整叙事,同时,也在节目进行过程中穿插参与者的事后访谈影像,用此种方式来表达拍摄过程中的内心想法和情感体悟。与一般的影视纪录片相比,真人秀节目注重情境设置和参与者的内外冲突;与故事片和电视剧相比,真人秀节目会为参与者提供直接影响参与者行为表现的环境或舞台,更注重规定情境下的真实表现。近年来,上海电视的真人秀节目在激烈的竞争中不断发展。

在广电规制、受众结构、媒体融合、版权购买等背景下,中国电视综艺节目

---

① 《2017 年电视剧最新政策出台电视剧繁荣发展政策通知一览》,每日财经网。

制作迈入真人秀时代。对于上海电视节目制作者而言,如何在政策、商业利益与公共利益间寻找平衡点,如何固其既定的受众和频道定位,如何更有效地满足反映当下电视观众的情感、利益与娱乐诉求,制造下一个"现象级"电视真人秀节目,才是需要思索和反思的问题。[①] 近年来,上海东方卫视陆续推出的明星体验类真人秀节目,如第一季度的《花样姐姐》、第二季度的《妈妈咪呀》第三季与《女神新衣》第二季、第三季度的《极限挑战》以及第四季度的《笑傲江湖》第二季。这些真人秀节目在全国范围内获得了很高的收视率,也获得了各地的好评。

4. 优化财经品牌,夯实专业权威

经过多年来的努力,上海"第一财经"已经成为国内外富有影响力的财经媒体品牌。在中国经济进入新常态的背景下,许多观众需要高质量的财经节目,也密切关注着中国资本市场发展战略、全球金融改革借鉴、当前金融形势和交易所并购分析、私募股权行业发展与监管、债券市场的发展、资本市场与宏观经济、养老体系构建与长期机构投资者发展、发行体制改革、证券监管体制改革、资本市场与区域经济发展、期货市场发展等重点问题。针对观众对优质财经节目的需求,上海"第一财经"一方面优化传统品牌活动,一方面挖掘新的切入点,完善品牌体系,提升市场认可度。"中国最佳商业领袖奖评选"已逐步发展成业界普遍参与、具有公信力的一项评选。2016 年第 3 次发起主办的"发现·2016 中国最美村镇"评选,历时 8 个月,弘扬村镇传统文化。公司还重点推广"商业就是这样"系列活动项目,举办"2016 中国商业创新 50 人暨第一财经周刊 8 周年盛典"、公司人阅读会等,并推出"中证·第一财经理财指数"等一系列金融产品及线下活动。

5. 推动多管齐下,提升产业效益

在数字化、网络化的背景,数字化对电视最大的改变就是屏幕。越来越多的观众选择更加小巧的设备观看电视节目,比如说智能手机、平板电脑、大型展示屏、可穿戴设备等等,这也深刻地改变了观众观看电视的方式。上海广播

---

① 吴畅畅、吕倩男:《上海电视真人秀节目现状与发展》,《上海艺术评论》,2016 年第 3 期。

电视台、上海文广集团全力推进节目创新创优工作,推动多屏合一的电视传播方式。他们推出的《中国梦之声》《妈妈咪呀》《笑傲江湖》《笑声传奇》等一批创新节目在多个屏幕上播出,获得了良好的效益,为上海电视显示了未来的发展前景。

三、上海电视技术新进展——
开辟产业升级之路

当前,广播电视技术系统已经发展成为电视技术、广播技术、卫星通信技术、有线网络技术、音视频技术、多媒介技术相互交织和融合的综合性技术系统,而且正在向数字化的深度和广度发展。[①] SMG 旗下新媒体公司,各频道、频率、报刊等主流媒体力求突破,整合资源,全力打造新媒体传播平台,并取得较好成绩。同时积极打造全媒体内容集成分发平台建设,进一步推进台网融合战略,SMG 全媒体布局初显雏形。

1. 百视通打造"一云多屏"战略,拓展视频产业链

上海的新媒体上市公司百视通,围绕"一云多屏"战略,即整合 IPTV、智能电视一体机、OTT、手机、Pad 等分散平台为一个云平台,聚合海量的互联网内容,创新"端"到"端"服务的可持续的商业模式。公司自 2011 年底上市以来,积极拓展与产业链各方的合作,率先完成视频新媒体全产业链布局,领跑国内新媒体行业。

IPTV 业务方面,百视通全国 IPTV 用户超过 1 900 万户,保持全球最大的 IPTV 服务商行业地位,营业收入从单一依靠基础月费,向高清、广告、PPV(按部点播)、增值业务等多个新营收领域升级转型。5 月,百视通与中国网络电视台联合成立合资公司"爱上电视传媒有限公司",负责全国唯一的 IPTV 中央集成播控总平台运营,利好百视通长远健康、稳定发展。

OTT 业务方面,百视通率先自主研发并投产了高清 3D 智能云电视机顶盒

---

① 屠忠俊:《现代传媒经营管理》,华中科技大学出版社 2015 年版,第 141 页。

终端(昵称"小红"),目前 OTT 及智能电视业务用户规模突破 1 000 万。2013 年 7 月,百视通再获"核高基"科技重大专项,为 OTT 发展增添新引擎。

国际合作方面,百视通与印尼电信以合资形式共同开展 TMT 新媒体技术的产品化与产业化合作,合资总额预计可达 2 000 万美元。2013 年 9 月,百视通与微软在上海自贸区组建合资公司,成为上海自贸区的 001 号有中外合资背景的游戏机生产企业,百视通也将多年积累的百万小时版权内容库,通过微软 Xbox 平台,向全世界提供华语内容视频点播服务。

2. 台网融合集成线上线下资源,加快全媒体布局

2016 年以来,上海推动了台网融合战略,带动广播、电视等核心业务逐步向全媒体形态转型,把建设新媒体平台作为电视产业发展的新领域,把"互联网+"作为各类媒体深化融合的新引擎。在上海电视产业的领域中,传统媒体与新兴媒体通过优势互补,连接多行业多领域发展,各种新技术、新理念、新形态、新模式竞相呈现。"风行网看看新闻频道"项目和"直通 990"项目列入上海市委宣传部着力推进的新媒体重点项目。百视通继 2012 年投资风行网后,2013 年再次对风行网进行增资,持有的股权从参股 35% 增加至控股 54%,标志着 SMG"台网融合"战略在不断深化。

风行网与看看新闻网达成合作,SMG 投入丰富优质的电视新闻资源,开设风行网看看新闻频道,将主流舆论和核心价值观在互联网人群中更广泛、有效地传播。此次双方平台联姻将充分发挥看看新闻网在视频内容生产与制作上的优势,以及风行网在技术、平台和规模用户的整体能力,建成 SMG 新闻视频全媒体集成发布平台,实现视频新闻的第一时间发布。

看看新闻网全力打造全媒体内容集成分发平台,通过对传统媒体及新媒体的内容资源进行汇聚整合、集成梳理及全渠道分发,实现内容的广泛聚集、精准推送、全终端全平台覆盖分发,为内容生产运营在新媒体领域的有效运转提供全面的支撑。该项目已申报"上海市主流媒体发展新媒体专项资金"及"上海市促进文化创意产业发展财政扶持资金"的扶持资助。

3. 推动新媒体业务发展,促进技术升级

所谓的新媒体是相对于传统媒体而言,是报刊、广播、电视等传统媒体

以后发展起来的新的媒体形态,是利用大数据、数字技术,网络技术,移动技术,通过互联网,有线网络等渠道以及电脑、手机、数字电视机等终端,向用户提供信息和娱乐的传播形态和媒体形态。SMG 旗下文广互动、文广科技、看看新闻网等新媒体业务进一步加大市场拓展、科技研发力度,开拓业务发展新局面。

文广互动围绕"互动"和"高清"业务的整体战略,大力推进业务的拓展与销售,高清频道已落地 24 个省、市、自治区,实际签约主体 36 家,并已在 18 个省、29 个网点开展互动点播业务。目前,它的高清频道用户已经达到 679 万,互动点播用户达 562 万。在此基础上,该公司积极创新商业模式,推进旗下"游戏风云"增资扩股引入战略投资者"成为资本"投资 9 000 万元。推动 SMG 与国家电网上海电力公司的资本合作,在上海自贸区组建合资公司"广视通",发展智能用电、智能宽带、智能电视等"三电"增值业务。自 2016 年以来,SiTV 合并报表收入总额 2.9 亿元,较上年同期收入 2.23 亿元,增长 30%;利润总额达到 4 070 万元,显示了较大的增长幅度。

文广科技整体业务资源和结构布局不断得到优化,经营战略方向和目标趋于明晰,在产品销售基本保持稳定的同时,科研项目稳步推进,主营业务有序增长。2016 年,文广科技实现营收 3.121 9 亿元,共完成或正推进近 44 项各类系统集成业务和近 257 场次会议活动的技术服务业务。

看看新闻网有力整合电视和互联网的新闻资源,以整合营销和广告销售为突破,建立核心商业模式,摸索出一套适应看看自身的运营策略。公司在新闻业务、传播影响力和经营业绩上获得双丰收。

广电制作公司积极尝试业务结构转型,为境内外市场提供集创意、设计、策划、制作、租赁等整合运营为一体的优质服务,完成了"中国好声音百城百场演唱会"等一系列重大项目,并首次投资主办商演——"林俊杰 2013—2014 全球巡演"上海站,将自身优势与 SMG 和百视通的资源平台优化整合,打造全新业态、推动公司多元化发展。

幻维数码创新服务模式,提升技术水平,为 SMG 内容制作提供坚实的技术和创意保障。面对如今大型真人秀节目的庞大制作需求,将原来各自为战的业务进行高度整合,以大型真人秀制作为切入点,形成跨部门的"一站式"服务包,完成了东方卫视的《顶级厨师》、《中国梦之声》等大型节目制作任务,提升了幻维真人秀制作品牌。同时,继续开拓和培育潜力业务,积极拓展在多媒体展览展示、墙面3D投影、互动媒体等方面的市场。

后　记

　　《上海文化产业发展报告（2018）》以"促进新消费，激发新动能"为主题，对 2017 年上海文化产业发展做了深入的研究。习近平总书记在十九大报告中指出：中国特色社会主义进入到新的时代。我国社会主要矛盾已经转化成为人民日益增长的美好生活需求和发展不平衡不充分之间的矛盾。在文化产业领域也存在着文化消费与文化生产之间不平衡、不同门类的产业竞争力不平衡、文化投入和文化产出效益不平衡、文化贸易结构不平衡等一系列突出问题，这也是上海文化产业提升效益和规模的重大机遇。上海文化产业应该在推动新消费、激发新动能方面做出更大的贡献。其重点是坚持创新驱动，释放文化产业的新动能；推动文化科技融合，开发文化消费新业态；适应各类社会群体的不同需求，开发文化新产品和新项目。本报告围绕这一主题，汇聚了 15篇研究者的专题研究报告。

　　上海社会科学院、同济大学、上海炫动汇展文化传播有限公司、上海工程技术大学、上海市多媒体产业协会、上海对外经贸大学、上海出版印刷高等专科学校、上海华夏文化创意研究中心、上海高科技文化装备产业基地、上海艺术研究所、上海市会展行业协会文创特展专委会等机构的专家和专业工作者参加了本书报告的研究和编撰，其中有许多是他们承担的重点研究课题成果。

　　本书的封面、内容提要、目录等由张昱翻译成为英文。陈方正、田野等承担了本书的有关文字整理等工作。

编　者

2017 年 12 月

本书以"促进新消费,激发新动能"为主题,研究了上海文化产业贯彻党的十九大报告精神,促进文化新消费,激发产业新动能的重大课题。习近平总书记在十九大报告中指出：中国特色社会主义进入到新的时代。我国社会主要矛盾已经转化成为人民日益增长的美好生活需求和发展不平衡不充分之间的矛盾。在文化产业领域也存在着文化消费与文化生产之间的不平衡等一系列问题。有鉴于此,上海文化产业要全面贯彻中共上海市委、上海市人民政府《关于加快本市文化创意产业创新发展的若干意见》,加快构建现代文化产业体系,走出上海文化创意产业内涵深化整合、外延融合带动的发展新路,推动文化创意重点领域加快发展,经过三个阶段的努力,全面建成具有国际影响力的文化创意产业中心。

本书的主要内容包括激发新动能、推动文化科技融合;培育新要素、释放文化产业活力;鼓励新消费、提高投资开发效率;培育新业态、推动产业的升级等四大板块,汇聚了有关专家、学者和专业工作者的 15 篇研究报告。

图书在版编目（CIP）数据

上海文化产业发展报告.2018/荣跃明主编. —上
海：上海书店出版社,2018.3
ISBN 978 - 7 - 5458 - 1623 - 5

Ⅰ.①上…　Ⅱ.①荣…　Ⅲ.①文化产业—产业发展—
研究报告—上海—2018　Ⅳ.①G127.51

中国版本图书馆 CIP 数据核字(2018)第 042737 号

责任编辑　张冬煜
封面设计　汪　昊

上海文化产业发展报告（2018）

主　　编　荣跃明
执行主编　花　建

出　　版　上海书店出版社
　　　　　（200001　上海福建中路 193 号）
发　　行　上海人民出版社发行中心
印　　刷　上海叶大印务发展有限公司
开　　本　710×1000　1/16
印　　张　18.5
版　　次　2018 年 3 月第 1 版
印　　次　2018 年 3 月第 1 次印刷
ISBN 978-7-5458-1623-5/G·133
定　　价　88.00 元